# 韓国語能力試験

## TOPIK 1・2級

# 初級単語800

河仁南・南嘉英

音声DL
対応版

語研

JN050724

### 無料の音声について

● 本書の音声は無料でダウンロードすることができます。下記 URL または 右の QR コードからアクセスしてご利用ください。

**https://www.goken-net.co.jp/catalog/card.html?isbn=978-4-87615-390-9**

● ホームページ上の本書紹介ページ「すぐ聴く（スマホ・PC 対応）」をクリックいただくと，ダウンロードせずオンライン上で音声を聴くことも可能です。

● 本文奇数ページ右上に記載の QR コードを読み込んで聞ける音声は「見出し語」→「例文」の順に 1 回ずつ自然な速さで，見出し語を男性，例文を女性のナレーターが読み上げています。

---

#### △注意事項△

● ダウンロードで提供する音声は，複数のファイル・フォルダを ZIP 形式で 1 ファイルにまとめています。

● ダウンロード後に復元してご利用ください。ダウンロード後に，ZIP 形式に対応した復元アプリを必要とする場合もあります。

● 音声ファイルは MP3 形式です。モバイル端末，パソコンともに，MP3 ファイルを再生可能なアプリを利用して聞くことができます。

● インターネット環境によってはダウンロードできない場合や，ご使用の機器によって再生できない場合があります。

● 本書の音声ファイルは，一般家庭での私的使用の範囲内で私用する目的で頒布するものです。それ以外の目的で本書の音声ファイルの複製・改変・放送・送信などを行いたい場合には，著作権法の定めにより，著作権者等に申し出て事前に許諾を受ける必要があります。

---

※ 本書は『韓国語能力試験 TOPIK 1・2 級 初級単語 800』（2015 年刊行）の見出し語と例文の音声を新規で収録し，音声ダウンロード対応版として再刊行したものです。

# はじめに

アンニョンハセヨ？

　この本を手に取った皆さんはおそらく韓国語を習い始めて間もない方か，あるいは以前勉強したけれどしばらく休んでしまい，また初めからチャレンジしてみようかと思っていらっしゃる方かもしれません。どんな理由でも韓国語に興味を持ってくださるだけで韓国語を教えている私たちにとってはとてもうれしいことです。

　数年前の韓流ブームほどの熱気はなくなり落ち着いた感はありますが，最近はそのブームに乗った一過性の行動ではなく，ご自身の一生の趣味として韓国語に興味を持ち，学ぶ方が増えたように見受けられます。確かに言葉だけに留まらず韓国の文化に対する人々の関心も高まってきたのは事実でしょう。

　言葉とは異文化を理解するための第一歩です。その際に一番必要となってくるのが語彙力です。その第一歩を踏み出す皆さんにこの単語集を紹介することができたことを，とても喜ばしく思います。

　韓国語の単語集は多く出版されておりますが，受験者が年々増えている韓国語能力試験のための本はそれほど多くありません。本書は韓国語能力試験の過去問を調査し，頻出単語を厳選して作った単語集です。入門・初級者が独学で学習ができるように構成しました。また，試験対策だけでなく，韓国語を学習する皆さんがご自身の韓国語の語彙レベルを測りたいと思った際にもご活用いただけます。皆さんの韓国語の勉強に少しでもお役に立てましたら幸いです。

　最後に，この本が出版に至るまで力を尽くしてくださった出版社の方々，日本語の表現を細かく見てくださった山村聡子さん，そして心温まる激励の言葉や家事などのサポートをしてくれた家族に深く感謝いたします。

河仁南・南嘉英

# 目　次

はじめに ...................................................................................................................... 3

本書の特長と使い方 .................................................................................................... 6

学習計画表 .................................................................................................................... 8


## 頻出度 A （1-300） ................................................................................................. 14

▶ **1-50** までの復習 .................................................................................................. 24

　漢数詞／固有数詞／助数詞／**コラム** 韓国人のあいさつ法 .................................... 25

▶ **51-100** までの復習 .............................................................................................. 36

　〜月／〜日／〜曜日／〜週間，〜か月，〜年など／**コラム** 우리の意味 ............ 37

▶ **101-150** までの復習 ............................................................................................ 48

　時間表現／**コラム** 방학の意味 ................................................................................ 49

▶ **151-200** までの復習 ............................................................................................ 60

　位置関連／チャレンジ①／**コラム** 모두，다，전부の意味 .................................. 61

▶ **201-250** までの復習 ............................................................................................ 72

　教育機関／色／チャレンジ②／**コラム** 学校，学院，教室の意味 ...................... 73

▶ **251-300** までの復習 ............................................................................................ 84

　接続副詞／チャレンジ③／**コラム** 年齢を尋ねる方法 .......................................... 85


## 頻出度 B （301-600） ............................................................................................ 88

▶ **301-350** までの復習 ............................................................................................ 98

　疑問詞／人称代名詞・呼びかけ／**コラム** 주인と남편／**コラム** 나중에と이따가 ... 99

▶ **351-400** までの復習 .......................................................................................... 110

　天気予報／職業／**コラム** 출퇴근하다の意味／**コラム** 부르다と고프다 ............ 111

▶ **401-450** までの復習 .......................................................................................... 122

　あいさつの表現／電話応対の表現 ........................................................................ 123

▶ **451-500** までの復習 ...................................................... 134
家族／ コラム 잘못と잘 못／ コラム 물고기と생선 ........................ 135
▶ **501-550** までの復習 ...................................................... 146
敬語／指示代名詞・人称代名詞 ........................................ 147
▶ **551-600** までの復習 ...................................................... 158
国と言語 ........................................................................ 159

**頻出度 C** (601-800) ........................................................ 162
▶ **601-650** までの復習 ...................................................... 172
からだ／病気に関する表現／交通手段 ............................ 173
▶ **651-700** までの復習 ...................................................... 184
食べ物／料理／飲み物／調味料／味覚 ............................ 185
▶ **701-750** までの復習 ...................................................... 196
いろいろな意味を持つ動詞・形容詞 ................................ 197
▶ **751-800** までの復習 ...................................................... 208
服等の着脱に関する動詞／ コラム 現在の服装を言う時は過去形 ............................ 209

チャレンジ①〜③ 解答 & 解説 ...................................... 210
動詞の活用表 .................................................................. 212
形容詞の活用表 .............................................................. 213
見出し語索引 .................................................................. 214

【装丁】クリエイティブ・コンセプト

【吹込み】李忠均／李美賢

# 本書の特長と使い方

♣ ランクは頻出度順に ABC で分類してあります。韓国語能力試験（TOPIK）の初級に該当する TOPIK Iはさらに1級・2級に分類され，取得した点数に応じて級が決まります。一番下の級である1級合格には，400 語（達成率 50%）は覚えておく必要があります。

♣ 決められた期間内に覚えるための学習計画表をご用意しました。試験まで何日あるか数えてみて，1か月以上の余裕がある場合は3週間コース，1か月以下の場合には残り日数を考慮しながら1週間か2週間コースを選択し，消化した曜日に済マークを付けていきます。もう少しのんびりマイペースに進めたい方，時間に余裕のある方は，左ページをご活用いただき，自分なりのプランを作ってみてください。

♣ 初めのうちは左ページの見出し語を集中して暗記していきましょう。16 ページ以降にある暗記度チェックは，前のページの復習になります。何度も繰り返すことで確実に語彙力は強化されていきます。余裕のある方は 50 問ごとにご用意いたしました日本語から韓国語に訳す復習問題にチャレンジしてみてください。

♣ 韓国語は動詞や形容詞の場合，文中や文末で語尾が変わりますのでよりたくさんのケースをご提示するため，1単語につき2例文ずつ載せました。初級で使う文法を取り入れた例文や実用的な会話文も多く載せてあります。見出し単語が文中でどのような形で使われているかを理解するため，例文の赤字部分を丸ごと暗記することをお勧めします。

♣ 例文中の語尾は丁寧な表現（- ㅂ니다 / 습니다体）と一般的に会話でよく使われる表現（- 아 / 어요体）だけとし，-( 으 ) 세요 の日本語訳は「〜なさい」ではなく「〜ください」に統一しました。

♣ 日本語訳はなるべく意訳を避け，直訳に近い形としましたが，どうしても不自然になるところは日本語を自然な形で表現して韓国語の意味が理解できるようにしてあります。

♣ コラムのページでは長年の経験の中で日本語話者が間違えやすいところや，韓国語と日本語の表現の違いなどを説明しています。

【表記について】

| | | | |
|---|---|---|---|
| 名 | 名詞 | 類 | 類義語 |
| 動 | 動詞 | 反 | 反義語 |
| 形 | 形容詞 | 敬 | 敬語 |
| 補形 | 補助形容詞 | ㄹ語幹 | ㄹ変則活用（ㄹ脱落） |
| 縮 | 縮約形 | ㄷ変 | ㄷ変則活用 |
| 冠形 | 冠形詞 | ㅂ変 | ㅂ変則活用 |
| 接尾 | 接尾語 | ㅅ変 | ㅅ変則活用 |
| 副 | 副詞 | ㅎ変 | ㅎ変則活用 |
| 存 | 存在詞 | 르変 | 르変則活用 |
| 強 | 強意語 | 으変 | 으変則活用 |
| 関 | 関連語 | ❖ | その他連語など |

頻出度を A → B → C の順で示しています。

チェックボックスにチェックを入れ，その日の習得語彙数を数えて記入してください。

| 頻出度 A | 日 付 | 年 月 日 | 年 月 日 | 年 月 日 | 年 月 日 | 年 月 日 |
|---|---|---|---|---|---|---|
| | 習得数 | /10 | /10 | /10 | /10 | /10 |

---

011 □□□□□
**사다**

動 買う〔사는/사서〕

❖ 선물을 사다: プレゼントを買う
反 팔다: 売る

---

012 □□□□□
**지금**

副 名 今

❖ 지금 -고 있다: 今～している
関 전에: 前に／후에: 後で 類 현재: 現在

---

013 □□□□□
**-고 싶다**
[고 십따]

補形 ～したい〔싶은/싶어서〕

❖ 《動詞》+-고 싶다: ～したい

---

014 □□□□□
**먹다**
[먹따]

動 食べる，飲む〔먹는/먹어서〕

❖ 도시락을 먹다: 弁当を食べる ❖ 약을 먹다: 薬を飲む
敬 드시다／잡수시다: 召し上がる

---

015 □□□□□
**좋아하다**
[조:아하다]

動 好きだ，好む〔좋아하는/좋아해서〕

❖ ～을/를 좋아하다：～が好きだ
類 ～이/가 좋다: ～がよい 反 싫어하다: 嫌いだ

---

特殊な発音をする見出し語は下に [ ] で読み方を示してあります。

形 多い〔많은/많아서〕

反 적다: 少ない

---

**많이**
[마:니]

副 たくさん

反 조금: 少し
強 아주[너무] 많이

---

018 □□□□□
**되다**
[되다/뒈다]

動 なる〔되는/되어서,돼서〕

❖ ～이/가 되다: ～になる ❖ 《形容詞》+-게 되다: ～くなる
❖ 《動詞》+-게 되다: ～ようになる

---

019 □□□□□
**살다**

動 住む，暮らす，生きる〔사는/살아서〕 ㄹ語幹

❖ ～에서 살다: ～で暮らす
❖ ～에 살다: ～に住む

---

020 □□□□□
**잘**

副 よく《頻度》，上手に 動 잘하다: 上手だ

類 자주: しょっちゅう，たびたび，よく

---

暗記度チェック □ 가다　　□ 오다　　□ 있다　　□ 없다　　□ 여자

16

8

フリースペースです。学習記録などを自由に使ってください。

QR コードを読み込むことで音声(見出し語…例文の順)を聴くことができます。

memo

🎧 02 [QR]

達成率
**3** %

学習達成具合を数値で表しています。目指せ 100%!

| | |
|---|---|
| 어머니의 생일 <u>선물을 샀습니다</u>.<br>母の誕生日**プレゼントを買いました**。 | 편의점에서 산 바나나가<br>**コンビニで買ったバナ**… |
| <u>지금</u> 책을 읽고 있습니다.<br>**今**, 本を読んでいます。 | 어머니는 <u>지금</u> 출발했습니다.<br>母は**今出発しました**。 |
| 배가 고파서 밥을 먹고 싶습니다.<br>お腹が空いたのでご飯を食べたいです。 | 오늘은 디즈니랜드에 <u>가고 싶습니다</u>.<br>今日はディズニーランドに**行きたいです**。 |
| 제 <u>도시락을 먹은</u> 사람이 누구예요?<br>私の**お弁当を食べた**人は誰ですか。 | 감기에 걸려서 <u>감기약을 먹었</u>…<br>風邪を引いたので**風邪薬を飲みまし**… |
| 나는 한국 <u>드라마를 좋아해요</u>.<br>私は韓国の**ドラマが好きです**。 | 어제는 <u>좋아하는 가수</u>의 콘서트에 갔어요.<br>昨日は**好きな歌手**のコンサートに行きました。 |
| 숙제가 <u>너무 많아요</u>.<br>宿題が**とても多いです**(多すぎます)。 | 나는 하고 싶은 것이 <u>많은 사람</u>이에요.<br>私はやりたいことが**多い人**です。 |
| 어제는 친구들과 이야기를 <u>많이 했습니다</u>.<br>昨日は友人たちと話を**たくさんしました**。 | 술을 <u>너무 많이 마셨습니다</u>.<br>お酒を**飲みすぎました**。 |
| 제 꿈은 <u>가수가 되는</u> 것이에요.<br>私の夢は**歌手になる**ことです。 | 저는 열심히 공부해서 <u>의사가 됐어요</u>.<br>私は一生懸命に勉強して**医者になりました**。 |
| 저는 나중에 한국에서 <u>살고 싶습니다</u>.<br>私は将来, 韓国で**暮らしたいです**。 | 그는 지금 신주쿠에 <u>살아요</u>.<br>彼は今, 新宿に**住んでいます**。 |
| 그 사람은 춤을 잘 <u>춰요</u>.<br>あの人は踊りを**上手に踊ります**。 | 저는 매운 음식도 잘 <u>먹어요</u>.<br>私は辛い食べ物も**よく食べます**。 |

例文は, 連語や活用形をまるごと覚えましょう。

□ 남자   □ 친구   □ 싫다   □ 좋다   □ 만나다

前ページの復習です。ちゃんと暗記できているかチェック!

# 学習計画表

開始日： 　　年　　月　　日

| 1 週間 | 月 | 火 | 水 | 木 | 金 | 土 | 日 |
|---|---|---|---|---|---|---|---|
| 1 週目 | 001-160 (p.14-50) 済 | 161-320 (p.52-90) 済 | 321-480 (p.92-128) 済 | 復習 001-400 | 481-640 (p.130-168) 済 | 641-800 (p.170-206) 済 | 復習 401-800 |

▲
1級合格のボーダーライン

開始日： 　　年　　月　　日

| 2 週間 | 月 | 火 | 水 | 木 | 金 | 土 | 日 |
|---|---|---|---|---|---|---|---|
| 1 週目 | 001-100 (p.14-34) 済 | 101-200 (p.38-58) 済 | 復習 001-200 | 201-300 (p.62-82) 済 | 301-400 (p.88-108) 済 | 復習 201-400 | お休み |
| 2 週目 | 401-500 (p.112-132) 済 | 501-600 (p.136-156) 済 | 復習 401-600 | 601-700 (p.162-182) 済 | 701-800 (p.186-206) 済 | 復習 601-800 | お休み |

開始日： 　　年　　月　　日

| 3 週間 | 月 | 火 | 水 | 木 | 金 | 土 | 日 |
|---|---|---|---|---|---|---|---|
| 1 週目 | 001-050 (p.14-22) 済 | 051-100 (p.26-34) 済 | 101-150 (p.38-46) 済 | 151-200 (p.50-58) 済 | 201-250 (p.62-70) 済 | 復習 001-250 | お休み |
| 2 週目 | 251-300 (p.74-82) 済 | 301-350 (p.88-96) 済 | 351-400 (p.100-108) 済 | 401-450 (p.112-120) 済 | 451-500 (p.124-132) 済 | 復習 251-500 | お休み |
| 3 週目 | 501-550 (p.136-144) 済 | 551-600 (p.148-156) 済 | 601-650 (p.162-170) 済 | 651-700 (p.174-182) 済 | 701-750 (p.186-194) 済 | 751-800 (p.198-206) 済 | 復習 501-800 |

|  | 月 | 火 | 水 | 木 | 金 | 土 | 日 |
|---|---|---|---|---|---|---|---|
| 1週目 |  |  |  |  |  |  |  |
| 2週目 |  |  |  |  |  |  |  |
| 3週目 |  |  |  |  |  |  |  |
| 4週目 |  |  |  |  |  |  |  |
| 5週目 |  |  |  |  |  |  |  |
| 6週目 |  |  |  |  |  |  |  |
| 7週目 |  |  |  |  |  |  |  |
| 8週目 |  |  |  |  |  |  |  |
| 9週目 |  |  |  |  |  |  |  |
| 10週目 |  |  |  |  |  |  |  |

---

001 □□□□□
## 가다

動 行く〔가는/가서〕

❖ ~에 …(으)러 가다: ~に…しに行く

---

002 □□□□□
## 오다

動 来る〔오는/와서〕

❖ 못 오다: 来られない

---

003 □□□□□
## 있다
[읻따]

存 ある, いる〔있는/있어서〕

❖ ~에 있다: ~にある　❖ -아/어 있다: ~ている〈状態〉
❖ -고 있다: ~ている〈進行〉　敬 계시다: いらっしゃる

---

004 □□□□□
## 없다
[업:따]

存 ない, いない〔없는/없어서〕

❖ ~에 없다: ~にない
❖ 약속이 없다: 約束がない

---

005 □□□□□
## 여자

名 女, 女性

❖ 여자 화장실: 女子トイレ　❖ 여자 친구: 彼女〈恋人〉
❖ 여자 탈의실: 女子ロッカールーム

---

006 □□□□□
## 남자

名 男, 男性

❖ 남자 화장실: 男子トイレ　❖ 남자 친구: 彼(氏)〈恋人〉
❖ 남자 탈의실: 男子ロッカールーム

---

007 □□□□□
## 친구

名 友達〈親舊〉

類 동료: 同僚／반 친구: クラスメート

---

008 □□□□□
## 싫다
[실타]

形 嫌だ, 嫌いだ〔싫은/싫어서〕

❖ ~이/가 싫다: ~が嫌だ
類 싫어하다: 嫌いだ, 嫌がる　反 좋다: よい

---

009 □□□□□
## 좋다
[조:타]

形 よい, 好きだ〔좋은/좋아서〕

❖ ~이/가 좋다: ~がよい, 好きだ
類 좋아하다: 好きだ　反 싫다: 嫌だ／나쁘다: 悪い

---

010 □□□□□
## 만나다

動 会う〔만나는/만나서〕

❖ ~을/를 만나다: ~に会う　❖ ~와/과 만나다: ~と会う
類 보다〔친구를 만나다 = 친구를 보다: 友達に会う〕

---

memo
......................................................................
......................................................................

達成率
1 ％

| | |
|---|---|
| 오늘 학교에 공부하러 갑니다.<br>今日学校へ**勉強し**に行きます。 | 여동생이 일본에 여행을 갑니다.<br>妹が日本へ**旅行**に行きます。 |
| 친구가 오늘 우리 집에 옵니다.<br>友達が今日**我が家**に来ます。 | 회식에 사장님도 오십니다.<br>会食に社長も**来られ**ます。 |
| 은행은 이 건물에 있습니다.<br>銀行はこの建物**にあります**。 | 남자 친구가 밥을 먹고 있습니다.<br>彼氏がご飯を**食べています**。 |
| 이번 주에는 약속이 없습니다.<br>今週は**約束がありません**。 | 교실에 학생이 없습니다.<br>**教室に学生がいません**。 |
| 여기는 여자 화장실입니다.<br>ここは**女子トイレ**です。 | 여자 친구는 지금 세탁소에 갑니다.<br>**彼女**は今，クリーニング屋に行きます。 |
| 남자는 등산을 가고 싶습니다.<br>**男性は**登山に行きたいです。 | 저는 남자 친구가 있습니다.<br>私は**彼氏**がいます。 |
| 친구와 같이 동대문 시장에 갔습니다.<br>**友達と一緒に**東大門市場に行きました。 | 제일 친한 친구는 한국 사람입니다.<br>一番**親しい友人**は韓国人です。 |
| 숙제가 많아서 싫어요.<br>**宿題**が多いので嫌です。 | 저는 커피가 싫어요.<br>私は**コーヒーが嫌い**です。 |
| 저는 한국어가 좋습니다.<br>私は**韓国語が好き**です。 | 월요일도 좋지만 일요일이 더 좋아요.<br>月曜日も**いいけど**，日曜日が**もっといい**です。 |
| 백화점에서 친구를 만났습니다.<br>百貨店で**友達に会いました**。 | 어제 만난 사람은 오빠입니다.<br>昨日**会った人**は兄です。 |

---

011 ☐☐☐☐☐
## 사다

動 **買う**〔사는/사서〕

❖ 선물을 사다: プレゼントを買う
反 팔다: 売る

---

012 ☐☐☐☐☐
## 지금

副 名 **今**

❖ 지금 -고 있다: 今~している
関 전에: 前に／후에: 後で 類 현재: 現在

---

013 ☐☐☐☐☐
## -고 싶다
[고 십따]

補形 **~したい**〔싶은/싶어서〕

❖ 《動詞》+-고 싶다: ~したい

---

014 ☐☐☐☐☐
## 먹다
[먹따]

動 **食べる, 飲む**〔먹는/먹어서〕

❖ 도시락을 먹다: 弁当を食べる ❖ 약을 먹다: 薬を飲む
敬 드시다／잡수시다: 召し上がる

---

015 ☐☐☐☐☐
## 좋아하다
[조:아하다]

動 **好きだ, 好む**〔좋아하는/좋아해서〕

❖ ~을/를 좋아하다 : ~が好きだ
類 ~이/가 좋다: ~がよい 反 싫어하다: 嫌いだ

---

016 ☐☐☐☐☐
## 많다
[만:타]

形 **多い**〔많은/많아서〕

反 적다: 少ない

---

017 ☐☐☐☐☐
## 많이
[마:니]

副 **たくさん**

反 조금: 少し
強 아주[너무] 많이

---

018 ☐☐☐☐☐
## 되다
[되다/뒈다]

動 **なる**〔되는/되어서,돼서〕

❖ ~이/가 되다: ~になる ❖ 《形容詞》+-게 되다: ~くなる
❖ 《動詞》+-게 되다: ~ようになる

---

019 ☐☐☐☐☐
## 살다

動 **住む, 暮らす, 生きる**〔사는/살아서〕 ㄹ語幹

❖ ~에서 살다: ~で暮らす
❖ ~에 살다: ~に住む

---

020 ☐☐☐☐☐
## 잘

副 **よく**《頻度》, **上手に** 動 잘하다: 上手だ

類 자주: しょっちゅう, たびたび, よく

---

暗記度チェック ☐ 가다 ☐ 오다 ☐ 있다 ☐ 없다 ☐ 여자

16

memo
.......................................................................
.......................................................................

02

達成率
3 %

| | |
|---|---|
| 어머니의 생일 선물을 샀습니다.<br>母の誕生日プレゼントを買いました。 | 편의점에서 산 바나나가 맛있었습니다.<br>コンビニで買ったバナナがおいしかったです。 |
| 지금 책을 읽고 있습니다.<br>今，本を読んでいます。 | 어머니는 지금 출발했습니다.<br>母は今出発しました。 |
| 배가 고파서 밥을 먹고 싶습니다.<br>お腹が空いたのでご飯を食べたいです。 | 오늘은 디즈니랜드에 가고 싶습니다.<br>今日はディズニーランドに行きたいです。 |
| 제 도시락을 먹은 사람이 누구예요?<br>私のお弁当を食べた人は誰ですか。 | 감기에 걸려서 감기약을 먹었습니다.<br>風邪を引いたので風邪薬を飲みました。 |
| 나는 한국 드라마를 좋아해요.<br>私は韓国ドラマが好きです。 | 어제는 좋아하는 가수의 콘서트에 갔어요.<br>昨日は好きな歌手のコンサートに行きました。 |
| 숙제가 너무 많아요.<br>宿題がとても多いです（多すぎます）。 | 나는 하고 싶은 것이 많은 사람이에요.<br>私はやりたいことが多い人です。 |
| 어제는 친구들과 이야기를 많이 했습니다.<br>昨日は友人たちと話をたくさんしました。 | 술을 너무 많이 마셨습니다.<br>お酒を飲みすぎました。 |
| 제 꿈은 가수가 되는 것이에요.<br>私の夢は歌手になることです。 | 저는 열심히 공부해서 의사가 됐어요.<br>私は一生懸命に勉強して医者になりました。 |
| 저는 나중에 한국에서 살고 싶습니다.<br>私は将来，韓国で暮らしたいです。 | 그는 지금 신주쿠에 살아요.<br>彼は今，新宿に住んでいます。 |
| 그 사람은 춤을 잘 춰요.<br>あの人は踊りを上手に踊ります。 | 저는 매운 음식도 잘 먹어요.<br>私は辛い食べ物もよく食べます。 |

| □ 남자 | □ 친구 | □ 싫다 | □ 좋다 | □ 만나다 |
|---|---|---|---|---|

| 頻出度 | 日 付 | 年 月 日 | 年 月 日 | 年 月 日 | 年 月 日 | 年 月 日 |
|---|---|---|---|---|---|---|
| **A** | 習得数 | /10 | /10 | /10 | /10 | /10 |

---

021 □□□□□
**전화**

名 電話　動 전화하다: 電話する

❖ 전화를 걸다[끊다]: 電話をかける[切る]
❖ 전화를 받다: 電話に出る

022 □□□□□
**운동**

名 運動　動 운동하다: 運動する

❖ 운동복[장/화]: 運動服[場／靴]
❖ 운동회: 運動会

023 □□□□□
**여행**

名 旅行　動 여행하다: 旅行する

❖ 여행사: 旅行会社　❖ 국내[해외] 여행: 国内[海外]旅行
❖ 여행을 가다[갔다 오다]: 旅行に行く[行ってくる]

024 □□□□□
**좀**

副 ちょっと，少し

類 조금: 少し
反 많이: たくさん

025 □□□□□
**영화**

名 映画

❖ 영화관[표]: 映画館[チケット]
❖ 영화를 보다[찍다]: 映画を見る[撮る]

026 □□□□□
**배우다**

動 習う，学ぶ〔배우는/배워서〕

類 공부하다: 勉強する／학습하다: 学習する
反 가르치다: 教える

027 □□□□□
**같이**
[가치]

副 一緒に　助 ～のように

❖ ~와/과[하고] 같이: ～と一緒に
❖《名詞》+같이: ～のように

028 □□□□□
**공부하다**

動 勉強する〔공부하는/공부해서〕　名 공부: 勉強

関 예습하다: 予習する／복습하다: 復習する
類 학습하다: 学習する

029 □□□□□
**찾다**
[찯따]

動 探す〔찾는/찾아서〕

❖ 돈을 찾다: お金をおろす　反 잃다: 失くす
❖ 찾으러 가다: (予約・失くしもの・預けたものを) 取りに行く

030 □□□□□
**같다**
[갇따]

形 同じだ，一緒だ〔같은/같아서〕

類 똑같다: そっくりだ／비슷하다: 似ている
反 다르다: 違う

暗記度チェック　□ 사다　　□ 지금　　□ -고 싶다　　□ 먹다　　□ 좋아하다

전화로 연락주세요.
**お電話で**ご連絡ください。

급한 일이 있으면 전화하세요.
急用であれば**お電話ください**。

운동을 할 때는 운동화를 신으세요.
**運動をする**時は，**運動靴**を履いてください。

운동장에서 운동복을 입고 운동을 합니다.
**運動場**で**運動服**を着て**運動**をします。

가족들과 바다로 여행을 갔습니다.
家族と海へ**旅行に行きました**。

작년 가을에 여행을 갔다 왔습니다.
去年の秋に**旅行に行ってきました**。

좀 부탁드립니다.
**ちょっと**お願いいたします。

오늘은 좀 덥네요.
今日は**少し**暑いですね。

저는 쉬는 날 보통 집에서 영화를 봐요.
私は休日，たいてい家で**映画を見ます**。

주말에 영화관에는 늘 사람들이 많아요.
週末，**映画館**にはいつも人が多いです。

한국은 3학년 때부터 영어를 배웁니다.
韓国は3年生の時から**英語を習います**。

요즘 수영을 배우는 아이들이 많아요.
このごろ**水泳を習う**子どもが多いです。

크리스마스에는 가족과 같이 보냅니다.
クリスマスには，家族**と一緒に過ごします**。

에디슨같이 유명해지고 싶습니다.
**エジソンのように**有名になりたいです。

왜 한국어를 공부합니까?
なぜ韓国語**を勉強しますか**。

오늘은 바빠서 공부 못 해요.
今日は忙しくて**勉強できません**。

은행에서 돈을 찾아요.
銀行で**お金をおろします**。

경찰서에 잃어버린 지갑을 찾으러 가요.
警察署に，失くした財布を**取りに行きます**。

어머니와 나는 취미가 같습니다.
母と私は**趣味が一緒です**。

같은 문제가 나왔습니다.
**同じ問題が**出ました。

□ 많다　　□ 많이　　□ 되다　　□ 살다　　□ 잘

19

---

**031** ☐☐☐☐☐
## 마시다

動 飲む〔마시는/마셔서〕

❖ 마실 것: 飲み物　関 음료수: 飲料水
類 먹다: 食べる　敬 드시다: 召し上がる

---

**032** ☐☐☐☐☐
## 이야기하다

動 話す, 語る〔이야기하는/이야기해서〕　名 이야기: 話

❖ 이유를 이야기하다: 理由を話す
類 말하다: 話す, 言う　縮 얘기하다

---

**033** ☐☐☐☐☐
## 읽다
[익따]

動 読む〔읽는/읽어서〕

❖ 신문을 읽다: 新聞を読む
類 독서하다: 読書する

---

**034** ☐☐☐☐☐
## 어떻다
[어떠타]

形 どうだ〔어떤/어때서〕　ㅎ変　副 어떻게: どうやって

関 어떡하다 (=어떻게 하다): どうする

---

**035** ☐☐☐☐☐
## 다음

名 次, 後

類 나중: 後／뒤: 後ろ／이후: 今後

---

**036** ☐☐☐☐☐
## 약속
[약쏙]

名 約束　動 약속하다: 約束する

❖ 약속이 있다[-을 지키다]: 約束がある [-を守る]
反 취소: 取り消し

---

**037** ☐☐☐☐☐
## 음식

名 食べ物, 飲食, 料理

❖ 음식을 먹다: 食べ物を食べる
❖ 음식점: 飲食店　類 요리: 料理／먹을 것: 食べ物

---

**038** ☐☐☐☐☐
## 재미있다
[재미읻따]

形 おもしろい〔재미있는/재미있어서〕

類 즐겁다: 楽しい
反 재미없다: おもしろくない, つまらない

---

**039** ☐☐☐☐☐
## 식당
[식땅]

名 食堂, 料理屋

❖ 한식당: 韓国料理屋　❖ 중식당: 中華料理屋
❖ 일식당: 日本料理屋　❖ 양식당: 洋食屋

---

**040** ☐☐☐☐☐
## 보다

動 見る〔보는/봐서〕

❖ ~을/를 보다: ~《人》に会う
❖ -아/어 보다: ~てみる　関 보이다: 見える

---

暗記度チェック　☐ 전화　☐ 운동　☐ 여행　☐ 좀　☐ 영화

| | |
|---|---|
| 매일 아침 우유 한 잔을 마십니다.<br>毎朝, **牛乳1杯**を飲みます。 | 카페에서 커피를 마시고 있어요.<br>カフェで**コーヒー**を飲んでいます。 |
| 학교에 안 온 이유를 이야기했습니다.<br>学校に来なかった**理由を話しました。** | 자신의 꿈을 이야기하는 시간입니다.<br>自分の夢を**語る**時間です。 |
| 보통 저녁에 신문을 읽어요.<br>たいてい夜に**新聞を読みます。** | 지금 읽는 책은 소설이에요.<br>今**読んでいる本**は小説です。 |
| 요즘 어떻습니까?<br>**最近どうですか。** | 한국어 공부는 어때요?<br>韓国語の勉強はどうですか。 |
| 초급 다음은 중급입니다.<br>初級の**次は**中級です。 | 한국어 수업 다음에 농구를 합니다.<br>韓国語の**授業の後に**バスケをします。 |
| 어제 약속이 있어서 집에 일찍 갔습니다.<br>昨日, **約束があったので**家に早く帰りました。 | 친구와 다음 주에 만날 약속을 했어요.<br>友達と来週会う**約束をしました。** |
| 어떤 음식이 좋습니까?<br>**どんな食べ物**がいいですか。 | 내일 무슨 음식을 먹으러 갈까요?<br>明日, **何の料理**を食べに行きましょうか。 |
| 요즘 재미있는 영화는 뭐가 있어요?<br>最近**おもしろい映画**は何がありますか。 | 일본의 소설은 정말 재미있습니다.<br>日本の小説は本当に**おもしろいです。** |
| 오늘은 학생 식당에서 밥을 먹읍시다.<br>今日は**学生食堂**でご飯を食べましょう。 | 저는 휴일에는 한식당에서 밥을 먹습니다.<br>私は休日には**韓国料理屋**でご飯を食べます。 |
| 일요일마다 영화를 봅니다.<br>毎週日曜日に**映画を見ます。** | 지난 주에 본 드라마가 재미있었습니다.<br>**先週見た**ドラマがおもしろかったです。 |

□ 배우다　　□ 같이　　□ 공부하다　　□ 찾다　　□ 같다

---

**041** □□□□□

## 받다
[받따]

**動 もらう, 受ける 〔받는/받아서〕**

❖ ~을/를 선물로 받다: ~をプレゼントにもらう
反 주다: あげる, くれる

---

**042** □□□□□

## 알다

**動 わかる, 知る 〔아는/알아서〕 ㄹ語幹**

❖ 아는 사람: 知り合い
反 모르다: わからない, 知らない

---

**043** □□□□□

## 만들다

**動 作る 〔만드는/만들어서〕 ㄹ語幹**

❖ 직접 만들다: 手作りする

---

**044** □□□□□

## 작다
[작:따]

**形 小さい 〔작은/작아서〕**

❖ 키가 작다: 背が低い
反 크다: 大きい

---

**045** □□□□□

## 가게

**名 店**

❖ 옷[신발] 가게: 服[靴]屋 　❖ 빵 가게: パン屋
❖ 가게 안: 店内 　類 상점: 商店

---

**046** □□□□□

## 공원

**名 公園**

❖ 공원에서 산책하다[놀다]: 公園で散歩する[遊ぶ]

---

**047** □□□□□

## 물건

**名 物, 品物**

❖ 물건이 비싸다: 品物が高い
類 상품: 商品

---

**048** □□□□□

## 아프다

**形 痛い 〔아픈/아파서〕 으変**

❖ 배[머리]가 아프다: お腹[頭]が痛い
❖ 마음이 아프다: 心が痛む

---

**049** □□□□□

## 말

**名 言葉 　動 말하다: 話す, 言う**

❖ 알맞은 말: 正しい言葉
敬 말씀: お話

---

**050** □□□□□

## 방

**名 部屋**

❖ 방이 좁다[넓다/크다]: 部屋が狭い[広い／大きい]
❖ 방을 찾다[구하다]: 部屋を探す

---

| | |
|---|---|
| 꽃을 생일 선물로 받았어요.<br>花を誕生日プレゼントにもらいました。 | 손님이 불러서 주문을 받으러 갔어요.<br>お客さんが呼んだので注文を受けに行きました。 |
| 저는 한국어를 조금 압니다.<br>私は韓国語が少しわかります。 | 공항에서 아는 사람을 만났어요.<br>空港で知り合いに会いました。 |
| 휴일에는 빵을 만들어 먹어요.<br>休日にはパンを作って食べます。 | 이 선물은 제가 직접 만든 거예요.<br>このプレゼントは私の手作りです。 |
| 저는 키가 작습니다.<br>私は背が低いです。 | 옷이 작아서 좀 불편합니다.<br>服が小さくてちょっと不便です。 |
| 가게에서 물건을 삽니다.<br>店で物を買います。 | 어떤 가게에 자주 가요?<br>どんな店によく行きますか。 |
| 한강공원에서 산책을 합니다.<br>漢江公園で散歩をします。 | 집 앞에 공원이 있어요.<br>家の前に公園があります。 |
| 가게에서 물건을 배달 시켰습니다.<br>お店から品物を配達させました。 | 백화점은 물건이 비쌉니다.<br>デパートは品物が高いです。 |
| 배가 아파요.<br>お腹が痛いです。 | 넘어져서 너무 아파요.<br>転んでとても痛いです。 |
| 글을 읽고 ( )에 알맞은 말을 쓰십시오.<br>文を読んで( )に正しい言葉を書きなさい。 | 친구에게 약속 시간을 말했습니다.<br>友達に約束の時間を言いました。 |
| 방이 좁아서 이사를 할 겁니다.<br>部屋が狭くて引越しをするつもりです。 | 제 방은 5층에 있습니다.<br>私の部屋は5階にあります。 |

□ 약속　　□ 음식　　□ 재미있다　　□ 식당　　□ 보다

QR コードの音声を聞き，韓国語を書いてみよう！ 🎧 06

聞き取れなかったら，対応した見出し語番号の単語を再チェック。

| | | | |
|---|---|---|---|
| 001 ( ) 行く | | 026 ( ) 習う，学ぶ | |
| 002 ( ) 来る | | 027 ( ) 一緒に | |
| 003 ( ) ある，いる | | 028 ( ) 勉強する | |
| 004 ( ) ない，いない | | 029 ( ) 探す | |
| 005 ( ) 女 | | 030 ( ) 同じだ | |
| 006 ( ) 男 | | 031 ( ) 飲む | |
| 007 ( ) 友達 | | 032 ( ) 話す | |
| 008 ( ) 嫌だ | | 033 ( ) 読む | |
| 009 ( ) よい | | 034 ( ) どうだ | |
| 010 ( ) 会う | | 035 ( ) 次，後 | |
| 011 ( ) 買う | | 036 ( ) 約束 | |
| 012 ( ) 今 | | 037 ( ) 食べ物 | |
| 013 ( ) ～したい | | 038 ( ) おもしろい | |
| 014 ( ) 食べる，飲む | | 039 ( ) 食堂 | |
| 015 ( ) 好きだ | | 040 ( ) 見る | |
| 016 ( ) 多い | | 041 ( ) もらう | |
| 017 ( ) たくさん | | 042 ( ) わかる，知る | |
| 018 ( ) なる | | 043 ( ) 作る | |
| 019 ( ) 住む | | 044 ( ) 小さい | |
| 020 ( ) 上手に | | 045 ( ) 店 | |
| 021 ( ) 電話 | | 046 ( ) 公園 | |
| 022 ( ) 運動 | | 047 ( ) 物，品物 | |
| 023 ( ) 旅行 | | 048 ( ) 痛い | |
| 024 ( ) ちょっと | | 049 ( ) 言葉 | |
| 025 ( ) 映画 | | 050 ( ) 部屋 | |

## 漢数詞

| | | | | | |
|---|---|---|---|---|---|
| 1 | 일 | 11 | 십일 | 1,000 | 천 |
| 2 | 이 | 20 | 이십 | 1万 | 만 |
| 3 | 삼 | 30 | 삼십 | 10万 | 십만 |
| 4 | 사 | 40 | 사십 | 100万 | 백만 |
| 5 | 오 | 50 | 오십 | 1,000万 | 천만 |
| 6 | 육 | 60 | 육십 | 1億 | 일억 |
| 7 | 칠 | 70 | 칠십 | | |
| 8 | 팔 | 80 | 팔십 | | |
| 9 | 구 | 90 | 구십 | | |
| 10 | 십 | 100 | 백 | | |

## 固有数詞

| | | | |
|---|---|---|---|
| 1つ | 하나 / 한 | 6つ | 여섯 |
| 2つ | 둘 / 두 | 7つ | 일곱 |
| 3つ | 셋 / 세 | 8つ | 여덟 |
| 4つ | 넷 / 네 | 9つ | 아홉 |
| 5つ | 다섯 | 10 | 열 |

## 助数詞

| ~冊 | ~ 권 | ~個 | ~ 개 | ~杯 | ~ 잔 |
|---|---|---|---|---|---|
| ~枚 | ~ 장 | ~名 | ~ 명 | ~匹 | ~ 마리 |

---

韓国人のあいさつ法

韓国人はあいさつの言葉として**식사 하셨어요?**（食事しましたか），**어디 가세요?**
（どこに行きますか），**요즘 어때요?**（このごろいかがですか）などの言い方をします。
これは本当に食事の有無などが気になっているわけではなく，その言葉自体に深
い意味はないので軽い気持ちで答えるといいでしょう。

---

**051 더**
☐☐☐☐☐

副 もっと

❖ 좀 더: もうちょっと　❖《名詞》+보다 더: 〜よりもっと
反 덜: 少なく

---

**052 시장**
☐☐☐☐☐

名 市場

❖ 동대문[남대문] 시장: 東大門[南大門]市場
❖ 시장에 가다: 買い物に行く　関 장을 보다: 買い物する

---

**053 약국**
[약꾹]
☐☐☐☐☐

名 薬局

関 약: 薬／약사: 薬剤師／처방전: 処方箋
類 약방: 薬屋

---

**054 옷**
[옫]
☐☐☐☐☐

名 服

❖ 옷을 입다[입어 보다/벗다]: 服を着る[着てみる／脱ぐ]
❖ 속옷: 下着　❖ 옷장: 洋服タンス，クローゼット

---

**055 백화점**
[배콰점]
☐☐☐☐☐

名 デパート，百貨店

❖ 백화점 매장[세일]: デパートの売り場[セール]
関 쇼핑몰: ショッピングモール

---

**056 아주**
☐☐☐☐☐

副 とても

類 매우: とても，ずいぶん

---

**057 도서관**
☐☐☐☐☐

名 図書館

❖ 도서관에서 책을 빌리다: 図書館で本を借りる
関 도서실: 図書室／열람실: 閲覧室／서고: 書庫

---

**058 보내다**
☐☐☐☐☐

動 送る，過ごす〔보내는/보내서〕

❖ 편지를 보내다: 手紙を送る
類 부치다: 送る／지내다: 過ごす

---

**059 건너다**
☐☐☐☐☐

動 渡る〔건너는/건너서〕

❖ 횡단보도[육교]를 건너다: 横断歩道[歩道橋]を渡る
関 건너편, 맞은편: 向かい側

---

**060 기다리다**
☐☐☐☐☐

動 待つ〔기다리는/기다려서〕

❖ ~에서 기다리다: 〜で待つ
❖ 순서를 기다리다: 順番を待つ

---

暗記度チェック　☐ 받다　　☐ 알다　　☐ 만들다　　☐ 작다　　☐ 가게

| | |
|---|---|
| 한국어를 더 잘하고 싶습니다.<br>韓国語が**もっと上手になりたいです。** | 올 사람이 더 있어요?<br>来る人は**もっと**いますか。 |
| 한국은 시장 물건이 더 싸요.<br>韓国は**市場品物がもっと安いです。** | 방학에 시장에서 일을 하고 싶습니다.<br>休みに**市場で**仕事をしたいです。 |
| 아파서 약국에서 약을 샀어요.<br>具合が悪くて**薬局で薬**を買いました。 | 병원에 간 후에는 약국에 가야 합니다.<br>**病院**に行った後は**薬局**に行かなければなりません。 |
| 저 옷은 얼마입니까?<br>**あの服**はいくらですか。 | 이 옷은 작은데 큰 거 없어요?<br>**この服**は小さいのですが**大きい**のはないですか。 |
| 백화점은 병원 건너편에 있습니다.<br>**デパートは**病院の**向かいにあります。** | 친구의 선물을 사러 백화점에 갑니다.<br>友達のプレゼントを買いに**デパートに行きます。** |
| 한국 드라마가 아주 재미있습니다.<br>韓国ドラマが**とてもおもしろいです。** | 음식이 맛있어서 아주 많이 먹었어요.<br>料理がおいしくて**ずいぶんたくさん**食べました。 |
| 도서관에서 책을 빌립니다.<br>**図書館で**本を**借ります。** | 도서관에 공부하러 갑니다.<br>**図書館に**勉強しに**行きます。** |
| 친구에게 이메일을 보냅니다.<br>友達に**Eメール**を送ります。 | 휴가는 해외에서 보낼 생각이에요.<br>休暇は海外で**過ごすつもりです。** |
| 횡단보도를 건너면 서점이 있습니다.<br>**横断歩道を渡ると**書店があります。 | 육교를 건너세요.<br>**歩道橋を渡ってください。** |
| 영화관 앞에서 기다리겠습니다.<br>映画館の前で**お待ちしております。** | 잠깐만 기다려 주세요.<br>**少々お待ください。** |

| □ 공원 | □ 물건 | □ 아프다 | □ 말 | □ 방 |
|---|---|---|---|---|

---

061 ☐☐☐☐☐
## 선물
名 **プレゼント，お土産**　動 **選物する: プレゼントする**

❖ 선물을 주다[받다]: プレゼントをあげる[もらう]

---

062 ☐☐☐☐☐
## 예쁘다
形 **きれいだ，かわいい**〔예쁜/예뻐서〕으変

❖ 얼굴이 예쁘다: 顔がきれいだ
類 귀엽다: かわいい／**아름답다**: 美しい　反 **밉다**: 醜い

---

063 ☐☐☐☐☐
## 자주
副 **しょっちゅう，たびたび，よく**

強 너무 자주
反 가끔: たまに

---

064 ☐☐☐☐☐
## 늦다
[늗따]
動 **遅れる**〔늦는/늦어서〕　形 **遅い**〔늦은/늦어서〕

副 늦게: 遅く
類 지각하다: 遅刻する　反 **이르다**: 早い

---

065 ☐☐☐☐☐
## 쉬다
動 **休む**〔쉬는/쉬어서〕

❖ 푹 쉬다: ゆっくり休む　❖ 쉬는 날: 休みの日
❖ 학교를 쉬다: 学校を休む，休学する

---

066 ☐☐☐☐☐
## 입다
[입따]
動 **着る**〔입는/입어서〕

❖ 바지를 입다: ズボンを履く
関 갈아입다: 着替える／**입어 보다**: 試着する　反 **벗다**: 脱ぐ

---

067 ☐☐☐☐☐
## 다니다
動 **通う**〔다니는/다녀서〕

❖ 회사에 다니다: 会社に勤める
❖ 전철로 다니다: 電車で通う

---

068 ☐☐☐☐☐
## 병원
名 **病院**

❖ 병원에서 일하다: 病院で働く
関 입원하다: 入院する／**퇴원하다**: 退院する

---

069 ☐☐☐☐☐
## 요즘
名 副 **最近，このごろ，近ごろ**

類 최근: 最近／요즈음《요즘의 原形》
反 옛날: 昔

---

070 ☐☐☐☐☐
## 조금
名 副 **少し**　形 **적다**: 少ない

❖ 조금씩: 少しずつ　類 **좀**: 少し，ちょっと
反 많이: たくさん，多く／**굉장히**: ものすごく

---

暗記度チェック　☐ 더　　☐ 시장　　☐ 약국　　☐ 옷　　☐ 백화점

28

---

| 친구가 저한테 선물을 줬어요. | 아버지의 생신에 옷을 선물했습니다. |
|---|---|
| 友達が私に**プレゼントをくれました。** | 父の誕生日に服を**プレゼントしました。** |

| 예쁜 옷을 한 벌 사고 싶어요. | 그 사람은 배우같이 예쁩니다. |
|---|---|
| **かわいい服**を1着買いたいです。 | その人は**俳優のようにきれいです。** |

| 저는 자주 한국에 갑니다. | 구두보다 운동화를 자주 신습니다. |
|---|---|
| 私は**しょっちゅう**韓国に**行きます。** | 靴より運動靴を**よく履きます。** |

| 약속 시간에 늦었어요. | 늦은 시간까지 수고하셨습니다. |
|---|---|
| 約束の**時間に遅れました。** | **遅い時間まで**お疲れ様でした。 |

| 피곤해서 오늘은 쉬고 싶어요. | 다음 주 월요일은 쉬는 날입니다. |
|---|---|
| 疲れているので今日は**休みたいです。** | 来週の月曜日は**休みの日**です。 |

| 빨간 원피스 입은 사람을 찾으세요. | 운동회에는 바지를 입고 오십시오. |
|---|---|
| 赤いワンピースを**着た人**を探してください。 | 運動会にはズボンを**履いて**来てください。 |

| 요즘 수영장에 다닙니다. | 나중에 한국 회사에 다니고 싶습니다. |
|---|---|
| 最近，**プールに通っています。** | 将来，韓国の**会社に勤めたいです。** |

| 감기에 걸려서 병원에 갔습니다. | 그 의사는 대학 병원에서 일합니다. |
|---|---|
| 風邪を引いたので**病院に行きました。** | その医者は大学**病院で働いています。** |

| 요즘 극장에 오는 사람들이 많아졌습니다. | 요즘 어떻게 지내요? |
|---|---|
| **最近**，映画館に来る人たちが**多くなりました。** | **最近**いかがお過ごしですか。 |

| 이 옷은 예쁜데 조금 비싸요. | 조금씩 자주 먹는 게 건강에 좋아요. |
|---|---|
| この服はかわいいけど**少し高いです。** | **少しずつ頻繁に**食べるのが健康にいいです。 |

☐ 아주　　☐ 도서관　　☐ 보내다　　☐ 건너다　　☐ 기다리다

| 日 付 | 年 月 日 | 年 月 日 | 年 月 日 | 年 月 日 | 年 月 日 |
|---|---|---|---|---|---|
| 習得数 | /10 | /10 | /10 | /10 | /10 |

---

071 □□□□□
## 함께

副 **一緒に**

❖ ~와/과[하고] 함께: ～と一緒に
類 같이: 一緒に　反 따로: 別に／혼자: ひとりで

---

072 □□□□□
## 맛있다
[마딛따/마싣따]

形 **おいしい** 〔맛있는/맛있어서〕

❖ 맛있는 음식: おいしい食べ物
反 맛없다: まずい

---

073 □□□□□
## 편지

名 **手紙**

❖ 편지를 쓰다[보내다/부치다]: 手紙を書く[送る／出す]
関 엽서: はがき／연하장: 年賀状

---

074 □□□□□
## 은행

名 **銀行**

❖ 은행 창구: 銀行窓口
❖ 은행 계좌: 銀行口座

---

075 □□□□□
## 사진

名 **写真**

❖ 사진을 찍다: 写真を撮る
❖ 사진 촬영을 하다: 写真撮影をする　❖ 사진첩: アルバム

---

076 □□□□□
## 취미

名 **趣味**

❖ 취미가 있다[없다]: 趣味がある[ない]
❖ 취미를 가지다: 趣味を持つ

---

077 □□□□□
## 바쁘다

形 **忙しい** 〔바쁜/바빠서〕 으変

類 급하다: 急だ, 緊急だ
反 한가하다: 暇だ

---

078 □□□□□
## 청소하다

動 **掃除する** 〔청소하는/청소해서〕　名 청소: 掃除

❖ 깨끗하게 청소하다: きれいに掃除する
類 정리하다: 整理する, 片付ける／치우다: 片付ける

---

079 □□□□□
## 듣다
[듣따]

動 **聞く** 〔듣는/들어서〕 ㄷ変

❖ 음악을[라디오를] 듣다: 音楽を[ラジオを]聞く
関 들리다: 聞こえる　反 말하다: 話す

---

080 □□□□□
## 안내하다

動 **案内する** 〔안내하는/안내해서〕　名 안내: 案内

関 안내 데스크: 案内所／관광 안내원: 観光案内員／
　　안내를 받다: 案内してもらう

---

暗記度チェック　□ 선물　　□ 예쁘다　　□ 자주　　□ 늦다　　□ 쉬다

memo
..................................................................
..................................................................

09

達成率
10 %

| | |
|---|---|
| 저는 부모님과 함께 삽니다.<br>私は両親と一緒に住んでいます。 | 주말에 친구와 함께 여행을 갈 겁니다.<br>週末に友人と一緒に旅行に行く予定です。 |
| 맛있는 케이크를 먹고 싶어요.<br>おいしいケーキを食べたいです。 | 음식이 싸고 맛있습니다.<br>食べ物が安くておいしいです。 |
| 오랜만에 선생님에게 편지를 보냈습니다.<br>久しぶりに先生に手紙を送りました。 | 저는 기분이 좋으면 편지를 씁니다.<br>私は気分がよければ手紙を書きます。 |
| 은행에 돈을 찾으러 갑니다.<br>銀行にお金をおろしに行きます。 | 돈을 은행 계좌로 보내 주세요.<br>お金を銀行口座に送ってください。 |
| 제 취미는 사진 찍기입니다.<br>私の趣味は写真を撮ることです。 | 파티에서 찍은 사진을 친구에게 줬습니다.<br>パーティで撮った写真を友達にあげました。 |
| 영화 보는 것이 취미입니다.<br>映画を見るのが趣味です。 | 쇼핑이 취미인 사람들이 많습니다.<br>ショッピングが趣味な人が多いです。 |
| 일이 너무 많고 바쁩니다.<br>仕事が多すぎて忙しいです。 | 내일은 바빠서 만날 수 없어요.<br>明日は忙しくて会えません。 |
| 주말에는 보통 집을 청소합니다.<br>週末には，たいてい家を掃除します。 | 손님이 와서 청소해야 해요.<br>お客様が来るので掃除しなければなりません。 |
| 저는 한국 음악을 자주 듣습니다.<br>私は韓国の音楽をよく聞きます。 | 뉴스에서 들은 얘기를 친구에게 했어요.<br>ニュースで聞いた話を友達にしました。 |
| 외국인에게 관광지를 안내했어요.<br>外国人に観光地を案内しました。 | 교통 상황을 안내하고 있습니다.<br>交通状況を案内しています。 |

☐ 입다　　☐ 다니다　　☐ 병원　　☐ 요즘　　☐ 조금

---

**081 걸리다**

動 **かかる**〔걸리는/걸려서〕

❖ 시간이 걸리다: 時間がかかる
❖ 마음에 걸리다: 気になる　❖ 감기에 걸리다: 風邪を引く

---

**082 비싸다**

形《値段が》**高い, 高価だ**〔비싼/비싸서〕

❖ 물건이 비싸다: 品物が高い
反 싸다: 安い　類 고가이다: 高価だ

---

**083 싸다**

形 **安い**〔싼/싸서〕

❖ ~보다 …이/가 싸다: 〜より…が安い
反 비싸다:《値段が》高い　類 저렴하다: 安い

---

**084 빨리**

副 **速く, 早く**　形 빠르다: 速い

反 천천히: ゆっくり
類 일찍: 早く

---

**085 장소**

名 **場所**

❖ 약속[모임] 장소: 約束[会合]の場所
類 곳: 所

---

**086 가르치다**

動 **教える**〔가르치는/가르쳐서〕

❖ 가르쳐 주다: 教えてあげる/もらう
反 배우다: 習う　類 교육하다: 教育する

---

**087 시작하다**
[시:자카다]

動 **始める**〔시작하는/시작해서〕　名 시작: 始め

反 끝나다: 終わる/끝내다: 終える/마치다: 終える

---

**088 치다**

動 **打つ**〔치는/쳐서〕

❖ 골프[테니스]를 치다: ゴルフ[テニス]をする
❖ 기타[피아노]를 치다: ギター[ピアノ]を弾く

---

**089 지하철**

名 **地下鉄**

❖ 지하철을 타다[-로 갈아타다]: 地下鉄に乗る[-に乗り換える]
❖ 지하철역: 地下鉄駅　類 전철: 電車

---

**090 가지다**

動 **持つ**〔가지는/가져서〕

❖ 가지고 가다[오다]: 持っていく[くる]
類 갖다: 持つ/所有する

---

暗記度チェック　□ 함께　　□ 맛있다　　□ 편지　　□ 은행　　□ 사진

32

10 達成率 11 %

| | |
|---|---|
| 감기에 걸려서 회사를 쉬었어요.<br>**風邪を引いたので**会社を休みました。 | 길이 막혀서 시간이 많이 걸렸어요.<br>道が混んでいて**時間が**ずいぶん**かかりました**。 |
| 이 가게는 물건 값이 비쌉니다.<br>この店は品物の**値段が高いです**。 | 비싸지만 서비스가 좋아서 마음에 들어요.<br>**高いけど**サービスがいいので気に入っています。 |
| 택시보다 버스가 싸요.<br>タクシー**より**バスが**安いです**。 | 백화점은 비싼데 시장은 싸요.<br>デパート**は高いけれど**市場**は安いです**。 |
| 모두 기다리니까 빨리 오세요.<br>皆待ってるから**早く**来てください。 | 일을 하면 시간이 빨리 지나갑니다.<br>仕事をすると時間が**早く過ぎていきます**。 |
| 약속 장소에 일찍 나갑니다.<br>**約束の場所**に早く出かけます。 | 회의 장소는 어디입니까?<br>**会議の場所**はどこですか。 |
| 한국에서 일어를 가르치고 있어요.<br>韓国で日本語を**教えています**。 | 친구가 컴퓨터를 가르쳐 주기로 했습니다.<br>友達がパソコンを**教えてくれることになりました**。 |
| 공연은 오후 2시에 시작합니다.<br>公演は午後２**時に始めます**。 | 3년 전에 운동을 시작했습니다.<br>３年前に**運動を始めました**。 |
| 주말에는 보통 골프를 칩니다.<br>週末には，たいてい**ゴルフをします**。 | 기타를 칠 수 있으면 좋겠어요.<br>**ギターが弾けたら**いいですね。 |
| 우리 집은 지하철역에서 가까워요.<br>私の家は**地下鉄駅**から近いです。 | 버스보다 지하철이 빠르고 편합니다.<br>バスより**地下鉄が速くて楽です**。 |
| 더울 테니까 물을 가지고 오세요.<br>暑いだろうから水を**持ってきてください**。 | 같은 취미를 가진 사람을 만났어요.<br>同じ**趣味を持つ**人に会いました。 |

□ 취미　　□ 바쁘다　　□ 청소하다　　□ 듣다　　□ 안내하다

33

---

**091 □□□□□**
### 길
> 名 道
> ❖ 길이 막히다[좁다]: 道が混んでいる[狭い]
> ❖ 길을 걷다[건너다/묻다]: 道を歩く[渡る／尋ねる]

---

**092 □□□□□**
### 다른
> 冠形 違う，ほか[別]の　形 다르다: 違う
> ❖ 다른 색[일/사람/것]: ほかの色[仕事／人／もの]
> 類 딴: 別の

---

**093 □□□□□**
### 꽃
[꼳]
> 名 花
> ❖ 꽃놀이, 꽃구경: 花見　❖ 꽃가게, 꽃집: 花屋
> ❖ 꽃이 피다[지다]: 花が咲く[散る]

---

**094 □□□□□**
### 너무
> 副 あまり，とても　形 너무하다: ひどい
> ❖ 너무 +〈形容詞〉: ～すぎる
> 類 매우: とても／아주: とても

---

**095 □□□□□**
### 생일
> 名 誕生日
> ❖ 생일 파티[축하]: 誕生日パーティ [祝い]
> ❖ 생일 선물: 誕生日プレゼント　敬 생신: お誕生日

---

**096 □□□□□**
### 서점
> 名 書店，本屋
> ❖ 인터넷 서점: ネット書店
> 類 책방: 本屋

---

**097 □□□□□**
### 수영
> 名 水泳　動 수영하다: 泳ぐ
> ❖ 수영 선수: 水泳選手
> ❖ 수영장: プール

---

**098 □□□□□**
### 이사
> 名 引越し　動 이사하다: 引越す
> ❖ 이사를 하다[돕다]: 引越しをする[手伝う]
> 関 이삿짐: 引越し荷物／이삿짐 센터: 引越しセンター

---

**099 □□□□□**
### 준비
> 名 準備　動 준비하다: 準備する
> ❖ 여행 준비: 旅行準備
> 関 준비물: 持ち物，用意する物

---

**100 □□□□□**
### 빌리다
> 動 借りる〔빌리는/빌려서〕
> ❖ 무료로 빌리다: タダで借りる
> 類 빌려주다: 貸す　反 돌려주다: 返す

---

暗記度チェック　□ 걸리다　　□ 비싸다　　□ 싸다　　□ 빨리　　□ 장소

| | |
|---|---|
| 길이 많이 막혀서 늦었어요.<br>**道が**かなり**混んでいて**遅れました。 | 남자는 길을 묻고 있습니다.<br>男は**道を尋ねています。** |
| 다른 색은 없어요?<br>ほかの**色は**ないですか。 | 나중에는 지금하고 다른 일을 하고 싶어요.<br>将来は**今と違う仕事を**したいです。 |
| 꽃이 예뻐요.<br>**花が**きれいです。 | 꽃이 피면 꽃놀이를 합니다.<br>**花が咲いたらお花見を**します。 |
| 길이 너무 복잡해요.<br>道が**複雑すぎます。** | 오늘은 밥을 너무 많이 먹었어요.<br>今日はご飯を**いっぱい食べすぎました。** |
| 저녁에 친구의 생일 파티에 갑니다.<br>夕方，友達の**誕生日パーティ**に行きます。 | 생일 축하 노래도 부를 겁니다.<br>**誕生日のお祝いの**歌も歌う予定です。 |
| 책을 사러 서점에 갑니다.<br>本を買いに**書店に行きます。** | 가끔 서점에서 책을 읽습니다.<br>たまに**本屋で本を読みます。** |
| 바다에서 수영을 해요.<br>海で**水泳をします。** | 수영장에서 우연히 수영 선수를 봤어요.<br>**プールで偶然，水泳選手を見かけました。** |
| 저는 학교 근처로 이사를 하고 싶어요.<br>私は学校の**近くへ引越し**をしたいです。 | 친구가 이사를 도와주었습니다.<br>友達が**引越しを手伝って**くれました。 |
| 오늘은 여행 준비를 해야 합니다.<br>今日は**旅行の準備を**しなければなりません。 | 시험 준비로 바쁩니다.<br>**試験の準備で**忙しいです。 |
| 학교에서 책을 무료로 빌릴 수 있습니다.<br>学校で本を**タダで借りられます。** | 지우개를 빌려주세요.<br>消しゴムを**貸して**ください。 |

□ 가르치다　　□ 시작하다　　□ 치다　　　□ 지하철　　□ 가지다

| 051 ( | ) もっと | 076 ( | ) 趣味 |
|---|---|---|---|
| 052 ( | ) 市場 | 077 ( | ) 忙しい |
| 053 ( | ) 薬局 | 078 ( | ) 掃除する |
| 054 ( | ) 服 | 079 ( | ) 聞く |
| 055 ( | ) デパート | 080 ( | ) 案内する |
| 056 ( | ) とても | 081 ( | ) かかる |
| 057 ( | ) 図書館 | 082 ( | )《値段が》高い |
| 058 ( | ) 送る，過ごす | 083 ( | ) 安い |
| 059 ( | ) 渡る | 084 ( | ) 速く，早く |
| 060 ( | ) 待つ | 085 ( | ) 場所 |
| 061 ( | ) プレゼント | 086 ( | ) 教える |
| 062 ( | ) きれいだ | 087 ( | ) 始める |
| 063 ( | ) しょっちゅう | 088 ( | ) 打つ |
| 064 ( | ) 遅れる | 089 ( | ) 地下鉄 |
| 065 ( | ) 休む | 090 ( | ) 持つ |
| 066 ( | ) 着る | 091 ( | ) 道 |
| 067 ( | ) 通う | 092 ( | ) 違う，ほかの |
| 068 ( | ) 病院 | 093 ( | ) 花 |
| 069 ( | ) 最近，このごろ | 094 ( | ) あまり，とても |
| 070 ( | ) 少し | 095 ( | ) 誕生日 |
| 071 ( | ) 一緒に | 096 ( | ) 書店，本屋 |
| 072 ( | ) おいしい | 097 ( | ) 水泳 |
| 073 ( | ) 手紙 | 098 ( | ) 引越し |
| 074 ( | ) 銀行 | 099 ( | ) 準備 |
| 075 ( | ) 写真 | 100 ( | ) 借りる，貸す |

## ～月

| 1月 | 일월 | 2月 | 이월 | 3月 | 삼월 | 4月 | 사월 | 5月 | 오월 | 6月 | 유월 |
|---|---|---|---|---|---|---|---|---|---|---|---|
| 7月 | 칠월 | 8月 | 팔월 | 9月 | 구월 | 10月 | 시월 | 11月 | 십일월 | 12月 | 십이월 |

## ～日

| | 1日 | 2日 | 3日 | 4日 | 5日 |
|---|---|---|---|---|---|
| 日付を言う場合 | 1[일]일 | 2[이]일 | 3[삼]일 | 4[사]일 | 5[오]일 |
| 日数を言う場合 | 하루 | 이틀 | 사흘 | 나흘 | 닷새 |

## ～曜日

| 月曜日 | 월요일 | 火曜日 | 화요일 | 水曜日 | 수요일 | 木曜日 | 목요일 |
|---|---|---|---|---|---|---|---|
| 金曜日 | 금요일 | 土曜日 | 토요일 | 日曜日 | 일요일 | 何曜日 | 무슨 요일 |

## ～週間, ～か月, ～年など

| 1週間 | 1[일]주일 | 1か月 | 1[일]개월 / 한 달 | 1年 | 1[일]년 |
|---|---|---|---|---|---|
| 2週間 | 2[이]주일 | 2か月 | 2[이]개월 / 두 달 | 2年 | 2[이]년 |
| 3週間 | 3[삼]주일 | 3か月 | 3[삼]개월 / 석 달 | 3年 | 3[삼]년 |
| 4週間 | 4[사]주일 | 4か月 | 4[사]개월 / 넉 달 | 4年 | 4[사]년 |

| 年 | 년 | 日 | 일 | 週末 | 주말 | 平日 | 평일 |
|---|---|---|---|---|---|---|---|
| 月 | 월 | 週 | 주 | 月末 | 월말 | 休日 | 휴일 |
| 初旬 | 초 | 中旬 | 중순 | 下旬 | 하순 | 末 | 말 |
| 春 | 봄 | 夏 | 여름 | 秋 | 가을 | 冬 | 겨울 |
| 四季 | 사계절 | | 春夏秋冬 | | 춘하추동 | | |

---

### 우리の意味

自分が属している組織について話す時はふつう，**나** (私) よりも**우리** (私たち) を使います。これは日本語の「うち」に近い感覚です。**우리 가족** (うちの家族)，**우리 어머니** (うちの母)，**우리 학교** (うちの学校)，**우리 집** (うちの家)，**우리 선생님** (うちの先生) などと使います。

---

**101** ☐☐☐☐☐
**인사**

名 あいさつ

❖ 인사를 하다[나누다]: あいさつをする[交わす]

---

**102** ☐☐☐☐☐
**가깝다**
[가깝따]

形 近い〔가까운/가까워서〕**ㅂ変**

❖ 가까운 곳: 近場
反 멀다: 遠い

---

**103** ☐☐☐☐☐
**고향**

名 故郷

❖ 고향에서 보내다[-에 내려가다]: 故郷で過ごす[-に帰る]
❖ 고향집: 実家

---

**104** ☐☐☐☐☐
**공항**

名 空港

❖ 국제 공항: 国際空港　❖ 공항 버스: リムジンバス
❖ 공항에 마중 가다: 空港に迎えに行く

---

**105** ☐☐☐☐☐
**괜찮다**
[괜찬타]

形 大丈夫だ〔괜찮은/괜찮아서〕

❖ 괜찮은 사람: 《まともな, 条件に合う》いい人
❖ 맛이 괜찮다: 味が(なかなか)いい

---

**106** ☐☐☐☐☐
**노래**

名 歌

❖ 노래를 부르다[하다]: 歌を歌う
❖ 노래방: カラオケ　関 가사: 歌詞

---

**107** ☐☐☐☐☐
**우체국**

名 郵便局

関 우표: 切手/우체통: ポスト/우편함: 郵便受け

---

**108** ☐☐☐☐☐
**건강하다**

形 健康だ, 元気だ〔건강한/건강해서〕　名 건강: 健康

関 건강에 좋다[나쁘다]: 健康によい[悪い]

---

**109** ☐☐☐☐☐
**사과**

名 リンゴ

❖ 사과 주스: リンゴジュース
関 배: ナシ/과일: 果物

---

**110** ☐☐☐☐☐
**사무실**

名 事務室

関 사무 직원: 事務職員, 事務員
類 사무소: 事務所

---

**暗記度チェック** ☐ 길　　☐ 다른　　☐ 꽃　　☐ 너무　　☐ 생일

인사를 잘 하는 사람이 좋습니다.
**あいさつがよくできる**人がいいです。

항상 밝게 인사를 합니다.
いつも明るく**あいさつをします**。

지하철역에서 집까지 가까워요.
地下鉄駅**から**家**まで近い**です。

가까운 곳에 슈퍼마켓이 있습니다.
**近場に**スーパーがあります。

제 고향은 서울입니다.
**私の故郷**はソウルです。

고향에서 여름 휴가를 보낼 겁니다.
**故郷で**夏期休暇を**過ごす**予定です。

비행기를 타러 공항에 갑니다.
飛行機に乗りに**空港へ行きます**。

공항에서 짐을 부쳐야 합니다.
**空港で**荷物を預けなければなりません。

다음 주에 여행 가고 싶은데 괜찮아요?
来週, 旅行に行きたいのですが**大丈夫ですか**。

괜찮은 사람이 있으면 소개해 주세요.
**いい人**がいたら紹介してください。

술을 마시고 노래방에 갑니다.
お酒を飲んで**カラオケに行きます**。

노래방에서 노래를 부릅니다.
**カラオケで**歌を歌います。

우체국에 소포를 보내러 갑니다.
**郵便局に**小包みを**送り**に行きます。

우표는 우체국에서 사십시오.
**切手は郵便局で**買ってください。

부모님은 건강합니다.
両親は**元気です**。

건강에 관심이 많습니다.
**健康に**関心が高いです。

과일 가게에서 사과를 샀습니다.
果物屋で**リンゴ**を買いました。

누나는 사과와 배를 좋아합니다.
姉は**リンゴとナシ**が好きです。

사무실은 7층에 있습니다.
**事務室は**7階にあります。

오늘 사무실에 다녀왔습니다.
今日, **事務室に**行ってきました。

□ 서점　　　□ 수영　　　□ 이사　　　□ 준비　　　□ 빌리다

| 頻出度 | 日 付 | 年 月 日 | 年 月 日 | 年 月 日 | 年 月 日 | 年 月 日 |
|---|---|---|---|---|---|---|
| **A** | 習得数 | /10 | /10 | /10 | /10 | /10 |

---

**111** □□□□□
**아직**

副 まだ

反 이미: すでに／벌써: もう

---

**112** □□□□□
**일찍**

副 早く，早めに　形 이르다: 早い

❖ 아침 일찍: 朝早く
類 빨리: 速く，早く　反 늦게: 遅く

---

**113** □□□□□
**구두**

名 靴

❖ 구두를 신다: 靴を履く
❖ 다른 구두: 別の靴　類 신발: 履物

---

**114** □□□□□
**근처**

名 近所

類 가까운 곳: 近場／주위: 周囲

---

**115** □□□□□
**소개**

名 紹介　動 소개하다: 紹介する

❖ 자기 소개: 自己紹介
❖ 소개받다: 紹介してもらう　❖ 소개되다: 紹介される

---

**116** □□□□□
**자다**

動 寝る〔자는/자서〕　名 잠: 睡眠

❖ 잠을 자다: 寝る，睡眠をとる
反 일어나다: 起きる

---

**117** □□□□□
**극장**
[극짱]

名 劇場，映画館

❖ 소극장: 小劇場
類 영화관: 映画館

---

**118** □□□□□
**끝나다**

動 終わる〔끝나는/끝나서〕　名 끝: 終わり

❖ ~분 후에 끝나다: 〜分後に終わる
反 시작하다: 始まる

---

**119** □□□□□
**돈**

名 お金

❖ 돈을 찾다[벌다/모으다]: お金をおろす[稼ぐ／貯める]
関 동전: コイン，小銭／지폐: 紙幣

---

**120** □□□□□
**들어가다**

動 入る，入っていく〔들어가는/들어가서〕

❖ 들어가는 곳: 入口
反 나가다: 出ていく／들어오다: 入ってくる

---

暗記度チェック　□ 인사　　□ 가깝다　　□ 고향　　□ 공항　　□ 괜찮다

40

| | |
|---|---|
| 아직 점심을 안 먹었습니다.<br>まだ昼食を食べていません。 | 아직 메일을 쓰고 있습니다.<br>まだメールを書いています。 |
| 저는 아침 일찍 일어나요.<br>私は早起きです。 | 오늘은 피곤해서 집에 일찍 가고 싶어요.<br>今日は疲れてるので家に早く帰りたいです。 |
| 굽이 높은 구두를 신고 등산하지 마세요.<br>かかとが高い靴を履いて登山しないでください。 | 그 원피스에는 다른 구두가 어울립니다.<br>そのワンピースには別の靴が似合います。 |
| 우리 집 근처에 병원이 있습니다.<br>わが家の近所に病院があります。 | 회사 근처에 맛있는 식당이 있어요?<br>会社の近くにおいしい食堂がありますか。 |
| 반 친구들이 자기 소개를 하고 있습니다.<br>クラスメートが自己紹介をしています。 | 사장님이 회사를 소개할 겁니다.<br>社長が会社を紹介する予定です。 |
| 수업 시간에 자지 마십시오.<br>授業時に寝ないでください。 | 저는 보통 12시에 잠을 잡니다.<br>私は普段 12 時に寝ます。 |
| 영화를 보러 극장에 갑니다.<br>映画を見に映画館に行きます。 | 그 극장에서 좋아하는 영화를 합니다.<br>その劇場で好きな映画をやります。 |
| 수업은 20분 후에 끝납니다.<br>授業は 20 分後に終わります。 | 끝나는 시간이 언제입니까?<br>終わる時間はいつですか。 |
| 돈을 모아서 해외 여행을 갈 거예요.<br>お金を貯めて海外旅行に行くつもりです。 | 은행에 가서 부모님에게 돈을 보냈습니다.<br>銀行に行って両親にお金を送りました。 |
| 수업이 시작되면 모두 교실에 들어가요.<br>授業が始まると皆教室に入ります。 | 음식을 가지고 들어가면 안 됩니다.<br>食べ物を持って入ってはいけません。 |

| ☐ 노래 | ☐ 우체국 | ☐ 건강하다 | ☐ 사과 | ☐ 사무실 |
|---|---|---|---|---|

---

121 □□□□□
**바꾸다**

動 変 [替]える，切り替わる〔바꾸는/바꿔서〕

❖ ~을/를 …(으)로 바꾸다: ～を…に変 [替]える
類 변하다: 変わる／교환하다: 交換する

---

122 □□□□□
**생활**

名 生活　動 생활하다: 生活する

❖ 생활이 즐겁다: 生活が楽しい
❖ 생활필수품: 生活必需品

---

123 □□□□□
**신문**

名 新聞

❖ 신문을 읽다[보다]: 新聞を読む
❖ 신문사: 新聞社　❖ 신문 기사[광고]: 新聞記事 [広告]

---

124 □□□□□
**모자**

名 帽子

❖ 모자를 쓰다[벗다]: 帽子をかぶる [脱ぐ]

---

125 □□□□□
**생각**

名 考え　動 생각하다: 考える，思う

❖ -(으)ㄹ 생각이다: ～するつもりだ
❖ 생각이 나다: 思い出す　❖ 생각이 다르다: 考えが違う

---

126 □□□□□
**이름**

名 名前

❖ 이름을 쓰다[부르다]: 名前を書く [呼ぶ]
敬 성함: お名前　関 성: 姓, 名字／성명: 姓名

---

127 □□□□□
**팔다**

動 売る〔파는/팔아서〕　ㄹ語幹

関 팔리다: 売れる
類 판매하다: 販売する　反 사다: 買う

---

128 □□□□□
**다시**

副 再び，また

❖ 다시 한 번: もう一度　❖ 다시 하다: やり直す
類 또: また

---

129 □□□□□
**일하다**

動 働く，仕事する〔일하는/일해서〕　名 일: 仕事

❖ 일하러 가다: 働きに行く
類 근무하다: 勤務する

---

130 □□□□□
**정말**

副 名 本当 《肯定的な表現》

❖ 정말로: 本当に
類 진짜(로), 참: 本当に　反 거짓말: 嘘

---

暗記度チェック □ 아직　　□ 일찍　　□ 구두　　□ 근처　　□ 소개

42

치마를 바지로 바꿨습니다.
スカートをズボンに替えました。

다나카 씨 좀 바꿔 주세요.
田中さんに替わってください。

요즘 한국 생활이 어때요?
最近，韓国の生活はどうですか。

처음보다 유학 생활이 즐겁습니다.
初めより留学の生活が楽しいです。

어머니는 매일 신문을 읽습니다.
母は毎日新聞を読みます。

버스에서 신문을 읽는 사람도 있어요.
バスで新聞を読む人もいます。

외출할 때는 모자를 쓰세요.
外出する時は帽子をかぶってください。

모자를 벗고 인사를 합니다.
帽子を脱いであいさつをします。

여행을 가면 많은 생각을 합니다.
旅行に行くといろいろなことを考えます。

저는 다음 주에 한국에 갈 생각입니다.
私は来週韓国に行くつもりです。

이름이 무엇입니까?
お名前は何ですか。

시장에서 물건 이름을 배울 수 있어요.
市場で品物の名前を学ぶことができます。

아침에는 영화표를 싸게 팝니다.
朝は映画のチケットを安く売っています。

전자 제품을 파는 가게가 어디에 많아요?
電化製品を売っている店はどこに多いですか。

더우면 에어컨을 다시 켤까요?
暑かったらエアコンをまたつけましょうか。

다시 한 번만 말씀해 주세요.
もう一度だけおっしゃってください。

저는 한국 회사에서 일합니다.
私は韓国の会社で働いています。

일요일에도 일하러 가요?
日曜日にも仕事しに行きますか。

첫월급을 받고 정말 기뻤습니다.
初任給をもらって本当にうれしかったです。

그 신문 기사가 정말입니까?
その新聞記事は本当ですか。

□ 자다　　　□ 극장　　　□ 끝나다　　　□ 돈　　　□ 들어가다

---

**131** ☐☐☐☐☐
## 걷다
[걷ː따]

動 **歩く**〔걷는/걸어서〕 ㄷ変

関 걷기 운동: ウォーキング 類 걸어가다: 歩いていく
反 뛰다: 走る

---

**132** ☐☐☐☐☐
## 구경하다

動 **見物する, 観覧する**〔구경하는/구경해서〕 名 구경: 見物

関 꽃구경: 花見／단풍구경: 紅葉狩り
類 관광하다: 観光する

---

**133** ☐☐☐☐☐
## 쉽다
[쉽ː따]

形 **易しい, 簡単だ**〔쉬운/쉬워서〕 ㅂ変

❖ -기 쉽다: ~しやすい
類 간단하다: 簡単だ 反 어렵다: 難しい

---

**134** ☐☐☐☐☐
## 시험

名 **試験, テスト**

❖ 시험을 못 보다: 試験の結果が悪い
❖ 시험을 보다: 試験を受ける ❖ 시험 기간: 試験期間

---

**135** ☐☐☐☐☐
## 어렵다
[어렵따]

形 **難しい**〔어려운/어려워서〕 ㅂ変

❖ -기 어렵다: ~しにくい
類 힘들다: 大変だ 反 쉽다: 易しい

---

**136** ☐☐☐☐☐
## 우산

名 **傘**

❖ 우산을 쓰다[빌리다]: 傘をさす[借りる]
関 양산: 日傘

---

**137** ☐☐☐☐☐
## 일어나다

動 **起きる**〔일어나는/일어나서〕

❖ 자리에서 일어나다: 席から立ち上がる
反 눕다: 横になる／자다: 寝る

---

**138** ☐☐☐☐☐
## 찍다
[찍따]

動 **撮る**〔찍는/찍어서〕

❖ 사진을[영화를] 찍다: 写真を[映画を]撮る
類 촬영하다: 撮影する

---

**139** ☐☐☐☐☐
## 힘들다

形 **大変だ**〔힘든/힘들어서〕 ㄹ語幹

❖ -기가 힘들다: ~するのが大変だ, ~しがたい
類 어렵다: 難しい

---

**140** ☐☐☐☐☐
## 먼저

副 **先に, まず**

類 우선: まず
反 나중에: 後で

---

| 暗記度チェック | ☐ 바꾸다 | ☐ 생활 | ☐ 신문 | ☐ 모자 | ☐ 생각 |
|---|---|---|---|---|---|

| | |
|---|---|
| 매일 아침 30분씩 공원을 걷습니다.<br>毎朝 30 分ずつ**公園を歩きます**。 | 역에서 집까지 걸어서 갑니다.<br>駅から家まで**歩いていきます**。 |
| 동물원에서 판다를 구경합니다.<br>動物園でパンダを**見物します**。 | 그림을 구경하는 사람이 많아요.<br>**絵を観覧する**人が多いです。 |
| 이번 시험은 쉬웠습니다.<br>今回の**試験は易しかったです**。 | 쉬운 문제들이 나왔습니다.<br>**簡単な問題**が出ました。 |
| 다음 주에 한국어 시험이 있습니다.<br>来週, 韓国語の**試験があります**。 | 우리 반은 매주 단어 시험을 봅니다.<br>うちのクラスは毎週単語**テストを受けます**。 |
| 한국어는 어렵지만 재미있습니다.<br>韓国語は**難しいけど**おもしろいです。 | 한국어에는 어려운 발음이 있습니다.<br>韓国語には**難しい発音**があります。 |
| 비가 와서 우산을 썼어요.<br>雨が降ったので**傘をさしました**。 | 친구에게 우산을 빌렸어요.<br>友達に**傘を借りました**。 |
| 아침 6시에 일어나요.<br>朝 6 時に**起きます**。 | 늦게 일어나서 회사에 지각했어요.<br>**遅く起きたので**会社に遅刻しました。 |
| 우리 반 친구들과 같이 사진을 찍었어요.<br>うちのクラスメートと一緒に**写真を撮りました**。 | 박물관에서 사진을 찍어도 됩니까?<br>博物館で**写真を撮っても**いいですか。 |
| 좋은 사람을 찾기가 힘듭니다.<br>いい (すばらしい) 人を**探すのが大変です**。 | 이번 주는 힘든 일이 많았어요.<br>今週は**大変な仕事**が多かったです。 |
| 아파서 먼저 집에 돌아갔어요.<br>具合が悪くて**先に家に帰りました**。 | 식사하기 전에 먼저 손을 씻으세요.<br>食事の前に**まず手を洗ってください**。 |

| □ 이름 | □ 팔다 | □ 다시 | □ 일하다 | □ 정말 |
|---|---|---|---|---|

---

**141 □□□□□**
## 모르다

動 **わからない，知らない**〔모르는/몰라서〕**르変**

反 알다: わかる，知る

---

**142 □□□□□**
## 계획

名 **計画，予定**　動 **계획하다**: 計画する

❖ 계획을 세우다: 計画を立てる

---

**143 □□□□□**
## 바다

名 **海**

関 해수욕장: 海水浴場／해변, 바닷가: 海辺

---

**144 □□□□□**
## 알리다

動 **知らせる**〔알리는/알려서〕　名 **알림**: お知らせ

❖ 알려 주다: 教える

---

**145 □□□□□**
## 책상
[책쌍]

名 **机**

❖ 책상 다리를 하다: あぐらをかく
関 의자: 椅子／책장, 책꽂이: 本棚／서재: 書斎

---

**146 □□□□□**
## 꼭

副 **必ず，ぜひ**

類 반드시: 必ず／절대로: 絶対に

---

**147 □□□□□**
## 대하다

動 **対する**〔대하는/대해서〕

❖ ~에 대해: ～について　❖ ~에 대한: ～についての
類 관하다: 関する

---

**148 □□□□□**
## 등산

名 **登山**　動 **등산하다**: 登山する

❖ 등산화: 登山靴／등산복: 登山服／등산용품: 登山グッズ

---

**149 □□□□□**
## 박물관
[방물관]

名 **博物館**

❖ 박물관 관람: 博物館観覧　❖ 박물관 견학: 博物館見学
関 미술관: 美術館

---

**150 □□□□□**
## 방학

名 **《学校の》休み**

❖ 여름[겨울] 방학: 夏[冬]休み　❖ 방학 숙제: 休みの宿題
類 휴가: 休暇

---

**暗記度チェック** □ 걷다　　□ 구경하다　　□ 쉽다　　□ 시험　　□ 어렵다

46

한국말을 몰라요.
韓国語がわかりません。

모르는 사람이에요.
知らない人です。

올해 계획을 세웁니다.
今年の計画を立てます。

오늘은 친구를 만날 계획이에요.
今日は友達に会う予定です。

여름에는 바다에서 수영을 해요.
夏は海で水泳をします。

제주도는 바다와 산이 있어서 좋아요.
済州島は海と山があるのでいいです。

여러분께 알려 드립니다.
皆さんにお知らせいたします。

남자가 길을 알려 주고 있습니다.
男の人が道を教えてあげています。

책상에 앉아서 공부를 합니다.
机に向かって勉強をします。

책상 위에 책이 있습니다.
机の上に本があります。

다음 주 공연에는 꼭 갈게요.
来週の公演には必ず行きます。

올해는 꼭 운전면허증을 따고 싶습니다.
今年は必ず運転免許を取りたいです。

취미에 대한 이야기를 하십시오.
趣味についての話をしてください。

한국어를 공부하는 이유에 대해 쓰십시오.
韓国語を勉強する理由について書いてください。

일요일에 친구들과 등산을 했습니다.
日曜日に友達と登山をしました。

등산복과 등산화를 사러 갈 거예요.
登山服と登山靴を買いに行く予定です。

박물관에서는 사진을 찍으면 안 돼요.
博物館では写真を撮ってはいけません。

박물관에 가면 역사를 알 수 있어요.
博物館に行くと歴史がわかります。

이번 방학에는 일본에 여행을 갈 거예요.
今度の休みは日本へ旅行に行く予定です。

여름 방학에 아르바이트를 했습니다.
夏休みにバイトをしました。

☐ 우산　　☐ 일어나다　　☐ 찍다　　☐ 힘들다　　☐ 먼저

QR コードの音声を聞き，韓国語を書いてみよう！

18

聞き取れなかったら，対応した見出し語番号の単語を再チェック。

| | | | |
|---|---|---|---|
| **101** ( ) あいさつ | | **126** ( ) 名前 |
| **102** ( ) 近い | | **127** ( ) 売る |
| **103** ( ) 故郷 | | **128** ( ) 再び，また |
| **104** ( ) 空港 | | **129** ( ) 仕事する |
| **105** ( ) 大丈夫だ | | **130** ( ) 本当 |
| **106** ( ) 歌 | | **131** ( ) 歩く |
| **107** ( ) 郵便局 | | **132** ( ) 見物する |
| **108** ( ) 健康だ | | **133** ( ) 易しい |
| **109** ( ) リンゴ | | **134** ( ) 試験，テスト |
| **110** ( ) 事務室 | | **135** ( ) 難しい |
| **111** ( ) まだ | | **136** ( ) 傘 |
| **112** ( ) 早く | | **137** ( ) 起きる |
| **113** ( ) 靴 | | **138** ( ) 撮る |
| **114** ( ) 近所 | | **139** ( ) 大変だ |
| **115** ( ) 紹介 | | **140** ( ) 先に，まず |
| **116** ( ) 寝る | | **141** ( ) わからない |
| **117** ( ) 劇場，映画館 | | **142** ( ) 計画，予定 |
| **118** ( ) 終わる | | **143** ( ) 海 |
| **119** ( ) お金 | | **144** ( ) 知らせる |
| **120** ( ) 入っていく | | **145** ( ) 机 |
| **121** ( ) 変える | | **146** ( ) 必ず，ぜひ |
| **122** ( ) 生活 | | **147** ( ) 対する |
| **123** ( ) 新聞 | | **148** ( ) 登山 |
| **124** ( ) 帽子 | | **149** ( ) 博物館 |
| **125** ( ) 考え | | **150** ( ) 《学校の》休み |

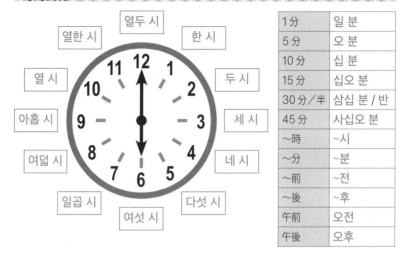

| | |
|---|---|
| 1分 | 일 분 |
| 5分 | 오 분 |
| 10分 | 십 분 |
| 15分 | 십오 분 |
| 30分／半 | 삼십 분／반 |
| 45分 | 사십오 분 |
| ~時 | ~시 |
| ~分 | ~분 |
| ~前 | ~전 |
| ~後 | ~후 |
| 午前 | 오전 |
| 午後 | 오후 |

| 一昨日 | 그제 / 그저께 | 先々週 | 지지난주 | 先々月 | 지지난달 | 一昨年 | 재작년 |
|---|---|---|---|---|---|---|---|
| 昨日 | 어제 | 先週 | 지난주 | 先月 | 지난달 | 昨年 | 작년 |
| 今日 | 오늘 | 今週 | 이번 주 | 今月 | 이번 달 | 今年 | 올해 / 금년 |
| 明日 | 내일 | 来週 | 다음 주 | 来月 | 다음 달 | 来年 | 내년 |
| 明後日 | 모레 | 再来週 | 다다음주 | 再来月 | 다다음달 | 再来年 | 내후년 |
| 毎日 | 매일 | 毎週 | 매주 | 毎月 | 매달 | 毎年 | 매년 |
| 日ごと | 날마다 | 週ごと | 주마다 | 月々 | 달마다 | 年々 | 해마다 |
| 朝 | 아침 | 昼 | 점심 | 夕方 | 저녁 | 夜 | 밤 |
| 昼夜 | 밤낮 | | | | | | |

---

방학の意味

방학は, 漢字表記で「放学」と書きます。つまり学校から遠くなるという意味です。
**여름 방학** (夏休み), **겨울 방학** (冬休み), **봄 방학** (春休み) といった感じに使われ,
学校の長期休暇を指します。**방학**は教育機関でのみ使う表現で, 社会人の場合は
**휴가** (休暇) を使います。(例：**여름 휴가**)

---

### 151 차
□□□□□

名 お茶

❖ 차를 마시다[타다]: お茶を飲む[いれる]
❖ 녹차: 緑茶　❖ 홍차: 紅茶

---

### 152 기분
□□□□□

名 気分, 機嫌

❖ 기분이 좋다: 気分(機嫌)がいい
❖ 기분이 나쁘다[안 좋다]: 気分(機嫌)が悪い[よくない]

---

### 153 나오다
□□□□□

動 出る, 出てくる〔나오는/나와서〕

❖ 시험에 나오다: 試験に出る
反 나가다: 出ていく／들어오다: 入ってくる

---

### 154 모두
□□□□□

副 すべて　名 皆

類 전부: 全部／다: 皆
反 전혀: 全然

---

### 155 다
□□□□□

副 皆, 全部

類 전부: 全部／모두: すべて, 皆
強 모두[전부] 다

---

### 156 지나다
□□□□□

動 経つ, 過ぎる〔지나는/지나서〕

❖ 시간이 지나다: 時間が経つ
❖ 지난주: 先週　❖ 지난달: 先月　❖ 지난해: 去年

---

### 157 출발하다
□□□□□

動 出発する〔출발하는/출발해서〕　名 출발: 出発

反 도착하다: 到着する

---

### 158 도와주다
□□□□□

動 助けてあげる／くれる, 手伝う〔도와주는/도와줘서〕

類 돕다: 助ける／돌보다: 面倒を見る, 世話をする

---

### 159 운전하다
□□□□□

動 運転する〔운전하는/운전해서〕　名 운전: 運転

関 운전면허증: 運転免許証／운전면허를 따다: 運転免許を取る

---

### 160 주다
□□□□□

動 あげる, 与える, くれる〔주는/줘서〕

❖ -아/어 주다: ～してあげる[くれる]
反 받다: もらう　敬 주시다: くださる／드리다: 差し上げる

---

暗記度
チェック　□ 모르다　　□ 계획　　□ 바다　　□ 알리다　　□ 책상

| | |
|---|---|
| 밥을 먹은 후에는 차를 마십니다.<br>ご飯を食べた後にはお茶を飲みます。 | 이 카페는 커피도 차도 맛있어요.<br>このカフェはコーヒーもお茶もおいしいです。 |
| 어제 친구와 싸워서 기분이 안 좋습니다.<br>昨日, 友達と喧嘩したので機嫌がよくありません。 | 운동을 한 후에는 기분이 좋습니다.<br>運動をした後は気分がいいです。 |
| 수업 후에 학생들이 교실에서 나왔어요.<br>授業後に学生たちが教室から出てきました。 | 시험에 나온 단어는 안 배운 게 많네요.<br>試験に出た単語は習っていないものが多いですね。 |
| 숙제를 모두 다 했습니다.<br>宿題をすべてやりました。 | 사무실에 직원들이 모두 출근했어요.<br>事務室に職員たちが皆出勤しました。 |
| 우리 반 학생들은 다 일본 사람입니다.<br>うちのクラスの学生たちは皆日本人です。 | 오늘 숙제는 오늘 다 할 생각입니다.<br>今日の宿題は今日全部やるつもりです。 |
| 시간이 지나면 괜찮을 겁니다.<br>時間が経てば大丈夫でしょう。 | 겨울이 지나고 봄이 왔습니다.<br>冬が過ぎて春が来ました。 |
| 여행은 내일 6시에 출발합니다.<br>旅行は明日6時に出発します。 | 이 버스는 곧 출발할 겁니다.<br>このバスは間もなく出発します。 |
| 친구가 이사를 해서 도와주었습니다.<br>友達が引越しをするので手伝いました。 | 힘들 때 도와준 사람에게 인사를 했어요.<br>大変な時助けてくれた人にお礼を言いました。 |
| 운전하고 싶어서 운전면허를 땄어요.<br>運転したくて運転免許を取りました。 | 운전할 때는 전화를 받지 마세요.<br>運転している時は電話に出ないでください。 |
| 시험을 잘 본 학생에게 컴퓨터를 줍니다.<br>テストがよかった学生にパソコンをあげます。 | 언니가 저에게 스키를 가르쳐 줍니다.<br>姉が私にスキーを教えてくれます。 |

| □ 꼭 | □ 대하다 | □ 등산 | □ 박물관 | □ 방학 |
|---|---|---|---|---|

---

161 □□□□□
**지갑**

图 財布

❖ 지갑에 넣다: 財布に入れる
❖ 지갑에서 꺼내다: 財布から取り出す

---

162 □□□□□
**지내다**

動 過ごす〔지내는/지내서〕

❖ 친하게 지내다: 親しく過ごす(=仲よくする)
類 보내다: 過ごす

---

163 □□□□□
**초대**

图 招待 動 초대하다: 招待する

❖ 초대를 받다: 招待を受ける, 招待される
❖ 초대장: 招待状 ❖ 초대 손님: 招待客

---

164 □□□□□
**내리다**

動 降りる, 降る〔내리는/내려서〕

❖ 비가 내리다: 雨が降る ❖ 차에서 내리다: 車から降りる
類 오다: 降る 反 타다: 乗る

---

165 □□□□□
**돌아가다**

動 帰っていく, 戻る〔돌아가는/돌아가서〕

❖ 자리로 돌아가다: 席に戻る 反 돌아오다: 帰ってくる
敬 돌아가시다: お戻りになる, 亡くなる

---

166 □□□□□
**사전**

图 辞書

❖ 사전을 찾다: 辞書を引く
❖ 한일[일한] 사전: 韓日[日韓]辞書 関 서점: 書店

---

167 □□□□□
**방송**

图 放送 動 방송하다: 放送する

❖ 방송국: 放送局 ❖ 음악 방송: 音楽番組
関 시사 프로그램: 時事番組

---

168 □□□□□
**부탁하다**
[부:타카다]

動 頼む, 願う〔부탁하는/부탁해서〕 图 부탁: 頼み

❖ 아이를 부탁하다: 子どもの世話を頼む
敬 부탁하시다: お頼みする/부탁드리다: お願い申す

---

169 □□□□□
**언제나**

副 いつも

❖ 언제나 늦다: いつも遅れる
類 항상, 늘: いつも 反 가끔: たまに

---

170 □□□□□
**열심히**
[열씸히]

副 熱心に, 一生懸命に

❖ 열심히 연습을[공부를] 하다: 一生懸命に練習を[勉強を]する

---

52

| | |
|---|---|
| 지하철에서 지갑을 잃어버렸어요.<br>地下鉄で**財布を失く**しました。 | 지갑에서 돈을 꺼내요.<br>**財布からお金を取り出**します。 |
| 반 친구들과 친하게 지내고 싶어요.<br>クラスメートと**親しく過ご**したいです。 | 요즘 어떻게 지내세요?<br>最近，**いかがお過ご**しですか。 |
| 피아노 공연에 초대를 받았습니다.<br>ピアノの公演に**招待されました**。 | 친구를 집에 초대해서 파티를 했습니다.<br>友達を**家に招待して**パーティをしました。 |
| 장마철에는 비가 많이 내려요.<br>梅雨時は**雨が**たくさん**降り**ます。 | 다음에 내리실 분은 버튼을 누르세요.<br>**次にお降りの方は**ボタンを押してください。 |
| 이번 방학에는 고향에 돌아갈 거예요.<br>今回の休みには**故郷に帰る**予定です。 | 부장님은 조금 전에 자리로 돌아가셨어요.<br>部長は少し前に**席へお戻りになりました**。 |
| 모르는 단어가 있으면 사전을 찾으세요.<br>知らない単語があれば**辞書を引いてください**。 | 사전은 서점에서 팔아요.<br>**辞書**は**書店**で売っています。 |
| 저는 음악 방송을 자주 듣습니다.<br>私は**音楽放送**(番組)をしょっちゅう聴きます。 | 이 프로그램은 언제 방송해요?<br>この番組は**いつ放送**しますか。 |
| 어려운 일 있으면 언제든지 부탁하세요.<br>困ったことがあれば**いつでも頼んでください**。 | 안내를 부탁한 사람에게 연락이 왔어요.<br>**案内を頼んだ人**から連絡が来ました。 |
| 저는 언제나 음악을 들으면서 공부해요.<br>私は**いつも**音楽を聴きながら勉強します。 | 그 친구는 언제나 약속 시간에 늦어요.<br>その友人は**いつも**約束の時間に**遅れ**ます。 |
| 지금 열심히 노래 연습을 하고 있습니다.<br>今，**熱心に**歌の**練習**をしています。 | 의사가 되려고 열심히 공부를 합니다.<br>医者になろうと**一生懸命**に勉強をします。 |

☐ 지나다　　☐ 출발하다　　☐ 도와주다　　☐ 운전하다　　☐ 주다

---

171 ☐☐☐☐☐
**이용하다**

動 **利用する**〔이용하는/이용해서〕 名 이용: 利用

関 이용 시간: 利用時間／이용자: 利用者
類 사용하다: 使用する／쓰다: 使う

---

172 ☐☐☐☐☐
**나이**

名 **年，年齢**

❖ 나이가 많다[적다/같다]: 年上だ[年下だ／同い年だ]
❖ 나이가 들다: 年を取る 関 동갑: 同い年

---

173 ☐☐☐☐☐
**바지**

名 **ズボン**

❖ 바지를 입다[벗다]: ズボンを履く[脱ぐ]
関 치마: スカート／반바지: 半ズボン／청바지: ジーパン

---

174 ☐☐☐☐☐
**천천히**

副《スピードが》**ゆっくり**

反 빨리, 어서: 速く

---

175 ☐☐☐☐☐
**그림**

名 **絵**

❖ 그림을 그리다[걸다]: 絵を描く[掛ける]
❖ 그림책: 絵本 関 화가: 画家

---

176 ☐☐☐☐☐
**나무**

名 **木**

❖ 나무를 심다: 木を植える ❖ 벚나무: 桜の木
関 꽃: 花／나뭇잎: 葉っぱ／숲: 森

---

177 ☐☐☐☐☐
**놀다**

動 **遊ぶ，休む**〔노는/놀아서〕 ㄹ語幹

❖ 놀러 가다: 遊びにいく ❖ 노는[쉬는] 날: 休み
類 쉬다: 休む

---

178 ☐☐☐☐☐
**앉다**
[안따]

動 **座る**〔앉는/앉아서〕

関 눕다: 横になる
反 서다: 立つ

---

179 ☐☐☐☐☐
**예약하다**
[예:야카다]

動 **予約する**〔예약하는/예약해서〕 名 예약: 予約

❖ 호텔을 예약하다: ホテルを予約する
関 예매하다: (チケットを)前もって買う 反 취소하다: 取り消す

---

180 ☐☐☐☐☐
**덥다**
[덥:따]

形 **暑い**〔더운/더워서〕 ㅂ変

関 따뜻하다: 暖かい
反 춥다: 寒い

---

暗記度
チェック ☐ 지갑　　☐ 지내다　　☐ 초대　　☐ 내리다　　☐ 돌아가다

54

| | |
|---|---|
| 지하철을 이용하는 것이 빠릅니다.<br>地下鉄を利用するのが早いです。 | 회원이면 누구든지 이용할 수 있습니다.<br>会員ならば誰でも利用できます。 |
| 누가 나이가 많아요?<br>誰が年上ですか。 | 나이가 어떻게 돼요?<br>おいくつになりますか。 |
| 이 바지는 너무 길어요.<br>このズボンはあまりに長いです。 | 오늘 모임에는 바지를 입는 게 좋겠어요.<br>今日の集まりにはズボンを履くのがよさそうです。 |
| 천천히 말씀해 주세요.<br>ゆっくりおっしゃってください。 | 저는 다른 사람보다 밥을 천천히 먹어요.<br>私はほかの人よりご飯をゆっくり食べます。 |
| 저 그림은 무슨 그림입니까?<br>あの絵は何の絵ですか。 | 화가는 그림을 그리는 사람입니다.<br>画家は絵を描く人です。 |
| 공원에는 나무와 꽃이 많습니다.<br>公園には木と花が多いです。 | 나무 아래에서 책 읽는 것을 좋아합니다.<br>木の下で本を読むのが好きです。 |
| 어제 디즈니랜드에서 여동생과 놀았어요.<br>昨日ディズニーランドで妹と遊びました。 | 노는 날인데 일이 바빠서 출근했어요.<br>休日なのに仕事が忙しくて出勤しました。 |
| 오늘은 버스에서 앉아서 왔어요.<br>今日はバスで座って来ました。 | 선생님, 여기에 앉으세요.<br>先生, ここに座ってください。 |
| 공연을 예약하고 싶습니다.<br>公演を予約したいです。 | 식당은 언제까지 예약해야 합니까?<br>レストランはいつまでに予約しなければいけませんか。 |
| 한국의 여름은 덥고 비도 많이 옵니다.<br>韓国の夏は暑く雨もたくさん降ります。 | 밖은 더운데 안은 시원합니다.<br>外は暑いのに中は涼しいです。 |

□ 사전　　　□ 방송　　　□ 부탁하다　　□ 언제나　　□ 열심히

---

**181** ☐☐☐☐☐
## 멀다

形 遠い〔먼/멀어서〕 ㄹ語幹

❖ 여기에서 멀다: ここから遠い
反 가깝다: 近い

---

**182** ☐☐☐☐☐
## 보이다

動 見える〔보이는/보여서〕

❖ -아/어 보이다: 〜く見える
関 보다: 見る

---

**183** ☐☐☐☐☐
## 부르다

動 呼ぶ, 歌う〔부르는/불러서〕 르変

❖ 친구를 부르다: 友達を呼ぶ　❖ 노래를 부르다: 歌を歌う
❖ 배가 부르다: お腹いっぱいだ, 満腹だ

---

**184** ☐☐☐☐☐
## 사용하다

動 使用する〔사용하는/사용해서〕 名 사용: 使用

類 쓰다: 使う／이용하다: 利用する

---

**185** ☐☐☐☐☐
## 역사

名 歴史

❖ 역사 소설: 歴史小説　❖ 역사 박물관: 歴史博物館
❖ 역사학자: 歴史学者

---

**186** ☐☐☐☐☐
## 잠

名 睡眠

❖ 잠이 오다: 眠くなる　❖ 잠이 들다: 眠る
❖ 잠을 자다: 寝る　関 수면: 睡眠

---

**187** ☐☐☐☐☐
## 내용

名 内容

❖ 내용을 확인하다: 内容を確認する

---

**188** ☐☐☐☐☐
## 도착하다
[도:차카다]

動 到着する〔도착하는/도착해서〕 名 도착: 到着

関 도착 시간: 到着時間／도착지: 到着地
反 출발하다: 出発する

---

**189** ☐☐☐☐☐
## 마음

名 心 縮 맘

❖ 마음이 아프다: 心が痛む　❖ 마음에 들다: 気に入る
❖ 마음을 먹다: 決心する

---

**190** ☐☐☐☐☐
## 모임

名 集まり 動 모이다: 集まる

類 회식: 会食／미팅: ミーティング

---

暗記度チェック ☐ 이용하다　☐ 나이　☐ 바지　☐ 천천히　☐ 그림

達成率
24 %

| | |
|---|---|
| 집에서 역까지 멀어요.<br>家から駅まで**遠い**です。 | 먼 곳으로 여행을 가고 싶어요.<br>**遠い**所へ旅行に行きたいです。 |
| 날씨가 좋아서 후지산이 잘 보여요.<br>天気がよくて富士山が**よく見えます。** | 바다가 보이는 방으로 예약해 주세요.<br>**海が見える**部屋で予約してください。 |
| 생일 파티에 친구를 불렀어요.<br>誕生日パーティに友達を**呼びました。** | 밥을 많이 먹어서 배가 불러요.<br>ご飯をたくさん食べたので**お腹がいっぱいです。** |
| 저는 컴퓨터를 사용해서 공부합니다.<br>私は**パソコンを使って**勉強します。 | 여기에서는 휴대 전화를 사용하지 못해요.<br>ここでは携帯電話が**使えません。** |
| 역사를 공부하러 경주에 가요.<br>**歴史を勉強しに**慶州に行きます。 | 저는 역사 소설을 좋아합니다.<br>私は**歴史小説**が好きです。 |
| 요즘 잠이 잘 안 와요.<br>最近よく**眠れません。** | 어제는 피곤해서 일찍 잠을 잤어요.<br>昨日は疲れて**早く寝ました。** |
| 오늘 회의 내용은 무엇입니까?<br>今日の**会議の内容**は何ですか。 | 내용을 꼭 확인한 후에 보내세요.<br>**内容を必ず確認した後に**送ってください。 |
| 교실에 언제 도착했어요?<br>教室に**いつ到着しました**か。 | 아직 비행기가 공항에 도착 안 했습니다.<br>まだ飛行機が**空港に到着して**いません。 |
| 강아지가 다쳐서 마음이 아파요.<br>子犬が怪我したので**心が痛みます。** | 디자인은 마음에 들지만 색이 싫어요.<br>デザインは**気に入ってる**けど色が嫌です。 |
| 오늘 저녁 모임에는 사장님도 오십니다.<br>**今晩の集まり**には社長もいらっしゃいます。 | 감기에 걸려서 이번 모임에 못 가요.<br>風邪を引いたので**今度の集まり**に行けません。 |

☐ 나무　　☐ 놀다　　☐ 앉다　　☐ 예약하다　　☐ 덥다

---

191 □□□□□
**바라다**

動 望む, 願う〔바라는/바라서〕 名 바람: 願い

❖ -기 바라다: ～することを願う
類 원하다: 願う

---

192 □□□□□
**잠깐**

副 名 ちょっと, しばらく

❖ 잠깐만: しばらく, 少々／ちょっと待って
類 잠시: しばらく 反 오래: 長く／오랫동안: 長い間

---

193 □□□□□
**하숙집**
[하:숙찝]

名 下宿屋

関 하숙하다: 下宿する／하숙생: 下宿者
類 기숙사: 寄宿舎

---

194 □□□□□
**회의**
[회의/훼이]

名 会議 動 회의하다: 会議する

❖ 회의를 시작하다[열다]: 会議を始める[開く]
❖ 회의실: 会議室 類 미팅: ミーティング

---

195 □□□□□
**곧**

副 すぐ, 間もなく

類 금방: すぐ, 間もなく／즉시: 即時／이제 곧: もうじき

---

196 □□□□□
**나쁘다**

形 悪い〔나쁜/나빠서〕 으変

❖ 기분이 나쁘다: 気分[機嫌]が悪い
反 좋다: よい

---

197 □□□□□
**문화**

名 文化

❖ 한국 문화: 韓国の文化 ❖ 문화 생활: 文化生活
❖ 에도시대 문화: 江戸時代の文化

---

198 □□□□□
**벌써**

副 もう, すでに

類 이미: もう, すでに
反 아직: まだ

---

199 □□□□□
**여러**

冠形 いろいろな, 様々な

❖ 여러 나라[종류]: いろいろな国[種類]
❖ 여러 번: 何回も ❖ 여러 가지: いろいろ

---

200 □□□□□
**휴가**

名 休暇

❖ 휴가를 받다[내다]: 休暇をもらう[取る]
❖ 휴가철: 休暇シーズン

---

暗記版チェック □ 멀다　　□ 보이다　　□ 부르다　　□ 사용하다　　□ 역사

---

시험에 꼭 합격하기 바라요.
試験に必ず**合格することを**願っています。

바라는 것은 모두 이루어질 겁니다.
望みは**すべて**叶うでしょう。

---

사장님은 잠깐 나가셨어요.
社長は**ちょっと**お出かけになりました。

영어 학원에 잠깐 다녔어요.
英語スクールに**ちょっと**通いました。

---

저는 지금 하숙집에 살고 있습니다.
私は今，**下宿屋に**住んでいます。

하숙집 아주머니는 음식도 잘하세요.
**下宿屋のおばさん**は料理もお上手です。

---

회의는 4층 회의실에서 합니다.
**会議**は4階の会議室でやります。

언제 회의를 시작했어요?
いつ**会議を**始めましたか。

---

영화가 곧 시작하니까 자리에 앉으세요.
映画が**まもなく**始まるから席にお座りください。

저는 이제 곧 고향에 돌아갈 거예요.
私は**もうじき**故郷へ帰るつもりです。

---

날씨가 나쁩니다. 비가 올 것 같습니다.
**天気が悪いです**。雨が降りそうです。

눈이 나빠서 안경을 씁니다.
**目が悪いので**メガネを掛けます。

---

다른 나라의 문화에 관심이 많아요.
**他国の文化に**関心が高いです。

드라마를 보면 문화를 알 수 있어요.
ドラマを見ると**文化が**わかります。

---

숙제는 벌써 다 했습니까?
宿題は**もう全部**終わりましたか。

2월에 시작했는데 벌써 3월이 됐습니다.
2月に始めたのに**もう3月**になりました。

---

초급반에는 여러 나라 학생들이 있어요.
初級クラスには**いろいろな国の学生たち**がいます。

한국에는 여러 번 다녀왔습니다.
韓国には**何回も**行ってきました。

---

다음 주부터 일주일 동안 휴가입니다.
来週から一週間**休暇**です。

몸이 안 좋아서 휴가를 받았습니다.
具合がよくないので**休暇をもらいました**。

---

□ 잠　　　□ 내용　　　□ 도착하다　　　□ 마음　　　□ 모임

59

✂ QRコードの音声を聞き，韓国語を書いてみよう！

聞き取れなかったら，対応した見出し語番号の単語を再チェック。 🎧 24

| 151 ( | ) お茶 | 176 ( | ) 木 |
|---|---|---|---|
| 152 ( | ) 気分，機嫌 | 177 ( | ) 遊ぶ |
| 153 ( | ) 出てくる | 178 ( | ) 座る |
| 154 ( | ) すべて | 179 ( | ) 予約する |
| 155 ( | ) 皆 | 180 ( | ) 暑い |
| 156 ( | ) 経つ，過ぎる | 181 ( | ) 遠い |
| 157 ( | ) 出発する | 182 ( | ) 見える |
| 158 ( | ) 手伝う | 183 ( | ) 呼ぶ，歌う |
| 159 ( | ) 運転する | 184 ( | ) 使用する |
| 160 ( | ) あげる，くれる | 185 ( | ) 歴史 |
| 161 ( | ) 財布 | 186 ( | ) 睡眠 |
| 162 ( | ) 過ごす | 187 ( | ) 内容 |
| 163 ( | ) 招待 | 188 ( | ) 到着する |
| 164 ( | ) 降りる，降る | 189 ( | ) 心 |
| 165 ( | ) 帰っていく | 190 ( | ) 集まり |
| 166 ( | ) 辞書 | 191 ( | ) 望む，願う |
| 167 ( | ) 放送 | 192 ( | ) しばらく |
| 168 ( | ) 頼む，願う | 193 ( | ) 下宿屋 |
| 169 ( | ) いつも | 194 ( | ) 会議 |
| 170 ( | ) 熱心に | 195 ( | ) すぐ，間もなく |
| 171 ( | ) 利用する | 196 ( | ) 悪い |
| 172 ( | ) 年，年齢 | 197 ( | ) 文化 |
| 173 ( | ) ズボン | 198 ( | ) もう，すでに |
| 174 ( | ) ゆっくり | 199 ( | ) いろいろな |
| 175 ( | ) 絵 | 200 ( | ) 休暇 |

| 上 | 위 | 東 | 동쪽 |
|---|---|---|---|
| 下 | 아래 / 밑 | 西 | 서쪽 |
| 前 | 앞 | 南 | 남쪽 |
| 後ろ | 뒤 | 北 | 북쪽 |
| 横, 隣 | 옆 | 中 | 안 / 속 |
| 右 | 오른쪽 | 外 | 밖 |
| 左 | 왼쪽 | 上 | 상 |
| 間 | 사이 | 中 | 중 |
| 真ん中 | 가운데 | 下 | 하 |
| 向かい側 | 건너편 / 맞은편 | 東西南北 | 동서남북 |

**チャレンジ①** 正しいほうに〇をつけてください。(答えは p.210)

1. 친구는 영어( 가 / 를 ) 잘해요.
2. 선생님은 운동( 이 / 을 ) 못해요.
3. 저는 따뜻한 커피( 가 / 를 ) 좋아요.
4. 어머니는 겨울( 이 / 을 ) 싫어해요.
5. 나는 사과를 ( 좋아해요 / 좋아요 ).
6. 저는 쓰기를 ( 싫어해요 / 싫어요 ).
7. 약속을 지키지 않는 사람이 ( 싫어해요 / 싫어요 ).
8. 매운 음식을 아주 ( 좋아해요 / 좋아요 ).
9. 말이 많은 사람을 ( 싫어해요 / 싫어요 ).
10. 키가 큰 사람이 ( 좋아해요 / 좋아요 ).

---

모두, 다, 전부の意味

모두, 다, 전부には大きな意味の違いはありません。すべて「ひとつも残さず」
という意味です。しかし強調する意味で使う時は **모두 다, 전부 다**の形で使います。
この場合, **다 모두, 다 전부**の順番では使いません。

---

**201** ☐☐☐☐☐
## 공연

图 公演　動 공연하다: 公演する

❖ 공연을 보다: 公演を見る
❖ 공연장: 公演場, 会場

---

**202** ☐☐☐☐☐
## 눈

图 雪

❖ 눈이 오다[내리다]: 雪が降る　❖ 눈이 쌓이다: 雪が積もる
❖ 눈사람: 雪だるま　❖ 눈썰매: 雪そり　❖ 눈싸움: 雪合戦

---

**203** ☐☐☐☐☐
## 막히다
[마키다]

動 詰まる, 渋滞する〔막히는/막혀서〕

❖ 길이 막히다: 道が混む, 渋滞する
❖ 목이 막히다: 喉が詰まる

---

**204** ☐☐☐☐☐
## 사랑하다

動 愛する〔사랑하는/사랑해서〕　图 사랑: 愛

関 좋다, 좋아하다: 好きだ／사랑에 빠지다: 恋に落ちる
反 미워하다: 憎む

---

**205** ☐☐☐☐☐
## 산책

图 散歩　動 산책하다: 散歩する

❖ 공원에서[-을] 산책하다: 公園で[-を]散歩する

---

**206** ☐☐☐☐☐
## 신발

图 履物, 靴

❖ 신발을 신다[벗다] : 靴を履く[脱ぐ]
❖ 굽이 높은 신발: かかとの高い靴　❖ 신발장: 下駄箱

---

**207** ☐☐☐☐☐
## 연필

图 鉛筆

❖ 연필로 쓰다: 鉛筆で書く　❖ 연필을 깎다: 鉛筆を削る
関 지우개: 消しゴム／볼펜: ボールペン

---

**208** ☐☐☐☐☐
## 전공

图 専攻　動 전공하다: 専攻する

❖ 전공 분야[과목]: 専攻分野[科目]

---

**209** ☐☐☐☐☐
## 졸업

图 卒業　動 졸업하다: 卒業する

❖ 졸업생: 卒業生　❖ 졸업자: 卒業者　❖ 졸업식: 卒業式
反 입학: 入学

---

**210** ☐☐☐☐☐
## 춥다
[춥따]

形 寒い〔추운/추워서〕 ㅂ変

❖ 날씨가 춥다: 天気が寒い　関 시원하다: 涼しい
類 쌀쌀하다: 肌寒い　反 덥다: 暑い

---

memo
..................................................................
..................................................................

25

達成率
**26** %

| | |
|---|---|
| 공연은 몇 시에 시작해요?<br>**公演は**何時に**始まりますか。** | 다음 주에 공연을 해요. 꼭 오세요.<br>来週, **公演をします。** ぜひ来てください。 |
| 지금 밖에는 눈이 옵니다.<br>今, 外では**雪が降っています。** | 눈이 오니까 모자를 쓰고 가세요.<br>**雪が降るから**帽子をかぶって行ってください。 |
| 변기가 막혀서 사람을 불렀어요.<br>**便器が詰まったので**人を呼びました。 | 사고가 나서 길이 막혀요.<br>事故があって**道が混んでいます。** |
| 사랑하는 사람과 결혼하고 싶어요.<br>**愛する人**と結婚したいです。 | 부모님은 우리들을 사랑하십니다.<br>両親は私たちを**愛しています。** |
| 주말에 공원에서 산책을 합니다.<br>週末に**公園で散歩を**します。 | 저는 음악을 들으면서 산책해요.<br>私は音楽を聴きながら**散歩します。** |
| 신발을 벗고 들어오십시오.<br>**履物を脱いで**入ってください。 | 굽이 높은 신발을 오래 신으면 안 좋아요.<br>**かかとの高い靴**を長く履くとよくないです。 |
| 시험을 볼 때는 연필로 쓰십시오.<br>テストを受ける時は**鉛筆で書いてください。** | 문방구에서 연필과 책을 샀습니다.<br>文具店で**鉛筆と本**を買いました。 |
| 제 전공은 한국 문화입니다.<br>私の**専攻**は**韓国文化**です。 | 웹디자인은 제 전공 분야입니다.<br>Web デザインは私の**専攻分野**です。 |
| 졸업 후에 바로 취직을 했습니다.<br>**卒業後に**すぐ就職をしました。 | 저는 1995년에 고등학교를 졸업했습니다.<br>私は 1995 年に**高校を卒業しました。** |
| 날씨가 아주 춥습니다.<br>**(天気が)** とても**寒いです。** | 세계에서 가장 추운 곳이 어디입니까?<br>世界で**一番寒い所**はどこですか。 |

| □ 나쁘다 | □ 문화 | □ 벌써 | □ 여러 | □ 휴가 |
|---|---|---|---|---|

| 211 ☐☐☐☐☐ **필요하다** | 形 **必要だ** 〔필요한/필요해서〕 名 **필요**: 必要 |
|---|---|
| | ❖ 필요한 물건: 必要なもの |
| | 反 필요 없다: 必要ない／불필요하다: 不要だ |

| 212 ☐☐☐☐☐ **항상** | 副 **いつも** |
|---|---|
| | 類 언제나／늘: いつも |
| | 反 가끔: たまに |

| 213 ☐☐☐☐☐ **혼자** | 名 **ひとり** 副 **혼자서**: ひとりで |
|---|---|
| | ❖ 혼자 살다: ひとりで暮らす(=ひとり暮らしをする) |
| | 関 둘이서: 2人で 類 홀로: ひとりきりで／스스로: 自ら |

| 214 ☐☐☐☐☐ **걸다** | 動 **かける** 〔거는/걸어서〕 ㄹ語幹 |
|---|---|
| | ❖ 전화를 걸다: 電話をかける ❖ 말을 걸다: 話しかける |
| | ❖ 옷걸이에 옷을 걸다: ハンガーに服をかける |

| 215 ☐☐☐☐☐ **과자** | 名 **お菓子** |
|---|---|
| | 関 간식: おやつ／한과: 韓国の伝統菓子 |

| 216 ☐☐☐☐☐ **기숙사** [기숙싸] | 名 **寄宿舎** |
|---|---|
| | ❖ 기숙사에서 살다[-에 들어가다]: 寄宿舎に住む[-に入る] |
| | 関 하숙집: 下宿屋 |

| 217 ☐☐☐☐☐ **모이다** | 動 **集まる** 〔모이는/모여서〕 名 **모임**: 集まり |
|---|---|
| | ❖ 정문에서 모이다: 正門で集まる |
| | 反 헤어지다: 別れる |

| 218 ☐☐☐☐☐ **못하다** [모:타다] | 動 **できない, 下手だ** 〔못하는/못해서〕 |
|---|---|
| | ❖ ~을/를 못하다: ～が下手だ ❖ -지 못하다: ～ができない |
| | 反 잘하다: 上手だ |

| 219 ☐☐☐☐☐ **반** | 名 **半, 半分** |
|---|---|
| | ❖ 1시 반: 1時半 |
| | ❖ 반으로 나누다: 半分に分ける |

| 220 ☐☐☐☐☐ **복잡하다** [복짜파다] | 形 **複雑だ, 混んでいる** 〔복잡한/복잡해서〕 |
|---|---|
| | ❖ 길이 복잡하다: 道が混む |
| | ❖ 문제가 복잡하다: 問題が複雑だ 反 간단하다: 簡単だ |

暗記度チェック ☐ 공연　☐ 눈　☐ 막히다　☐ 사랑하다　☐ 산책

| | |
|---|---|
| 오늘 수업은 교과서가 필요합니다.<br>今日の授業は**教科書が必要です**。 | 입장권이 필요한 분은 사무실로 오세요.<br>入場券が**必要な方は**事務室に来てください。 |
| 밥을 먹은 후에는 항상 이를 닦습니다.<br>ご飯を食べた後は**いつも**歯を磨きます。 | 친구는 항상 지각을 합니다.<br>友達は**いつも**遅刻をします。 |
| 저는 한국에서 혼자 살고 있어요.<br>私は韓国で**ひとり**暮らしをしています。 | 혼자서 해외 여행을 하는 것은 힘듭니다.<br>**ひとりで**海外旅行をするのは大変です。 |
| 제가 친구에게 전화를 걸었어요.<br>私が友人に**電話をかけました**。 | 옷은 옷걸이에 거십시오.<br>服は**ハンガーにかけて**ください。 |
| 간식으로 과자를 먹어요.<br>おやつに**お菓子を食べます**。 | 슈퍼마켓에 과자를 사러 가요.<br>スーパーに**お菓子を買いに行きます**。 |
| 이 방이 기숙사에서 가장 커요.<br>この部屋が**寄宿舎で一番大きいです**。 | 기숙사에는 여러 나라 사람들이 살아요.<br>**寄宿舎には**様々な国の人が住んでいます。 |
| 2시에 회의실에서 모입시다.<br>2時に会議室で**集まりましょう**。 | 학교 정문에서 모이기로 했어요.<br>学校の正門で**集まる**ことにしました。 |
| 저는 축구를 좋아하지만 잘 못해요.<br>私はサッカーが好きですが**下手です**。 | 수영을 못하는 사람을 위한 코스예요.<br>**水泳ができない**人のためのコースです。 |
| 수업은 1시 반에 시작합니다.<br>授業は1**時半に始まります**。 | 케이크를 반으로 나눠서 먹었습니다.<br>ケーキを**半分に分けて**食べました。 |
| 길이 복잡해서 시간이 많이 걸렸습니다.<br>**道が混んでて**時間がずいぶんかかりました。 | 복잡해 보이지만 방법은 간단해요.<br>**複雑に見えるけど**方法は簡単です。 |

| ☐ 신발 | ☐ 연필 | ☐ 전공 | ☐ 졸업 | ☐ 춥다 |
|---|---|---|---|---|

| | |
|---|---|
| 221 □□□□□ **숙제** [숙쩨] | 名 宿題　動 숙제하다: 宿題する<br>❖ 숙제를 내다: 宿題を出す<br>❖ 숙제가 많다: 宿題が多い |
| 222 □□□□□ **시청** | 名 市庁<br>❖ 시청역: 市庁駅<br>関 구청: 区役所／시장: 市長 |
| 223 □□□□□ **오래** | 副 長く<br>❖ 오래 살다: 長く住む，長生きする<br>関 오랫동안: 長い間　反 잠깐: ちょっと／잠시: しばらく |
| 224 □□□□□ **우유** | 名 牛乳<br>❖ 따뜻한 우유: 温かい牛乳　❖ 우유를 마시다: 牛乳を飲む<br>関 빵: パン |
| 225 □□□□□ **의자** | 名 椅子<br>❖ 의자에 앉다: 椅子に座る<br>関 침대: ベッド／책상: 机 |
| 226 □□□□□ **이제** | 副 名 もう，すでに，(ただ)今<br>関 지금: 今／현재: 現在／이제부터: 今から<br>類 벌써: もう，すでに |
| 227 □□□□□ **즐겁다** [즐겁따] | 形 楽しい〔즐거운/즐거워서〕ㅂ変 名 즐거움: 楽しみ<br>❖ 즐겁게 보내다: 楽しく過ごす<br>類 기쁘다: うれしい　反 괴롭다: 辛い，苦しい |
| 228 □□□□□ **걱정하다** [걱쩡하다] | 動 心配する〔걱정하는/걱정해서〕名 걱정: 心配<br>類 고민하다: 悩む<br>反 안심하다: 安心する |
| 229 □□□□□ **건물** | 名 建物<br>❖ 건물을 세우다[짓다]: 建物を建てる<br>❖ 건물이 크다[높다]: 建物が大きい[高い]　類 빌딩: ビル |
| 230 □□□□□ **담배** | 名 タバコ<br>❖ 담배를 피우다[끊다]: タバコを吸う[やめる]<br>関 금연: 禁煙／흡연: 喫煙 |

| 暗記度チェック | □ 필요하다 | □ 항상 | □ 혼자 | □ 걸다 | □ 과자 |
|---|---|---|---|---|---|

| | |
|---|---|
| 도서관에서 숙제를 하고 집에 왔습니다.<br>図書館で**宿題をして**家に帰ってきました。 | 숙제가 많아서 아직 다 못했어요.<br>**宿題が多いので**まだ終わっていません。 |
| 투어 버스는 시청 앞에서 출발합니다.<br>ツアーバスは**市庁前から**出発します。 | 시청은 다음 역에서 내리면 됩니다.<br>**市庁は**次の駅で降りればいいです。 |
| 이 집에 오래 살았어요.<br>この家に**長く住みました。** | 여기까지 오는데 시간이 오래 걸렸어요?<br>ここまで来るのに時間が**長くかかりましたか。** |
| 가게에서 빵과 우유를 샀어요.<br>お店で**パンと牛乳を**買いました。 | 언니는 우유를 싫어합니다.<br>姉は**牛乳が嫌いです。** |
| 방에 침대와 책상과 의자가 있습니다.<br>部屋に**ベットと机と椅子が**あります。 | 이 의자에 앉으면 항상 잠이 와요.<br>この**椅子に座ると**いつも眠くなります。 |
| 이제는 한국 음식도 잘 먹습니다.<br>**今では**韓国料理もよく食べます。 | 아이들은 이제부터 잘 거예요.<br>子どもたちは**今から寝ます。** |
| 한국 생활은 정말 즐거워요.<br>韓国生活は**本当に楽しいです。** | 주말 즐겁게 보내세요.<br>**楽しい週末を**お過ごしください。 |
| 다 잘 될 거니까 너무 걱정하지 마세요.<br>全部うまくいくから**あまり心配しないでください。** | 아버지가 다치셔서 많이 걱정했습니다.<br>父が怪我をしたので**ずいぶん心配しました。** |
| 그 건물에서 왼쪽으로 가세요.<br>その**建物から左へ**行ってください。 | 여기는 높은 건물이 많지 않습니다.<br>ここは**高い建物が**多くありません。 |
| 여기에서는 담배를 피우지 마십시오.<br>ここでは**タバコを吸わないでください。** | 담배는 몸에 안 좋습니다.<br>**タバコは体によくありません。** |

□ 기숙사　　□ 모이다　　□ 못하다　　□ 반　　□ 복잡하다

67

---

**231** ☐☐☐☐☐
### 방법

名 **方法**

❖ 사용[신청] 방법: 使用[申請]方法
❖ 가는[하는] 방법: 行く[やる]方法

---

**232** ☐☐☐☐☐
### 어서

副 **どうぞ, 早く**

❖ 어서 오세요: いらっしゃいませ
類 빨리: 速く, 早く

---

**233** ☐☐☐☐☐
### 여행사

名 **旅行会社**

❖ 여행사에 가다: 旅行会社に行く
関 여행지: 旅行地

---

**234** ☐☐☐☐☐
### 오랜만
( = 오래간만)

名 **久しぶり**

❖ 오랜만에 만나다: 久しぶりに会う
関 1년 만에: 1年ぶりに

---

**235** ☐☐☐☐☐
### 잃어버리다
[이러버리다]

動 **失くしてしまう**〔잃어버리는/잃어버려서〕

❖ 지갑을 잃어버리다: 財布を失くしてしまう
類 잃다: 失う　反 찾다: 見つける, 探す

---

**236** ☐☐☐☐☐
### 행사

名 **行事, イベント**

❖ 행사가 있다[-를 하다]: 行事がある[-をする]
❖ 연중 행사: 年中行事

---

**237** ☐☐☐☐☐
### 값
[갑]

名 **値段**

❖ 값이 비싸다[싸다]: 値段が高い[安い]
❖ 물건 값: 品物の値段　類 가격: 価格

---

**238** ☐☐☐☐☐
### 결혼

名 **結婚**　動 **결혼하다**: 結婚する

❖ 결혼식: 結婚式
関 약혼: 婚約　反 이혼: 離婚

---

**239** ☐☐☐☐☐
### 꽃집
[꼳찝]

名 **花屋**

❖ 꽃집이 생기다: 花屋ができる
関 꽃: 花／꽃을 팔다: 花を売る　類 꽃가게: 花屋

---

**240** ☐☐☐☐☐
### 들어오다

動 **入る, 入ってくる**〔들어오는/들어와서〕

❖ 회사에 들어오다: 入社する
反 들어가다: 入っていく／나오다: 出てくる

---

韓記度チェック ☐ 숙제　☐ 시청　☐ 오래　☐ 우유　☐ 의자

memo
.......................................................................
.......................................................................

28

達成率
30 %

| | |
|---|---|
| 지하철역에 가는 방법을 알고 싶습니다. <br> **地下鉄駅に行く方法**を知りたいです。 | 신청 방법을 가르쳐 주십시오. <br> **申請方法を教えて**ください。 |
| 어서 드세요. <br> どうぞお召し上がりください。 | 어서 시작합시다. <br> 早く始めましょう。 |
| 비행기 표를 예약하러 여행사에 갑니다. <br> 航空券を予約しに**旅行会社に行きます**。 | 우체국 옆에 여행사가 있습니다. <br> 郵便局の隣に**旅行会社があります**。 |
| 오랜만에 친구를 만났어요. <br> **久しぶりに**友達に会いました。 | 초등학교 동창회는 정말 오랜만입니다. <br> 小学校の同窓会は本当に**久しぶりです**。 |
| 지갑을 잃어버려서 돈을 빌렸어요. <br> **財布を失くしてしまって**お金を借りました。 | 잃어버린 열쇠를 찾았습니다. <br> **失くしてしまった鍵**を見つけました。 |
| 한국의 김치를 담그는 행사가 있습니다. <br> 韓国のキムチを漬ける**イベントがあります**。 | 주말에는 재미있는 행사가 많이 있습니다. <br> 週末は**おもしろい行事**がたくさんあります。 |
| 사과 한 개에 값이 얼마예요? <br> リンゴ1個で**値段はいくらですか**。 | 동대문 시장은 물건도 많고 값도 쌉니다. <br> 東大門市場は品物も多くて**値段も安いです**。 |
| 스무살이 되면 결혼을 하고 싶어요. <br> 二十歳になったら**結婚をしたいです**。 | 작년에 결혼한 친구 집에 놀러 갔습니다. <br> **昨年に結婚した**友達の家に遊びに行きました。 |
| 생일 선물로 꽃집에서 꽃을 샀습니다. <br> 誕生日プレゼントに**花屋で花を買いました**。 | 최근에 이 건물 1층에 꽃집이 생겼어요. <br> 最近, このビルの1階に**花屋ができました**。 |
| 한 사람씩 들어오십시오. <br> 1人ずつ**入ってきてください**。 | 요즘 계속 늦게 들어와서 좀 피곤해요. <br> 最近ずっと**遅く帰ってた**ので少し疲れています。 |

| □ 이제 | □ 즐겁다 | □ 걱정하다 | □ 건물 | □ 담배 |
|---|---|---|---|---|

---

**241 안경**

图 メガネ

❖ 안경을 쓰다[벗다]: メガネをかける[外す]
❖ 안경이 어울리다: メガネが似合う

**242 열다**

動 開ける, 開く〔여는/열어서〕 ㄹ語幹

❖ 창문을 열다: 窓を開ける　❖ 가게를 열다: 店を開く
反 닫다: 閉める

**243 요금**

图 料金

❖ 할인[학생/전기] 요금: 割引[学生／電気]料金

**244 제일**

图 一番, 《副詞的に用いられて》最も, 一番に

類 가장: 最も, 一番／최고: 最高／첫째, 첫 번째: 一番目

**245 집**

图 家

❖ 옆집: 隣家　❖ 집안: 家の中　❖ 집밖: 家の外
❖ 집안일: 家事　敬 댁: お宅

**246 창문**

图 窓

❖ 창문을 열다: 窓を開ける
❖ 창문을 닫다[잠그다]: 窓を閉める[施錠する]

**247 치마**

图 スカート

❖ 치마를 입다[벗다]: スカートを履く[脱ぐ]
❖ 짧은[긴] 치마: ミニ[ロング]スカート　関 바지: ズボン

**248 감기**

图 風邪

❖ 감기에 걸리다[-가 들다]: 風邪を引く
❖ 감기가 낫다: 風邪が治る

**249 관심**

图 関心, 興味

❖ 관심이 있다[없다]: 興味がある[ない]
❖ 관심이 많다: 関心が高い

**250 교실**

图 教室

❖ 초급반 교실: 初級クラスの教室
❖ 음악[요리] 교실: 音楽[料理]教室

暗記度
チェック　□ 방법　　□ 어서　　□ 여행사　　□ 오랜만　　□ 잃어버리다

## 29

達成率
31 %

---

안경이 멋있네요.
**メガネ**が素敵ですね。

책을 볼 때 잘 안 보여서 안경을 써요.
本を読む時，よく見えないので**メガネをかけます**。

---

방이 더워요. 창문을 열어 주십시오.
部屋が暑いです。**窓を開けて**ください。

가게 문 여는 시간이 몇 시예요?
**お店を開ける**時間は何時ですか。

---

버스 요금이 얼마예요?
**バス料金**はいくらですか。

학생은 요금이 할인됩니까?
学生は**料金**が**割引**できますか。

---

우리 반에서 제가 키가 제일 큽니다.
うちのクラスで私が**背が一番高いです**。

된장찌개를 제일 좋아합니다.
味噌チゲが**一番好きです**。

---

우리 집은 지하철역 앞에 있습니다.
**我が家**は地下鉄駅の前にあります。

오늘은 집에 일찍 들어가서 푹 쉬세요.
今日は**家**に早く帰ってゆっくり休んでください。

---

이 방은 창문이 커서 밝습니다.
この部屋は**窓が大きくて**明るいです。

바람이 많이 불어서 창문을 닫았습니다.
風が吹きすぎるので**窓を閉め**ました。

---

제 친구는 바지보다 치마가 어울려요.
私の友達は**ズボンよりスカートが**似合います。

어제 옷가게에서 치마하고 바지를 샀어요.
昨日，服屋で**スカートとズボン**を買いました。

---

감기에 걸려서 목이 아파요.
**風邪を引いたので**のどが痛いです。

이 차는 감기에 효과가 있습니다.
このお茶は**風邪に効果**があります。

---

건강에 관심 있는 사람들이 많네요.
**健康に関心がある**人たちが多いですね。

이번 행사에 많은 관심 부탁드리겠습니다.
今回の行事に**高い関心**をお願いいたします。

---

여기는 초급반 교실입니다.
ここは**初級クラスの教室**です。

교실에서 음식을 먹으면 안 돼요.
**教室で**食べ物を食べてはいけません。

---

| □ 행사 | □ 값 | □ 결혼 | □ 꽃집 | □ 들어오다 |
| --- | --- | --- | --- | --- |

QR コードの音声を聞き，韓国語を書いてみよう！

聞き取れなかったら，対応した見出し語番号の単語を再チェック。

30

| | | | | |
|---|---|---|---|---|
| **201** ( ) | 公演 | **226** ( ) | もう，すでに |
| **202** ( ) | 雪 | **227** ( ) | 楽しい |
| **203** ( ) | 詰まる | **228** ( ) | 心配する |
| **204** ( ) | 愛する | **229** ( ) | 建物 |
| **205** ( ) | 散歩 | **230** ( ) | タバコ |
| **206** ( ) | 履物，靴 | **231** ( ) | 方法 |
| **207** ( ) | 鉛筆 | **232** ( ) | どうぞ，早く |
| **208** ( ) | 専攻 | **233** ( ) | 旅行会社 |
| **209** ( ) | 卒業 | **234** ( ) | 久しぶり |
| **210** ( ) | 寒い | **235** ( ) | 失くしてしまう |
| **211** ( ) | 必要だ | **236** ( ) | 行事 |
| **212** ( ) | いつも | **237** ( ) | 値段 |
| **213** ( ) | ひとり | **238** ( ) | 結婚 |
| **214** ( ) | かける | **239** ( ) | 花屋 |
| **215** ( ) | お菓子 | **240** ( ) | 入ってくる |
| **216** ( ) | 寄宿舎 | **241** ( ) | メガネ |
| **217** ( ) | 集まる | **242** ( ) | 開ける |
| **218** ( ) | できない，下手だ | **243** ( ) | 料金 |
| **219** ( ) | 半，半分 | **244** ( ) | 一番 |
| **220** ( ) | 複雑だ | **245** ( ) | 家 |
| **221** ( ) | 宿題 | **246** ( ) | 窓 |
| **222** ( ) | 市庁 | **247** ( ) | スカート |
| **223** ( ) | 長く | **248** ( ) | 風邪 |
| **224** ( ) | 牛乳 | **249** ( ) | 関心 |
| **225** ( ) | 椅子 | **250** ( ) | 教室 |

## 教育機関

| 幼稚園 | 유치원 | 幼稚園児 | 유치원생 | 学生 | 학생 |
|--------|--------|----------|----------|------|------|
| 小学校 | 초등학교 | 小学生 | 초등학생 | 留学生 | 유학생 |
| 中学校 | 중학교 | 中学生 | 중학생 | 学校 | 학교 |
| 高等学校 | 고등학교 | 高校生 | 고등학생 | 学院，塾 | 학원 |
| 大学 | 대학교 | 大学生 | 대학생 | 教室 | 교실 |
| 大学院 | 대학원 | 大学院生 | 대학원생 | 語学堂 | 어학당* |

＊留学生が韓国語を学ぶための学校。

## 色

| 黒い | 검다 / 까맣다 | 黒 | 검은색 / 까만색 |
|------|---------------|-----|----------------|
| 白い | 희다 / 하얗다 | 白 | 흰색 / 하얀색 |
| 黄色い | 노랗다 | 黄色 | 노란색 |
| 赤い | 빨갛다 | 赤色 | 빨간색 |
| 青い | 파랗다 | 青色 | 파란색 |

**チャレンジ2** 正しいほうに○をつけてください。(答えは p.210)

1. 아직 숙제를 안 ( 해요 / 했어요 ).
2. 아직 결혼을 안 ( 해요 / 했어요 ).
3. 아직 답장을 안 ( 보내요 / 보냈어요 ).
4. 공연이 아직 시작 안 ( 해요 / 했어요 ).
5. 한국 뉴스는 아직 ( 어려워요 / 어려웠어요).
6. 저는 아직 너무 매운 음식은 못 ( 먹어요 / 먹었어요 ).

---

학교, 학원, 교실の意味

韓国語の「学校」は，定期教育課程である**초등학교**〈小学校〉，**중학교**〈中学校〉，**고등학교**〈高等学校〉，**대학교**〈大学〉を意味します。**학원**〈学院〉は**입시 학원**〈入試学院〉，**어학원**〈語学院〉，**요리 학원**〈料理学院〉，**음악 학원**〈音楽学院〉，**미술 학원**〈美術学院〉など，学校以外の趣味，または補充教育のために通う場所です。**교실**〈教室〉とは学校や学院で学生たちの学習が行われている場所を意味します。日本語でいう「学院」は韓国では**교육 재단**〈教育財団〉といいます。

---

**251** ☐☐☐☐☐
## 교통

图 交通

❖ 교통이 편리하다[불편하다]: 交通が便利だ[不便だ]
❖ 교통 사고: 交通事故   ❖ 교통 경찰: 交通警察

**252** ☐☐☐☐☐
## 길다

形 長い〔긴/길어서〕 **리語幹**

❖ 머리가 길다: 髪が長い   ❖ 밤이 길다: 夜が長い
反 짧다: 短い

**253** ☐☐☐☐☐
## 나가다

動 出かける, 出る, 出ていく〔나가는/나가서〕

❖ 대회에 나가다: 大会に出る
反 나오다: 出てくる／들어가다: 入っていく

**254** ☐☐☐☐☐
## 바뀌다

動 変わる〔바뀌는/바뀌어서〕

❖ 마음이 바뀌다: 気が変わる
関 바꾸다: 変える   類 변하다: 変わる

**255** ☐☐☐☐☐
## 부치다

動 送る〔부치는/부쳐서〕

❖ 짐[용돈]을 부치다: 荷物[小遣い]を送る
類 보내다: 送る

**256** ☐☐☐☐☐
## 소식

图 便り, 消息, 近況

❖ 소식을 듣다: 便りを聞く   ❖ 소식을 전하다: 消息を伝える
類 안부: 安否

**257** ☐☐☐☐☐
## 수업

图 授業

❖ 수업을 받다[듣다]: 授業を受ける
❖ 수업 시간: 授業時間   類 강의: 講義

**258** ☐☐☐☐☐
## 싫어하다
[시러하다]

動 嫌いだ, 嫌がる〔싫어하는/싫어해서〕

❖ ~을/를 싫어하다: ～が嫌いだ
類 싫다: 嫌だ, 嫌いだ   反 좋아하다: 好きだ, 好む

**259** ☐☐☐☐☐
## 조용하다

形 静かだ〔조용한/조용해서〕  副 조용히: 静かに

❖ 말이 없고 조용하다: 無口で物静かだ
類 얌전하다: おとなしい   反 시끄럽다: うるさい

**260** ☐☐☐☐☐
## 피우다

動 吸う〔피우는/피워서〕

❖ 담배를 피우다: タバコを吸う   ❖ 불을 피우다: 火を付ける
関 흡연석: 喫煙席／금연석: 禁煙席

**暗記度チェック** ☐ 안경   ☐ 열다   ☐ 요금   ☐ 제일   ☐ 집

거기는 교통이 너무 불편해요.
そこは**交通**がとても**不便**です。

어제 큰 길에서 교통 사고가 났어요.
昨日大通りで**交通事故**が起きました。

앞머리가 길어요.
**前髪**が長いです。

산에 갈 때는 긴 바지가 좋습니다.
山に行く時は**長いズボン**がいいです。

주말인데 밖에 나가서 놉시다.
週末なので**外に出かけて**遊びましょう。

노래 자랑 대회에 나갔습니다.
のど自慢**大会**に出ました。

행사 날짜가 바뀌었어요.
イベントの日にちが**変わり**ました。

메일 주소가 바뀐 것을 몰랐어요.
**メールアドレスが変わった**のを知りませんでした。

비행기를 타기 전에 짐을 부쳤어요.
飛行機に乗る前に**荷物を送り**ました。

오늘 부친 소포는 내일 도착합니까?
今日**送った小包**は明日到着しますか。

오랜만에 고향 소식을 들었습니다.
久しぶりに故郷の**便りを聞き**ました。

어머니에게 여동생의 소식을 전했습니다.
母に妹の**近況**を伝えました。

오늘은 쉬는 날이라서 수업이 없어요.
今日は休日なので**授業がありません**。

바로 수업을 듣고 싶습니다.
すぐに**授業を受け**たいです。

쓰기를 싫어했는데 지금은 좋아해요.
**書くのが嫌い**でしたが今は好きです。

여동생은 더워서 여름을 싫어합니다.
妹は暑いので**夏が嫌い**です。

이 동네는 조용해서 좋습니다.
この**町は静か**なのでいいです。

저는 말이 없고 조용한 아이였습니다.
私は**無口で物静か**な子どもでした。

비행기 안에서는 담배를 못 피워요.
飛行機の中では**タバコを吸えません**。

담배를 피우려면 흡연석으로 가세요.
**タバコを吸うには**喫煙席に行ってください。

| □ 창문 | □ 치마 | □ 감기 | □ 관심 | □ 교실 |

75

---

**261** □□□□□
## 가장
副 もっとも, 一番
類 제일: 一番/최고: 最高/첫째: 第一

---

**262** □□□□□
## 닫다
[닫따]
動 閉める, 閉じる〔닫는/닫아서〕
❖ 창문을 닫다: 窓を閉める
❖ 문을 닫다: ドアを閉める, 閉店する  反 열다: 開ける

---

**263** □□□□□
## 돕다
[돕:따]
動 助ける, 手伝う〔도운/도와서〕ㅂ変
類 도와주다: 助けてあげる/구하다: 救う
反 방해하다: 妨害する, 邪魔する

---

**264** □□□□□
## 마르다
動 渇く, やせる〔마르는/말라서〕르変
❖ 목이 마르다: のどが渇く
類 살이 빠지다: やせる  反 젖다: 湿る/살이 찌다: 太る

---

**265** □□□□□
## 맞다
[맏따]
動 合う, 正しい〔맞는/맞아서〕
❖ 입에 맞다: 口に合う
類 일치되다: 一致する  反 틀리다: 間違う

---

**266** □□□□□
## 멋있다
[머딛따/머싣따]
形 素敵だ, かっこいい〔멋있는/멋있어서〕
❖ 멋있는 사람: かっこいい人
類 멋지다: 素敵だ, かっこいい

---

**267** □□□□□
## 묻다
[묻:따]
動 尋ねる, 聞く〔묻는/물어서〕ㄷ変
類 물어보다: 尋ねてみる/질문하다: 質問する
反 대답하다: 答える  敬 여쭙다, 여쭈다: 伺う

---

**268** □□□□□
## 별로
副 あまり, それほど
❖ 별로 없다: あまり(い)ない, それほどない
類 그다지: それほど

---

**269** □□□□□
## 생기다
動 生じる, 出来る, 起きる〔생기는/생겨서〕
❖ 비슷하게 생기다: 似ている  ❖ 일이 생기다: 仕事ができる
❖ ~처럼 생기다: 《顔つきや形が》~のようだ

---

**270** □□□□□
## 자리
名 席
❖ 자리에 앉다[돌아가다]: 席に座る[戻る]
❖ 빈자리: 空席  類 좌석: 座席

---

| 暗記度チェック | □ 교통 | □ 길다 | □ 나가다 | □ 바뀌다 | □ 부치다 |
|---|---|---|---|---|---|

저는 흰색을 <u>가장 좋아합니다</u>.
私は白が**一番好きです**。

감기에 걸리면 쉬는 것이 <u>가장 좋습니다</u>.
風邪を引いたら休むのが**一番いいです**。

추운데 <u>창문을 좀 닫아</u> 주시겠습니까?
寒いので**窓を閉めて**いただけますか。

은행은 4<u>시에 닫습니다</u>.
銀行は4**時に閉めます**。

친구가 바쁠 때는 <u>도와야 합니다</u>.
友達が忙しい時は**手伝わなければなりません**。

<u>사람을 돕는</u> 것은 기분이 좋습니다.
**人を助ける**ことは気持ちがいいです。

<u>목이 마른데</u> 물 좀 주세요.
**のどが渇いている**ので水をください。

운동을 해서 <u>말랐습니다</u>.
運動をしたので**やせました**。

오늘이 <u>금요일 맞지요?</u>
今日は**金曜日ですよね**？

발이 작아서 <u>맞는 사이즈가</u> 없어요.
足が小さいので**合うサイズ**がありません。

진영 씨는 <u>예쁘고</u> 민수 씨는 <u>멋있습니다</u>.
ジニョンさんは**きれいで**ミンスさんは**素敵です**。

선생님은 짧은 머리가 더 <u>멋있어 보여요</u>.
先生は短い髪型がもっと**かっこよく見えます**。

선생님에게 시험 <u>날짜를 물었어요</u>.
先生にテストの**日にちを尋ねました**。

누구에게 <u>묻는 것이</u> 좋을까요?
**誰に尋ねる**のがいいでしょうか。

다친 사람이 <u>별로 없어서</u> 다행이에요.
怪我人が**あまりいなくて**よかったです。

시험은 <u>별로 안 어려웠어요</u>.
テストは**それほど難しくなかったです**。

집 근처에 맛있는 <u>식당이 생겼어요</u>.
家の近くにおいしい**レストランが出来ました**。

여동생하고 저는 <u>비슷하게 생겼습니다</u>.
妹と私は**似ています**。

도서관에 앉을 <u>자리가</u> 없습니다.
図書館に**座る席**がありません。

이 자리에 <u>앉아도</u> 됩니까?
この**席に座ってもいいですか**。

☐ 소식　　☐ 수업　　☐ 싫어하다　　☐ 조용하다　　☐ 피우다

---

271 □□□□□
### 처음

名 初め，最初

❖ 처음 뵙겠습니다: はじめまして
類 시작: 始まり／최초: 最初　反 마지막: 最後／끝: 終わり

---

272 □□□□□
### 화장실

名 トイレ，化粧室

❖ 남자[여자] 화장실: 男子[女子]トイレ
関 화장지: トイレットペーパー／화장하다: 化粧する

---

273 □□□□□
### 계속

副 継続して　名 続き　動 계속하다: 続ける

❖ 계속 +《動詞》: ～し続ける
類 연속: 連続　反 그만: もう(やめる)／중지: 中止

---

274 □□□□□
### 고르다

動 選ぶ 〔고르는/골라서〕 **르変**

❖ 고른 것: 選んだもの　❖ 고르는 방법: 選び方
類 선택하다: 選択する

---

275 □□□□□
### 공기

名 空気

❖ 공기가 맑다[좋다]: 空気が澄んでいる[よい]
❖ 공기가 나쁘다[안 좋다]: 空気が悪い[よくない]

---

276 □□□□□
### 냉면

名 冷麺

❖ 냉면을 시키다: 冷麺を注文する
❖ 비빔냉면: ビビン冷麺　❖ 물냉면: 汁のある冷麺

---

277 □□□□□
### 넓다
[널따]

形 広い 〔넓은/넓어서〕　名 넓이: 広さ

❖ 발이 넓다:《慣用句》顔が広い(直訳: 足が広い)
❖ 마음이 넓다: 心が広い　反 좁다: 狭い

---

278 □□□□□
### 높다
[놉따]

形 高い 〔높은/높아서〕　名 높이: 高さ

❖ 건물[벽]이 높다: 建物[壁]が高い
反 낮다: 低い

---

279 □□□□□
### 돌아오다

動 帰ってくる 〔돌아오는/돌아와서〕

❖ 출장에서 돌아오다: 出張から帰ってくる
反 돌아가다: 帰っていく

---

280 □□□□□
### 미리

副 前もって，あらかじめ

❖ 미리 준비하다: 前もって準備する
類 사전에: 事前に　反 나중에: 後で

---

暗記度チェック □ 가장　　□ 닫다　　□ 돕다　　□ 마르다　　□ 맞다

한국에 언제 처음 오셨습니까?
韓国に**初めて**いらしたのはいつですか。

처음에는 어렵습니다.
**初めは**難しいです。

실례합니다. 화장실이 어디입니까?
失礼します。**トイレはどこですか。**

손을 씻으러 화장실에 갔어요.
手を洗いに**トイレに行きました。**

저는 한국어를 계속 공부할 겁니다.
私は韓国語を**勉強し続ける**つもりです。

내일도 계속 눈이 오겠습니다.
明日も**引き続き**雪が降るでしょう。

마음에 드는 것을 고르세요.
気に入ったものを**選んでください。**

이 색이 잘 어울려서 이것을 골랐어요.
この色がよく似合うのでこれを**選びました。**

공기도 깨끗하고 경치도 아름다웠어요.
**空気も**きれいで景色も美しかったです。

방 공기가 안 좋아서 창문을 열었어요.
部屋の**空気が**よくないので窓を開けました。

더우니까 냉면을 시킵시다.
暑いから**冷麺を注文しましょう。**

저는 냉면이나 불고기를 먹고 싶습니다.
私は**冷麺や**プルコギが食べたいです。

이 건물의 주차장은 넓습니다.
この建物の**駐車場は広いです。**

부엌이 넓은 집으로 이사하고 싶어요.
**台所が広い**家に引越したいです。

스카이트리는 도쿄에서 가장 높아요.
スカイツリーは東京で**一番高いです。**

굽이 높은 구두를 신어서 발이 아파요.
**かかとが高い**靴を履いたので足が痛いです。

저녁을 먹은 후에 집에 돌아왔습니다.
夕食を食べてから**家に帰ってきました。**

출장에서 이틀 후에 돌아올 겁니다.
出張から二日**後に帰ってくる予定です。**

상담하고 싶으면 미리 예약해야 해요.
相談したいなら**前もって予約しなければなりません。**

참가할 사람은 미리 말씀해 주십시오.
参加する人は**前もっておっしゃってください。**

☐ 멋있다　　☐ 묻다　　☐ 별로　　☐ 생기다　　☐ 자리

---

**281 □□□□□**
## 설명하다

動 **説明する**〔설명하는/설명해서〕 名 설명: 説明

関 설명회: 説明会／설명서: 説明書

---

**282 □□□□□**
## 세우다

動 **止める，建てる，立てる**〔세우는/세워서〕

❖ 계획을 세우다: 計画を立てる
関 서다: 止まる，建つ 類 짓다: 建てる／멈추다: 止める

---

**283 □□□□□**
## 아름답다
[아름답따]

形 **美しい**〔아름다운/아름다워서〕 ㅂ変

❖ 경치가[뒷모습이] 아름답다: 景色[後ろ姿]が美しい
類 예쁘다: きれいだ／곱다: きれいだ，美しい

---

**284 □□□□□**
## 요리

名 **料理，食べ物** 動 요리하다: 料理する

❖ 요리사: 料理人 関 한식(=한국 요리): 韓国料理
類 조리: 調理

---

**285 □□□□□**
## 잡다
[잡따]

動 **つかむ，握る，釣る**〔잡는/잡아서〕

❖ 물고기를 잡다: 魚を釣る ❖ 손을 잡다: 手を握る
❖ 약속을 잡다: 約束を決める

---

**286 □□□□□**
## 표

名 **切符，チケット，札**

❖ 기차표: 電車の切符 ❖ 번호표: 番号札
❖ 매표소: 券売所 類 티켓: チケット

---

**287 □□□□□**
## 구하다

動 **求める，探す**〔구하는/구해서〕

❖ 집[사람]을 구하다: 家[人]を探す
❖ 조언을 구하다: 助言を求める 類 찾다: 探す

---

**288 □□□□□**
## 그리다

動 **描く**〔그리는/그려서〕 名 그림: 絵

❖ 그림을[만화를] 그리다: 絵[マンガ]を描く
❖ 연필로 그리다: 鉛筆で描く

---

**289 □□□□□**
## 다녀오다

動 **行ってくる**〔다녀오는/다녀와서〕

❖ 다녀오세요: 行ってらっしゃい
❖ 다녀왔습니다: ただいま 類 갔다 오다: 行ってくる

---

**290 □□□□□**
## 물어보다

動 **尋ねる，聞いてみる**〔물어보는/물어봐서〕

類 묻다: 尋ねる／질문하다: 質問する
敬 여쭤보다: 伺う

---

**暗記度チェック** □ 처음　　□ 화장실　　□ 계속　　□ 고르다　　□ 공기

| | |
|---|---|
| 선생님은 늘 친절하게 설명해 줍니다.<br>先生はいつも**親切に説明して**くれます。 | 가게에 오는 방법을 설명하고 있습니다.<br>店に来る**方法を説明**しています。 |
| 저기 지하철역 앞에서 세워 주세요.<br>あそこの**地下鉄駅**の前で**止めて**ください。 | 지금 여행 계획을 세우고 있습니다.<br>今旅行の**計画を立てて**います。 |
| 도쿄 타워의 야경은 정말 아름다워요.<br>東京タワーの**夜景**は本当に**美しい**です。 | 여배우가 아름다운 드레스를 입었어요.<br>女優が**美しい**ドレスを着ていました。 |
| 제 취미는 요리입니다.<br>私の**趣味**は料理です。 | 친구가 집에 와서 맛있는 요리를 했어요.<br>友達が家に来て**おいしい料理**を作りました。 |
| 낚시를 가서 물고기를 많이 잡았어요.<br>釣りに行って**魚**をたくさん**釣り**ました。 | 잡은 손을 놓지 마세요.<br>**つかんだ手**を離さないでください。 |
| 기차표는 인터넷으로 예매해야 합니다.<br>**電車の切符**はネットで購入しなければなりません。 | 공연 당일에는 표를 바꿀 수 없습니다.<br>公演当日には**チケットを換える**ことはできません。 |
| 4월에 집을 구하는 것은 쉽지 않네요.<br>4月に**家を探す**のは簡単ではありませんね。 | 고민이 있으면 선배에게 조언을 구하세요.<br>悩みがあれば先輩に**助言を求めて**ください。 |
| 여동생은 정말 그림을 잘 그려요.<br>妹は本当に**絵を上手に描き**ます。 | 연필로 그린 그림이 꼭 사진 같아요.<br>**鉛筆で書いた絵**がまるで写真のようです。 |
| 오전에 병원에 다녀왔어요.<br>午前に**病院に行ってきました**。 | 학교 다녀오겠습니다!<br>学校**行ってきます**！ |
| 선생님에게 물어보세요.<br>先生に**尋ねて**ください。 | 지금 물어봐도 돼요?<br>今，**聞いてみても**いいですか。 |

□ 냉면　　□ 넓다　　□ 높다　　□ 돌아오다　　□ 미리

81

---

**291**
**쇼핑**

名 買い物, ショッピング 動 쇼핑하다: ショッピングする

❖ 인터넷 쇼핑: ネットショッピング

---

**292**
**웃다**
[욷:따]

動 笑う〔웃는/웃어서〕

❖ 웃는 얼굴: 笑顔
反 울다: 泣く

---

**293**
**잡지**
[잡찌]

名 雑誌

❖ 잡지를 읽다: 雑誌を読む
❖ 패션 잡지: ファッション誌

---

**294**
**적다**
[적:따]

形 少ない〔적은/적어서〕 副 조금: 少し, ちょっと

❖ 양이 적다: 量が少ない
反 많다: 多い

---

**295**
**조심하다**

動 気をつける〔조심하는/조심해서〕 名 조심: 用心

❖ 차를[건강에] 조심하다: 車[健康]に気をつける
類 주의하다: 注意する

---

**296**
**직장**
[직짱]

名 職場

❖ 직장 동료: 職場の同僚 ❖ 직장에 다니다: 職場に通う
関 직업: 職業 類 회사: 会社

---

**297**
**넣다**
[너:타]

動 入れる〔넣는/넣어서〕

❖ 조미료를 넣다: 調味料を入れる
反 꺼내다: 取り出す

---

**298**
**놓다**
[노타]

動 置く〔놓는/놓아서, 놔서〕

❖ -아/어 놓다: ～しておく
類 두다: 置く

---

**299**
**늘다**

動 伸びる, 増える〔느는/늘어서〕 ㄹ語幹

❖ 실력이 늘다: 実力が伸びる ❖ 양이 늘다: 量が増える
反 줄다: 減る

---

**300**
**밝다**
[박따]

形 明るい〔밝은/밝아서〕

❖ 밝은 성격[색]: 明るい性格[色]
反 어둡다: 暗い

---

暗記度チェック □ 설명하다 □ 세우다 □ 아름답다 □ 요리 □ 잡다

인터넷 쇼핑은 편리합니다.
**ネットショッピング**は便利です。

친구와 주말에 쇼핑을 했습니다.
友達と週末に**買い物**をしました。

코미디 영화를 보고 많이 웃었습니다.
コメディ映画を見て**たくさん笑いました。**

웃는 얼굴을 보면 기분이 좋습니다.
**笑顔**を見ると気分がいいです。

잡지는 빌릴 수 없습니다.
**雑誌**は借りることができません。

최근에 제일 인기가 있는 잡지입니다.
最近**一番人気がある雑誌**です。

올해는 보너스가 적어요.
**今年は**ボーナスが**少ないです。**

양이 적어서 배가 안 불러요.
**量が**少なくてお腹いっぱいになりません。

감기에 걸리지 않게 조심해야 합니다.
風邪を引かないよう**気をつけなければなりません。**

도로에서는 차를 조심합시다.
道路では**車に**気をつけましょう。

우리 집은 직장에서 가까워요.
私の家は**職場から近いです。**

직장 동료와 이야기를 했어요.
**職場の同僚**と話をしました。

음식에 설탕을 너무 많이 넣지 마세요.
料理に砂糖を**多く入れすぎないでください。**

지갑 속에 가족 사진을 넣고 다녀요.
財布の中に家族写真を**入れて持ち歩いています。**

꽃병을 탁자 위에 놓았습니다.
花瓶をテーブルの**上に置きました。**

짐은 문 옆에 놓아 주세요.
荷物はドアの**横に置いて**ください。

열심히 공부하면 꼭 실력이 늘 거예요.
一生懸命に勉強すれば必ず**実力が伸びるでしょう。**

처음보다 친구가 많이 늘었어요.
初めより**友人が**たくさん**増えました。**

그녀는 정말 성격이 밝습니다.
彼女は本当に**性格が明るいです。**

봄에는 밝은 색 옷을 많이 입습니다.
春には**明るい色の服**をたくさん着ます。

| □ 표 | □ 구하다 | □ 그리다 | □ 다녀오다 | □ 물어보다 |

83

QR コードの音声を聞き，韓国語を書いてみよう！

聞き取れなかったら，対応した見出し語番号の単語を再チェック。

| 251 ( | ) 交通 | 276 ( | ) 冷麺 |
|---|---|---|---|
| 252 ( | ) 長い | 277 ( | ) 広い |
| 253 ( | ) 出かける | 278 ( | ) 高い |
| 254 ( | ) 変わる | 279 ( | ) 帰ってくる |
| 255 ( | ) 送る | 280 ( | ) 前もって |
| 256 ( | ) 便り，消息 | 281 ( | ) 説明する |
| 257 ( | ) 授業 | 282 ( | ) 止める，建てる |
| 258 ( | ) 嫌いだ，嫌がる | 283 ( | ) 美しい |
| 259 ( | ) 静かだ | 284 ( | ) 料理 |
| 260 ( | ) 吸う | 285 ( | ) つかむ，釣る |
| 261 ( | ) もっとも，一番 | 286 ( | ) 切符，チケット |
| 262 ( | ) 閉める | 287 ( | ) 求める，探す |
| 263 ( | ) 助ける，手伝う | 288 ( | ) 描く |
| 264 ( | ) 渇く，やせる | 289 ( | ) 行ってくる |
| 265 ( | ) 合う，正しい | 290 ( | ) 尋ねる |
| 266 ( | ) 素敵だ | 291 ( | ) 買い物 |
| 267 ( | ) 尋ねる，聞く | 292 ( | ) 笑う |
| 268 ( | ) あまり | 293 ( | ) 雑誌 |
| 269 ( | ) 生じる，出来る | 294 ( | ) 少ない |
| 270 ( | ) 席 | 295 ( | ) 気をつける |
| 271 ( | ) 初め，最初 | 296 ( | ) 職場 |
| 272 ( | ) トイレ | 297 ( | ) 入れる |
| 273 ( | ) 継続して | 298 ( | ) 置く |
| 274 ( | ) 選ぶ | 299 ( | ) 伸びる，増える |
| 275 ( | ) 空気 | 300 ( | ) 明るい |

## 接続副詞

| | | | | |
|---|---|---|---|---|
| 羅列 | それで | 그래서 | そして | 그리고 |
| 逆説対象 | しかし，でも | 그러나 | ところが | 그런데 |
| | そうですが | 그렇지만 | ですが | 하지만 |
| 理由 | それで | 그래서 | それと | 그리고 |
| | ですから | 그러니까 | なぜなら | 왜냐하면 |
| 説明 | ですが | 그런데 | | |
| 仮定条件 | それなら，ならば | 그러면 | | |

**チャレンジ③** 正しいほうに○をつけてください。(答えは p.211)

1. 수업이 ( 끝나고 / 끝내고 ) 도서관에 갔어요.
2. 숙제를 ( 끝나고 / 끝내고 ) 노십시오.
3. 오늘 회식에 20명이 ( 모았어요 / 모였어요 ).
4. 저는 어렸을 때 우표를 ( 모았어요 / 모였어요).
5. 토요일에 시간을 ( 날 수 있어요 / 낼 수 있어요)?
6. 시간이 ( 나면 / 내면 ) 연락하세요.
7. 휴가가 ( 지나면 / 지내면 ) 만나요.
8. 주말 잘 ( 지나세요 / 지내세요 ).
9. 가방이 저 사람  것하고 ( 바뀐 / 바꾼 ) 것 같아요.
10. 회의 시간을 ( 바뀌어야 / 바꿔야 ) 해요.

**年齢を尋ねる方法**

韓国人はなぜ相手の年齢を気にするのでしょうか。それは韓国では１歳でも上だと呼び方が変わるからです。年齢を尋ねる下記の表現を知っておくと役に立つでしょう。

① 年上かつ年の差が大きいと思われる場合⇒연세가 어떻게 되세요?
② 同年齢に見える場合⇒나이가 어떻게 되세요?
③ 学生や，自分よりかなり若い場合⇒몇 살이에요?

頻出度

**B**

▶ **301-600**

---

**301** □□□□□
## 빵집
[빵찝]

名 パン屋

関 빵: パン／빵을 굽다: パンを焼く
類 제과점: 製菓店

---

**302** □□□□□
## 시골

名 田舎

❖ 시골집: 故郷の家, 実家
類 지방: 地方　反 도시: 都市

---

**303** □□□□□
## 씻다
[씯따]

動 洗う〔씻는/씻어서〕

❖ 손을 씻다: 手を洗う　❖ 깨끗하게 씻다: きれいに洗う
類 감다:《髪を》洗う／닦다: 磨く, 拭く

---

**304** □□□□□
## 아마

副 たぶん, おそらく

強 아마도

---

**305** □□□□□
## 알맞다
[알:맏따]

形 適切だ, 正しい, 程よい〔알맞은/알맞아서〕

類 맞다: 正しい, 合う／적절하다: 適切だ
反 틀리다: 間違う

---

**306** □□□□□
## 어른

名 大人

類 성인: 成人／어르신: 目上の人, お年寄り
反 어린이: 子ども

---

**307** □□□□□
## 얼굴

名 顔

❖ 웃는[우는] 얼굴: 笑[泣き]顔
関 생김새: 顔立ち／이목구비: 目鼻立ち

---

**308** □□□□□
## 전하다

動 伝える, 渡す〔전하는/전해서〕

❖ 소식을 전하다: 消息を伝える
類 전달하다: 伝達する

---

**309** □□□□□
## 참

副 本当に, 実に

類 정말(로), 진짜(로): 本当に／아주, 매우: とても

---

**310** □□□□□
## 취직하다
[취:지카다]

動 就職する〔취직하는/취직해서〕　名 취직: 就職

関 구직 활동: 就職活動　類 취업하다: 就業する
反 퇴직하다: 退職する

---

暗記度
チェック　□ 쇼핑　　□ 웃다　　□ 잡지　　□ 적다　　□ 조심하다

---

그 빵집은 배달도 됩니다.
**そのパン屋**は配達もできます。

회사 옆 빵집은 케이크가 맛있습니다.
**会社の隣のパン屋**はケーキがおいしいです。

---

여름 방학에는 시골에 놀러 갑니다.
夏休みには**田舎に遊び**に行きます。

우리 할머니께서는 시골에 사십니다.
祖母は**田舎**に住んでいます。

---

먹기 전에 손을 깨끗이 씻으세요.
食べる前に手を**きれいに洗って**ください。

사과를 씻어서 먹으세요.
リンゴを**洗って**食べてください。

---

그는 바빠서 아마 못 올 겁니다.
彼は忙しいので**たぶん来られない**でしょう。

아마 20분쯤 후에는 도착할 거예요.
**たぶん20分**くらいあとには到着するでしょう。

---

다음 질문에 알맞은 답을 고르십시오.
次の質問に**適切な答え**を選んでください。

음식은 사람 수대로 알맞게 준비했네요.
料理は人数分で**程よく準備しました**ね。

---

어린이는 어른하고 같이 타야 합니다.
**子どもは大人と一緒に**乗らなければなりません。

어른과 학생의 입장료는 같습니다.
**大人と学生**の入場料は同じです。

---

우리 언니는 항상 웃는 얼굴입니다.
うちの姉はいつも**笑顔**です。

돈에는 사람의 얼굴이 많습니다.
お金には**人物の顔**が多いです。

---

메모 좀 전해 주십시오.
**メモをお渡し**ください。

말씀 전해 드리겠습니다.
お話を**お伝えいたします**。

---

사과가 참 맛있습니다.
リンゴが**本当に**おいしいです。

경치가 참 좋네요.
景色が**実に**いいですね。

---

어떤 회사에 취직하고 싶어요?
どんな会社に**就職**したいですか。

여기가 제가 취직한 한국 회사입니다.
ここが私が**就職した**韓国の会社です。

---

□ 직장     □ 넣다     □ 놓다     □ 늘다     □ 밝다

---

### 311 침대
□□□□□

名 ベッド

❖ 침대에 눕다: ベットに横になる
関 이불: 布団／침대보: ベットカバー／침실: 寝室

### 312 편하다
□□□□□

形 楽だ, 便利だ〔편한/편해서〕

❖ -기 편하다: ～しやすい
類 편리하다: 便利だ　反 불편하다: 不便だ

### 313 공책
□□□□□

名 ノート

❖ 공책에 쓰다[적다]: ノートに書く
類 노트: ノート

### 314 나다
□□□□□

動 出る〔나는/나서〕

❖ 땀[콧물/눈물]이 나다: 汗[鼻水／涙]が出る
❖ 합격 발표가 나다: 合格発表が出る

### 315 또
□□□□□

副 また

類 다시: また, 再び／또한: また
強 또다시

### 316 무겁다
[무겁따]
□□□□□

形 重い〔무거운/무거워서〕ㅂ変

❖ 어깨가 무겁다: 肩が重い　❖ 마음이 무겁다: 気が重い
反 가볍다: 軽い

### 317 버리다
□□□□□

動 捨てる〔버리는/버려서〕

❖ 쓰레기를 버리다: ゴミを捨てる
❖ -아/어 버리다: ～してしまう　反 줍다: 拾う

### 318 벗다
[벋따]
□□□□□

動 脱ぐ, 外す〔벗는/벗어서〕

❖ 옷을[모자를] 벗다: 服[帽子]を脱ぐ
反 입다: 着る／신다: 履く／쓰다: かぶる, かける

### 319 빨래
□□□□□

名 洗濯　動 빨래하다: 洗濯する／빨다: 洗う

❖ 빨래방: コインランドリー
関 청소: 掃除／세탁소: クリーニング屋　類 세탁: 洗濯

### 320 슬프다
□□□□□

形 悲しい〔슬픈/슬퍼서〕으変　名 슬픔: 悲しみ

反 기쁘다: うれしい／즐겁다: 楽しい

---

暗記度チェック　□ 빵집　　□ 시골　　□ 씻다　　□ 아마　　□ 알맞다

| | |
|---|---|
| 남동생은 침대에서 자고 있습니다.<br>弟はベッドで寝ています。 | 피곤하면 침대에 잠깐 누우세요.<br>お疲れならベッドに少し横になってください。 |
| 이 신발은 굽이 낮아서 편합니다.<br>この靴はかかとが低いので楽です。 | 버스보다 빠르고 편한 지하철을 탑시다.<br>バスより速くて楽な地下鉄に乗りましょう。 |
| 공책을 사고 싶은데요.<br>ノートを買いたいのですが。 | 이것은 중요하니까 공책에 쓰세요.<br>これは重要ですからノートに書いてください。 |
| 감기 때문에 콧물이 많이 나요.<br>風邪のせいで鼻水がたくさん出ます。 | 땀이 많이 나는 운동은 싫어요.<br>汗がたくさん出る運動は嫌いです。 |
| 다음에 또 만나요.<br>今度また会いましょう。 | 지하철역에서 또 사고가 났어요.<br>地下鉄駅でまた事故が起きました。 |
| 가방이 너무 무거워요.<br>カバンが重すぎます。 | 무거운 종이 사전은 별로 인기가 없어요.<br>重い紙辞書はあまり人気がありません。 |
| 교실에 쓰레기를 버리지 마십시오.<br>教室にゴミを捨てないでください。 | 길에 담배를 버리는 사람이 있습니다.<br>道にタバコを捨てる人がいます。 |
| 구두를 벗고 운동화로 갈아 신으세요.<br>靴を脱いで運動靴に履き替えてください。 | 실내에서는 장갑을 벗으세요.<br>室内では手袋を外してください。 |
| 오늘은 청소와 빨래를 할 거예요.<br>今日は掃除と洗濯をするつもりです。 | 이번 주는 바빠서 빨래를 못 했어요.<br>今週は忙しくて洗濯ができませんでした。 |
| 이 영화는 많이 슬픕니다.<br>この映画はとても悲しいです。 | 요즘은 슬픈 뉴스가 많습니다.<br>最近は悲しいニュースが多いです。 |

| □ 어른 | □ 얼굴 | □ 전하다 | □ 참 | □ 취직하다 |
|---|---|---|---|---|

---

321 □□□□□
**시내**

名 市内

❖ 시내 버스: 市内バス　❖ 시내로 나가다: 町へ出かける
反 시외: 市外／교외: 郊外

---

322 □□□□□
**연습**

名 練習　動 연습하다: 練習する

❖ 연습 결과: 練習結果　❖ 연습 문제: 練習問題
❖ 연습장: けいこ場

---

323 □□□□□
**올라가다**

動 上がっていく, 登っていく〔올라가는/올라가서〕

関 《漢数字》+층으로: ～階に　反 올라오다: 上がって[登って]くる
反 내려오다: 下がって[降りて]くる

---

324 □□□□□
**외출하다**

形 外出する〔외출하는/외출해서〕　名 외출: 外出

関 외출 중: 外出中／자리를 비우다: 席を外す
類 나가다: 出かける

---

325 □□□□□
**우표**

名 切手

❖ 우표 수집: 切手収集
❖ 우표를 붙이다: 切手を貼る

---

326 □□□□□
**이상하다**

形 おかしい, 変だ〔이상한/이상해서〕

❖ 이상한 맛: 変な味
❖ 태도[머리]가 이상하다: 様子[頭]がおかしい

---

327 □□□□□
**정류장**
[정뉴장]

名 停留場

❖ 정류장에서 내리다: 停留所で降りる
❖ 우주 정류장: 宇宙ステーション

---

328 □□□□□
**짧다**
[짤따]

形 短い〔짧은/짧아서〕

❖ 짧은 머리: 短い髪
反 길다: 長い

---

329 □□□□□
**책**

名 本

❖ 책방: 本屋　❖ 책장: 本棚　❖ 책상: 机
❖ 책을 읽다[빌리다]: 本を読む[借りる]　類 서적: 書籍

---

330 □□□□□
**푹**

副 ゆっくり, ぐっすり

❖ 푹 쉬다: ゆっくり休む　❖ 푹 자다: ぐっすり寝る
❖ 푹 삶다: じっくり煮込む

---

暗記度チェック　□ 침대　□ 편하다　□ 공책　□ 나다　□ 또

---

| | |
|---|---|
| 친구하고 시내에서 영화를 봤습니다.<br>友達と**市内で**映画を見ました。 | 시내에 지하철을 타고 갔습니다.<br>**市内へ**地下鉄に乗って行きました。 |
| 한국어 발음 연습을 많이 하고 있습니다.<br>韓国語の**発音の練習**をたくさんしています。 | 발표회 전에 연습을 많이 했습니다.<br>発表会の前に**練習**をたくさん**しました。** |
| 산에 올라가는 것은 힘들지만 즐거워요.<br>**山に登っていく**のは大変だけど楽しいです。 | 엘리베이터 말고 계단으로 올라갑시다.<br>エレベーターではなく**階段で上がりましょう。** |
| 외출하기 전에 일기 예보를 확인하세요.<br>**外出する前に**天気予報を確認してください。 | 외출을 할 때는 꼭 문을 잠그십시오.<br>**外出をする時は**しっかり鍵をかけてください。 |
| 우표를 모으는 아이들이 많습니다.<br>**切手を集める**子どもたちが多いです。 | 50엔짜리 우표를 2장 붙이세요.<br>50円の**切手を**2枚**貼って**ください。 |
| 음식 맛이 이상해요. 먹지 마세요.<br>料理の**味がおかしいです。**食べないでください。 | 오늘은 이상하게 실수가 많네요.<br>今日は**変に**失敗が多いですね。 |
| 박물관은 어느 정류장에서 내려야 해요?<br>博物館はどの**停留場で**降りなければなりませんか。 | 집에서 버스 정류장이 좀 멉니다.<br>家から**バス停**は少し遠いです。 |
| 여름에는 짧은 머리가 편해요.<br>夏は**短い髪**が楽です。 | 이번 휴가는 너무 짧아요.<br>今度の休暇は**短すぎます。** |
| 책은 책장에 놓으세요.<br>**本は本棚**に置いてください。 | 도서관에 책을 빌리러 갑니다.<br>図書館に**本を借り**に行きます。 |
| 요즘 피곤해서 푹 쉬고 싶어요.<br>最近疲れてるので**ゆっくり休みたいです。** | 어제 저녁에는 푹 잤습니다.<br>昨夜は**ぐっすり寝ました。** |

---

□ 무겁다　　□ 버리다　　□ 벗다　　□ 빨래　　□ 슬프다

### 331 □□□□□ 경험

名 **経験** 動 **경험하다**: 経験する

❖ 경험이 있다[없다]: 経験がある[ない]
❖ 경험자: 経験者　類 체험하다: 体験する

### 332 □□□□□ 나중

名 **後, 今後** 副《나중에の形で》**後で**

❖ 나중에 보다: 後で会う
類 이따가: 後で　反 먼저: 先に, まず

### 333 □□□□□ 낮다
[낟따]

形 **低い**〔낮은/낮아서〕

❖ 가격[건물]이 낮다: 価格[建物]が低い
反 높다: 高い

### 334 □□□□□ 대사관

名 **大使館**

関 외교관: 外交官／대사: 大使／친선 대사: 親善大使

### 335 □□□□□ 배달

名 **配達** 動 **배달하다**: 配達する

❖ 배달원: 配達員
❖ 배달 시키다: 配達を頼む

### 336 □□□□□ 성격
[성:격]

名 **性格**

❖ 성격이 좋다[나쁘다]: 性格がよい[悪い]
❖ 성격이 비슷하다[변하다]: 性格が似ている[変わる]

### 337 □□□□□ 소풍

名 **遠足**

❖ 소풍을 가다: 遠足に行く
関 야유회: ピクニック

### 338 □□□□□ 시원하다

形 **涼しい**〔시원한/시원해서〕

❖ 시원한 바람: 涼しい風
類 선선하다: 涼しい　反 따뜻하다: 暖かい

### 339 □□□□□ 월급

名 **給料**

❖ 월급을 받다: 給料をもらう　❖ 월급날: 給料日
❖ 월급이 오르다: 給料が上がる　❖ 첫월급: 初任給

### 340 □□□□□ 이따가

副 **後で**

類 나중에, 이따: 後で
反 먼저: 先に, まず

| | |
|---|---|
| 한국 여행은 특별한 경험이었습니다.<br>韓国旅行は特別な**経験**でした。 | 경험이 있는 사람만 참가할 수 있습니다.<br>**経験のある**人だけ参加できます。 |
| 나중에 다시 이야기해요.<br>**後**でまた話しましょう。 | 나중에 한국에 유학 가고 싶어요.<br>**将来**，韓国に留学したいです。 |
| 한국의 남산은 낮아요.<br>韓国の**南山**は低いです。 | 그 노래는 낮은 음으로 시작했습니다.<br>その歌は**低い音**から始まりました。 |
| 비자를 받으러 대사관에 가요.<br>ビザを取りに**大使館**に行きます。 | 문제가 생기면 대사관에 전화하십시오.<br>問題が生じたら**大使館**に**電話**してください。 |
| 아르바이트로 피자 배달을 합니다.<br>バイトでピザの**配達**をしています。 | 인터넷으로 주문해도 배달해 줍니다.<br>ネットで注文しても**配達**してくれます。 |
| 그 사람은 성격이 좋아요.<br>その人は**性格**がいいです。 | 아버지와 저는 성격이 비슷해요.<br>父と私は**性格**が**似ています**。 |
| 내일 초급반은 산으로 소풍을 가요.<br>明日，初級クラスは山へ**遠足に行きます**。 | 지난 주에 간 소풍은 재미있었어요?<br>**先週**行った**遠足**はおもしろかったですか。 |
| 낮에는 더웠는데 밤에는 시원하네요.<br>昼は暑かったのに**夜は涼しい**ですね。 | 바람이 시원하게 부네요.<br>**風が涼しく**吹いてますね。 |
| 편의점에서 일하고 월급을 받았습니다.<br>コンビニで働いて**給料**をもらいました。 | 월급을 받아서 부모님의 선물을 샀습니다.<br>**給料**をもらったので両親のプレゼントを買いました。 |
| 제가 이따가 다시 전화하겠습니다.<br>私が**後**でまた**お電話**いたします。 | 지금은 바빠요. 좀 이따가 하겠습니다.<br>今は忙しいです。少し**後**でやります。 |

☐ 이상하다　☐ 정류장　☐ 짧다　☐ 책　☐ 푹

---

**341** ☐☐☐☐☐
**일기**

名 日記
❖ 일기를 쓰다: 日記を書く　❖ 그림일기: 絵日記
❖ 일기장: 日記帳　❖ 교환 일기: 交換日記

---

**342** ☐☐☐☐☐
**정도**

名 程度, くらい
❖ -(으)ㄹ 정도로: ~するくらいで
類 쯤: くらい/만큼: ~ほど

---

**343** ☐☐☐☐☐
**주인**

名 主人, オーナー, 持ち主
❖ 집주인: 大家, 家主
❖ 가게 주인: 店のオーナー

---

**344** ☐☐☐☐☐
**직접**
[직쩝]

名 直接　副 直に
❖ 직접 만들다: 自ら作る, 手作りする
類 바로: すぐ　反 간접: 間接/대신: 代わりに

---

**345** ☐☐☐☐☐
**출근**

名 出勤　動 출근하다: 出勤する
❖ 출근 시간: 出勤時間　❖ 출근길: 出勤途中
関 출퇴근: 出退勤, 通勤　反 퇴근: 退勤

---

**346** ☐☐☐☐☐
**행복하다**
[행:보카다]

形 幸せだ〔행복한/행복해서〕　名 행복: 幸福, 幸せ
関 행복을 빌다: 幸せを祈る
反 불행하다: 不幸だ

---

**347** ☐☐☐☐☐
**화장품**

名 化粧品
❖ 화장품 가게: 化粧品店
関 화장: 化粧/화장실: トイレ/화장하다: 化粧する

---

**348** ☐☐☐☐☐
**가져가다**

動 持っていく〔가져가는/가져가서〕
❖ 전단지를 가져가다: チラシを持っていく
類 가지고 가다: 持っていく　反 가져오다: 持ってくる

---

**349** ☐☐☐☐☐
**갑자기**
[갑짜기]

副 急に, 突然
❖ 갑자기 -기 시작하다: 突然~し始める

---

**350** ☐☐☐☐☐
**다르다**

形 違う〔다른/달라서〕 己変
❖ 다른 사람: ほかの人　❖ 서로 다르다: お互いに違う
反 같다: 同じだ, 一緒だ

---

暗記度チェック ☐ 경험　☐ 나중　☐ 낮다　☐ 대사관　☐ 배달

초등학생 때 그림일기를 썼어요.
小学生の時、絵日記を書きました。

저는 아직도 매일 일기를 써요.
私は今でも毎日日記を書きます。

한국에서 1년 정도 살았어요.
韓国で1年ほど暮らしました。

10분 정도 좀 더 걸릴 것 같아요.
10分程度もう少しかかりそうです。

식당의 주인은 정말 친절합니다.
食堂のオーナーは本当に親切です。

이 가방 주인이 누구예요?
このカバンの持ち主は誰ですか。

중요한 서류라서 제가 직접 가지고 왔어요.
大事な書類なので私が直接持ってきました。

노래를 직접 들을 수 있어서 좋았어요.
歌を直に聴くことができたのでよかったです。

출근 시간이라서 길이 많이 막혀요.
出勤時間なので道がずいぶん混みます。

저는 아침 9시에 출근해요.
私は朝9時に出勤します。

여행갈 생각을 하면 정말 행복합니다.
旅行に行くことを考えると本当に幸せです。

친구가 행복한 결혼 생활을 하고 있어요.
友達が幸せな結婚生活をしています。

어머니에게 화장품을 선물하면 어때요?
お母さんに化粧品をプレゼントしたらどうですか。

가방 안에 책과 지갑, 화장품이 있습니다.
カバンの中に本と財布、化粧品があります。

필요하신 분은 가져가세요.
必要な方は持っていってください。

오늘 만든 것은 집에 가져갈 수 있습니다.
今日作ったものは家に持ち帰れます。

갑자기 비가 오기 시작했어요.
突然雨が降り始めました。

학교에 가는데 갑자기 배가 아팠어요.
学校に行く途中、急にお腹が痛くなりました。

나라마다 문화가 달라요.
国ごとに文化が違います。

국적이 다른데 한국어로 말해요.
国籍が違うのに韓国語で話しています。

□ 성격　　　□ 소풍　　　□ 시원하다　　　□ 월급　　　□ 이따가

| 301 ( | ) パン屋 | 326 ( | ) おかしい，変だ |
|---|---|---|---|
| 302 ( | ) 田舎 | 327 ( | ) 停留場 |
| 303 ( | ) 洗う | 328 ( | ) 短い |
| 304 ( | ) たぶん | 329 ( | ) 本 |
| 305 ( | ) 適切だ | 330 ( | ) ぐっすり |
| 306 ( | ) 大人 | 331 ( | ) 経験 |
| 307 ( | ) 顔 | 332 ( | ) 今後 |
| 308 ( | ) 伝える，渡す | 333 ( | ) 低い |
| 309 ( | ) 本当に，実に | 334 ( | ) 大使館 |
| 310 ( | ) 就職する | 335 ( | ) 配達 |
| 311 ( | ) ベッド | 336 ( | ) 性格 |
| 312 ( | ) 楽だ，便利だ | 337 ( | ) 遠足 |
| 313 ( | ) ノート | 338 ( | ) 涼しい |
| 314 ( | ) 出る | 339 ( | ) 給料 |
| 315 ( | ) また | 340 ( | ) 後で |
| 316 ( | ) 重い | 341 ( | ) 日記 |
| 317 ( | ) 捨てる | 342 ( | ) 程度 |
| 318 ( | ) 脱ぐ，外す | 343 ( | ) 主人，オーナー |
| 319 ( | ) 洗濯 | 344 ( | ) 直接，直に |
| 320 ( | ) 悲しい | 345 ( | ) 出勤 |
| 321 ( | ) 市内 | 346 ( | ) 幸せだ |
| 322 ( | ) 練習 | 347 ( | ) 化粧品 |
| 323 ( | ) 上がっていく | 348 ( | ) 持っていく |
| 324 ( | ) 外出する | 349 ( | ) 急に，突然 |
| 325 ( | ) 切手 | 350 ( | ) 違う |

| 誰 | 누구 | どんな | 어떤 |
|---|---|---|---|
| 何日 | 며칠 | いつ | 언제 |
| 何〜，いくらの | 몇 | いくら | 얼마 |
| どんな，何の | 무슨 | どのくらい | 얼마나 |
| 何 | 무엇 / 뭐* | なぜ | 왜 |
| どれ | 어느 | どのようにして | 어떻게 |
| どこ | 어디 | | |

＊縮約形。

| 私 | 나 / 저* | 私たち | 우리 / 저희* |
|---|---|---|---|
| 自分 | 자기 | 自ら | 스스로 |
| あなた | 너 / 당신* | 皆さん | 여러분 |
| おじさん | 아저씨 | おばさん | 아주머니 |

＊謙譲語。

---

**주인 と 남편**

日本では自分の夫を第三者に対して話す時「主人」という表現をしますが，韓国ではしません。**주인**（主人）は品物を所有している人としての意味だけです。

| 所有者 | 夫 |
|---|---|
| この食堂の**主人**は本当に親切です。 | 友達のご**主人**は本当に親切です。 |
| 이 식당 주인은 정말 친절해요. | 친구의 남편은 정말 친절해요. |

---

**나중에 と 이따가**

「あとで」の意味の**나중에**と**이따가**は，近い未来の場合には両方とも使えますが，将来など遠い未来を言う場合には**나중에**のみ使うことができます。

| 近い未来 | 遠い未来 |
|---|---|
| **あとで**夜に会いましょう。 | **将来**，必ず留学に行きたい。 |
| 나중에 저녁에 봐요. ○ | 나중에 꼭 유학을 가고 싶어요. ○ |
| 이따가 저녁에 봐요. ○ | 이따가 꼭 유학을 가고 싶어요. × |

---

### 351 □□□□□ 떠나다

動 発つ，出発する〔떠나는/떠나서〕

❖ 여행을 떠나다: 旅立つ
類 출발하다: 出発する　反 도착하다: 到着する

### 352 □□□□□ 머리

名 頭，髪の毛

❖ 머리가 좋다[나쁘다]: 頭がよい[悪い]
❖ 머리를 자르다: 髪を切る　類 머리털, 머리카락: 髪の毛

### 353 □□□□□ 모양

名 模様，デザイン，型

❖ 모양을 만들다: 模様を作る　❖ 별 모양: 星形
類 형태: 形態／디자인: デザイン

### 354 □□□□□ 미술관

名 美術館

❖ 미술관 전시: 美術館展示　❖ 미술관 관람: 美術館観覧
関 미술 작품: 美術作品

### 355 □□□□□ 반

名 クラス，班

❖ 초급반: 初級クラス　❖ 1학년 3반: 1年3組
❖ 반 친구: クラスメート

### 356 □□□□□ 번호

名 番号

❖ 전화번호: 電話番号　❖ 비밀번호: 暗証番号
❖ 수험 번호: 受験番号　❖ 번호표: 番号札

### 357 □□□□□ 불

名 火，電気

❖ 불조심: 火の用心　❖ 불이 나다: 火事が起きる
❖ 불을 켜다[끄다]: 電気をつける[消す]

### 358 □□□□□ 불다

動 吹く〔부는/불어서〕 ㄹ語幹

❖ 악기를 불다: 楽器を吹く
❖ 바람이 불다: 風が吹く

### 359 □□□□□ 새로

副 新しく，改めて　冠 새: 新，新しい

❖ 새로 나오다[사다]: 新しく出る[買う]
❖ 새로 만들다: 改めて作る

### 360 □□□□□ 소포

名 小包み

❖ 소포가 오다: 小包が来る
❖ 소포를[-로] 보내다: 小包を[-で]送る

---

暗記度チェック □ 일기　□ 정도　□ 주인　□ 직접　□ 출근

버스는 몇 시에 떠나요?
バスは**何時に出発**しますか。

한국으로 떠날 준비는 다 됐어요?
**韓国へ発つ準備**は全部終わりましたか。

우리 딸은 머리는 좋은데 노력을 안 해요.
うちの娘は**頭はいい**けれど**努力**をしません。

머리를 잘랐어요? 잘 어울려요.
**髪を切り**ましたか。よく似合います。

이 옷이 모양이 예뻐서 인기가 많아요.
この服は**デザインがかわいいので大人気**です。

케이크는 모양 만들기가 어렵습니다.
ケーキは**形作り**が難しいです。

그림을 보러 미술관에 갔습니다.
絵を見に**美術館に行き**ました。

미술관에서 설명을 들으면서 구경했어요.
**美術館**で説明を聞きながら**見物**しました。

우리 반에서 저만 일본 사람입니다.
**うちのクラスで私だけ日本人**です。

내일 반 친구들과 노래방에 갈 거예요.
明日**クラスメート**とカラオケに行く予定です。

전화번호가 몇 번이에요?
**電話番号**は何番ですか。

비밀번호는 가르쳐 주지 마세요.
**暗証番号**は教えないでください。

방이 어두우니까 불을 켜 주세요.
部屋が暗いから**電気をつけて**ください。

불조심합시다.
**火の用心**をしましょう。

춥고 바람도 많이 불어요.
寒くて**風も**たくさん**吹きます**。

제가 불 수 있는 악기는 플루트뿐이에요.
私が**吹ける楽器**はフルートだけです。

이게 새로 나온 영화인데 재미있어요.
これが**新しく出た映画**ですがおもしろいです。

휴대 전화가 고장나서 새로 샀어요.
携帯電話が壊れて**新しく買い**ました。

소포로 보내 주세요.
**小包みで送って**ください。

미국에 사는 친구에게서 소포가 왔어요.
アメリカに住んでる友達から**小包みが来ました**。

□ 행복하다   □ 화장품   □ 가져가다   □ 갑자기   □ 다르다

---

**361**　☐☐☐☐☐
## 옛날
[옌:날]

名 **昔**

❖ 옛날이야기: 昔話
類 예전: 以前／과거: 過去　反 미래: 未来

---

**362**　☐☐☐☐☐
## 인기
[인끼]

名 **人気**

❖ 인기가 있다[없다]: 人気がある[ない]
❖ 인기 상품: 人気商品

---

**363**　☐☐☐☐☐
## 장미

名 **バラ**

❖ 장미꽃: バラの花　❖ 장미 스무 송이: バラ20本
❖ 장미꽃 다발: バラの花束

---

**364**　☐☐☐☐☐
## 젊다
[점:따]

形 **若い**〔젊은/젊어서〕

❖ 젊은 사람, 젊은이: 若者
類 어리다: 幼い　反 늙다: 老いる

---

**365**　☐☐☐☐☐
## 조용히

副 **静かに**　形 조용하다: 静かだ

❖ 조용히 하다: 静かにする
反 시끄럽게: うるさく

---

**366**　☐☐☐☐☐
## 짐

名 **荷物**

❖ 짐을 맡기다[부치다]: 荷物を預ける[送る]
❖ 짐을 싸다: 荷造りをする　❖ 이삿짐: 引越し荷物

---

**367**　☐☐☐☐☐
## 특히
[트키]

副 **特に**

類 특별히: 特別に

---

**368**　☐☐☐☐☐
## 한복

名 **韓服, ハンボク**

❖ 한복을 입다: 韓服を着る
類 치마저고리: チマチョゴリ／바지저고리: パジチョゴリ

---

**369**　☐☐☐☐☐
## 가져오다

動 **持ってくる**〔가져오는/가져와서〕

❖ 준비물을 가져오다: 持ち物を持ってくる
反 가져가다: 持っていく

---

**370**　☐☐☐☐☐
## 고프다

形 **空腹だ** 으変 〔고픈/고파서〕

反 배가 부르다: お腹がいっぱいだ
＊고프다는 形容詞だが, 부르다는 他動詞。

---

暗記度チェック　☐ 떠나다　☐ 머리　☐ 모양　☐ 미술관　☐ 반

| | |
|---|---|
| 민속촌에는 한국의 옛날 집들이 많습니다.<br>民族村には韓国の**昔ながらの家**が多いです。 | 옛날에는 스페인어를 공부했습니다.<br>**昔**はスペイン語を**勉強**しました。 |
| 이 드라마는 일본에서 인기가 있어요.<br>このドラマは日本で**人気があります**。 | 요즘 인기 상품이 뭐예요?<br>最近の**人気商品**は何ですか。 |
| 친구 생일에 장미꽃을 선물했어요.<br>友達の誕生日に**バラの花**をプレゼントしました。 | 장미 한 송이 주세요.<br>**バラ1本**ください。 |
| 어머니는 아직 젊습니다.<br>母はまだ**若いです**。 | 대학로는 젊은 사람의 거리입니다.<br>大学路 (テハンノ) は**若者の街**です。 |
| 도서관에서 조용히 하십시오.<br>図書館では**静かにしてください**。 | 아이들이 조용히 책을 읽어요.<br>子どもたちが**静かに**本を**読んでいます**。 |
| 짐이 많아서 혼자 들 수 없어요.<br>**荷物が多くて**ひとりで持つことができません。 | 짐이 적으면 가지고 들어가도 돼요.<br>**荷物が少なければ**持って入ってもいいです。 |
| 동물원은 특히 아이들이 좋아합니다.<br>動物園は**特に**子どもたちが**好きです**。 | 특히 바나나가 싸요.<br>**特に**バナナが**安いです**。 |
| 설날에는 한복을 입습니다.<br>お正月には**韓服を着ます**。 | 한복은 한국의 전통 옷이에요.<br>**韓服**は韓国の**伝統服**です。 |
| 내일은 더우니까 모자를 꼭 가져오세요.<br>明日は暑いから**帽子を必ず持ってきてください**。 | 친구가 가져온 선물이 마음에 듭니다.<br>友達が**持ってきた**プレゼントが気に入っています。 |
| 밥을 안 먹어서 배가 너무 고파요.<br>ご飯を食べてないので**お腹がとても空きました**。 | 배가 고픈데 먹을 게 없어요.<br>**お腹が空いたのに**食べ物がありません。 |

□ 번호　　　□ 불　　　□ 불다　　　□ 새로　　　□ 소포

---

| 371 □□□□□<br>**금방** | 副 **すぐ**<br>類 방금, 막: たった今／지금: 今／곧: すぐ |
|---|---|

| 372 □□□□□<br>**기사** | 名 **運転手**<br>類 운전사, 운전 기사: 運転手<br>❖ 버스[택시] 기사: バス[タクシー]運転手 |
|---|---|

| 373 □□□□□<br>**기침** | 名 **咳**<br>❖ 기침이 나다: 咳が出る　❖ 기침을 하다: 咳をする<br>❖ 기침약: 咳止め |
|---|---|

| 374 □□□□□<br>**끄다** | 動 **消す** 〔끄는/꺼서〕 **으変**<br>❖ 불을 끄다: 火を消す, 電気を消す<br>反 켜다: つける |
|---|---|

| 375 □□□□□<br>**남기다** | 動 **残す** 〔남기는/남겨서〕<br>❖ 음식[이름]을 남기다: 食べ物[名前]を残す |
|---|---|

| 376 □□□□□<br>**달력** | 名 **カレンダー**<br>❖ 달력을 걸다: カレンダーを掛ける<br>関 양력: 陽暦／음력: 陰暦, 旧暦　類 캘린더: カレンダー |
|---|---|

| 377 □□□□□<br>**답장**<br>[답짱] | 名 **返事**　動 답장하다: 返事する<br>❖ 답장을 보내다[쓰다]: 返事を送る[書く] |
|---|---|

| 378 □□□□□<br>**만지다** | 動 **触る, 触れる** 〔만지는/만져서〕<br>❖ ~을/를 만지다: ～に触れる |
|---|---|

| 379 □□□□□<br>**민속촌** | 名 **民族村**<br>関 민속[전통] 놀이: 伝統的な遊び／민속 의상: 民族衣装 |
|---|---|

| 380 □□□□□<br>**사거리** | 名 **交差点, 十字路**<br>関 횡단보도: 横断歩道<br>類 교차로: 交差点／네거리: 十字路 |
|---|---|

暗記度<br>チェック □ 옛날　　　□ 인기　　　□ 장미　　　□ 젊다　　　□ 조용히

---

아직 안 끝났지만 금방 끝날 거예요.
まだ終わってませんが**すぐ終わるでしょう。**

아이들은 만나면 금방 친해집니다.
子どもたちは会うと**すぐ親しくなります。**

---

기사님, 동대문까지 가 주세요.
**運転手さん**, 東大門まで行ってください。

그 버스 기사는 친절합니다.
その**バスの運転手**は親切です。

---

감기에 걸려서 기침이 자꾸 납니다.
風邪を引いたので**咳がしょっちゅう出ます。**

기침약 좀 주세요.
**咳止め**をください。

---

너무 더워요. 에어컨을 껐어요?
暑すぎです。**エアコンを消しましたか。**

자기 전에는 텔레비전을 끄십시오.
寝る前に**テレビを消してください。**

---

'삐~' 소리가 나면 메시지를 남겨 주십시오.
「ピ～」と音が鳴ったら**メッセージを残して**ください。

음식이 너무 많아서 조금 남겼습니다.
料理が多すぎて少し**残しました。**

---

달력이 어디에 있어요?
**カレンダー**はどこにありますか。

달력이 벽에 걸려 있습니다.
**カレンダー**が壁にかかっています。

---

메일을 확인한 후에 답장 주십시오.
メールを確認した後に**お返事ください。**

친구가 편지에 답장을 보냈어요.
友達が手紙に**返事を送りました。**

---

전시회 작품을 만지면 안 됩니다.
展示会の**作品に触れては**いけません。

누가 제 물건을 만졌어요?
誰が私の**物に触り**ましたか。

---

이번 휴가에 민속촌에 갔어요.
今度の休暇に**民族村へ行きました。**

민속촌에서 민속놀이를 해 봤어요.
**民族村で伝統的な遊び**をしてみました。

---

사거리를 건너면 바로 앞에 있습니다.
**交差点を渡ると**すぐ前にあります。

저기 사거리에서 왼쪽으로 가세요.
あの**交差点で左**に行ってください。

---

☐ 짐　　　　☐ 특히　　　　☐ 한복　　　☐ 가져오다　　☐ 고프다

---

381 □□□□□
**사고**

名 事故

❖ 사고를 내다[-가 나다]: 事故を起こす[-が起きる]
関 사건: 事件

---

382 □□□□□
**상품**

名 商品

❖ 상품을 팔다[받다]: 商品を売る[もらう]
類 제품: 製品／물건: 品物

---

383 □□□□□
**샤워하다**

動 シャワーを浴びる〔샤워하는/샤워해서〕 名 샤워: シャワー

関 샤워룸: シャワールーム／목욕: 風呂
類 씻다: 洗う／목욕하다: 入浴する

---

384 □□□□□
**수첩**

名 手帳

❖ 수첩에 쓰다[적다]: 手帳に書く
❖ 수첩을 가지고 다니다: 手帳を持ち歩く

---

385 □□□□□
**아까**

副 さっき, 先ほど

❖ 아까부터: さっきから
類 조금 전에: 少し前に／방금: たった今

---

386 □□□□□
**역**

名 駅

❖ 지하철역: 地下鉄駅
❖ 전철역: 電車駅　❖ 기차역: 汽車駅

---

387 □□□□□
**자신**

名 自分, 自身

❖ 자기 자신: 自分自身　❖ 나 자신: 私自身
❖ 자신을 위해서: 自分のために　類 자기: 自己

---

388 □□□□□
**장갑**

名 手袋

❖ 장갑을 끼다[벗다]: 手袋をする[はずす]
❖ 고무장갑: ゴム手袋　❖ 목장갑: 軍手

---

389 □□□□□
**좁다**
[좁따]

形 狭い〔좁은/좁아서〕

❖ 집이 좁다: 家が狭い／마음이 좁다: 心が狭い
反 넓다: 広い

---

390 □□□□□
**주머니**

名 袋, ポケット

❖ 가방 주머니: カバンのポケット　❖ 앞주머니: 前ポケット
❖ 주머니에 넣다[-에서 꺼내다]: 袋に入れる[-から取り出す]

---

暗記度チェック　□ 금방　　□ 기사　　□ 기침　　□ 끄다　　□ 남기다

아들이 교통사고를 냈습니다.
息子が交通事故を起こしました。

비행기 사고로 많은 사람들이 다쳤습니다.
飛行機事故で多くの人々が怪我をしました。

1인용 상품이 인기가 많습니다.
ひとり用商品が大人気です。

게임에서 이기고 상품을 받았어요.
ゲームで勝って商品をもらいました。

저는 아침에 샤워해요.
私は朝、シャワーを浴びます。

샤워를 하면 기분이 좋아집니다.
シャワーをすると気分がよくなります。

항상 수첩을 가지고 다녀요.
いつも手帳を持ち歩いています。

수첩을 보면 알 수 있어요.
手帳を見ればわかります。

친구들은 아까 집에 돌아갔어요.
友達はさっき家に帰りました。

그건 아까 선생님이 설명했어요.
それは先ほど先生が説明しました。

우리는 언제나 역에서 만나요.
私たちはいつも駅で会います。

역에는 사람이 많이 있었습니다.
駅には人がたくさんいました。

사람마다 자신에게 맞는 음식이 있어요.
人それぞれ自分に合う食べ物があります。

자신만을 위해서 노력하는 사람입니다.
自分のためだけに努力する人です。

밖은 추우니까 장갑을 끼세요.
外は寒いから手袋をしてください。

손이 너무 차가워서 장갑을 하나 샀어요.
手が冷たすぎて手袋を1つ買いました。

우리 집은 좁지만 깨끗해요.
うちの家は狭いけどきれいです。

방이 너무 좁아서 이사를 하고 싶어요.
部屋が狭すぎて引越しをしたいです。

좌석 앞주머니에 안내서가 있습니다.
座席の前のポケットに案内書があります。

휴대 전화는 가방 주머니에 있어요.
携帯電話はカバンのポケットにあります。

| □ 달력 | □ 답장 | □ 만지다 | □ 민속촌 | □ 사거리 |

---

**391** □□□□□
## 짓다
[짇:따]

動 **作る，建てる** 〔짓는/지어서〕 ㅅ変

❖ 이름을 짓다: 名づける　❖ 글을 짓다: 文章を作る
類 쓰다: 書く／만들다: 作る／세우다: 建てる

---

**392** □□□□□
## 출구

名 **出口**

❖ 출구로 나가다: 出口から出る
関 출입구: 出入口　類 나가는 곳: 出口　反 입구: 入口

---

**393** □□□□□
## 통장

名 **通帳**

❖ 통장을 만들다: 通帳を作る　❖ 통장 정리: 記帳
❖ 예금 통장: 預金通帳

---

**394** □□□□□
## 휴지

名 **ゴミ，ちり紙，トイレットペーパー**

❖ 휴지를 버리다[줍다]: ゴミを捨てる[拾う]
❖ 휴지통: ゴミ箱　類 쓰레기: ゴミ／화장지: ティッシュ

---

**395** □□□□□
## 가볍다
[가볍따]

形 **軽い** 〔가벼운/가벼워서〕 ㅂ変

❖ 가볍게 입다: 薄着する　❖ 입이 가볍다: 口が軽い
反 무겁다: 重い

---

**396** □□□□□
## 강아지

名 **子犬**

❖ 강아지를 키우다[기르다]: 小犬を飼う
❖ 강아지 집: 犬小屋　関 개: 犬／애완 동물: ペット

---

**397** □□□□□
## 거리

名 **街，距離**

❖ 거리가 가깝다[멀다]: 距離が近い[遠い]
類 길: 道／길거리: 路上

---

**398** □□□□□
## 관광하다

動 **観光する** 〔관광하는/관광해서〕　名 관광: 観光

関 관광지: 観光地／관광 안내사: 観光ガイド

---

**399** □□□□□
## 광고

名 **広告**　動 광고하다: 広告する

❖ 광고지: 広告紙　❖ 광고 효과: 広告効果
類 홍보: 広告, 広報／선전: 宣伝

---

**400** □□□□□
## 기쁘다

形 **うれしい** 〔기쁜/기뻐서〕 으変　名 기쁨: うれしさ

類 반갑다: (会えて)うれしい／즐겁다: 楽しい
反 슬프다: 悲しい

---

暗記度チェック　□ 사고　　□ 상품　　□ 샤워하다　　□ 수첩　　□ 아까

memo
.............................................................
.............................................................

🎧 47

達成率
50 %

| | |
|---|---|
| 제 이름은 할아버지께서 지어 주셨습니다.<br>私の名前は祖父が名づけてくださいました。 | 아버지가 지은 집에서 살고 있습니다.<br>父が建てた家で暮らしています。 |
| 출구는 오른쪽으로 가면 있습니다.<br>出口は右の方へ行けばあります。 | 학교는 3번 출구로 나가야 합니다.<br>学校は３番出口から出なければなりません。 |
| (은행에서) 통장을 만들고 싶습니다.<br>(銀行で)通帳を作りたいです。 | 돈을 찾을 때는 통장이 없어도 돼요.<br>お金をおろす時は通帳がなくてもいいです。 |
| 휴지는 휴지통에 버리십시오.<br>ゴミはゴミ箱に捨ててください。 | 화장실에 휴지가 없었습니다.<br>トイレにトイレットペーパーがありませんでした。 |
| 전자 사전은 가벼워서 좋아요.<br>電子辞書は軽いのでいいです。 | 오늘은 따뜻하니까 옷을 가볍게 입으세요.<br>今日は暖かいから薄着してください。 |
| 우리 집은 강아지를 키웁니다.<br>うちは子犬を飼っています。 | 지난주에 태어난 강아지가 너무 귀여워요.<br>先週生まれた子犬がとてもかわいいです。 |
| 다이어트를 해서 가까운 거리는 걸어요.<br>ダイエットをするので近い距離は歩きます。 | 거리에 예쁜 가게들이 많이 있습니다.<br>街にきれいなお店がたくさんあります。 |
| 이번에는 많은 곳을 관광하고 싶어요.<br>今回は多くの所を観光したいです。 | 제주도에서 관광도 하고 쇼핑도 했습니다.<br>済州島で観光もして買い物もしました。 |
| 광고를 보고 이 제품을 샀습니다.<br>広告を見てこの製品を買いました。 | 이건 제가 좋아하는 배우가 광고해요.<br>これは私の好きな俳優が広告しています。 |
| 상을 받아서 정말 기뻤어요.<br>賞をもらって本当にうれしかったです。 | 아이가 1등을 하면 정말 기쁠 것 같아요.<br>子どもが１等になれば本当にうれしいでしょう。 |

| □ 역 | □ 자신 | □ 장갑 | □ 좁다 | □ 주머니 |
|---|---|---|---|---|

109

QR コードの音声を聞き，韓国語を書いてみよう！

🎧 48

聞き取れなかったら，対応した見出し語番号の単語を再チェック。

| | | | |
|---|---|---|---|
| 351 ( ) | 発つ | 376 ( ) | カレンダー |
| 352 ( ) | 頭 | 377 ( ) | 返事 |
| 353 ( ) | 模様 | 378 ( ) | 触る |
| 354 ( ) | 美術館 | 379 ( ) | 民族村 |
| 355 ( ) | クラス，班 | 380 ( ) | 交差点 |
| 356 ( ) | 番号 | 381 ( ) | 事故 |
| 357 ( ) | 火，電気 | 382 ( ) | 商品 |
| 358 ( ) | 吹く | 383 ( ) | シャワーを浴びる |
| 359 ( ) | 新しく | 384 ( ) | 手帳 |
| 360 ( ) | 小包み | 385 ( ) | さっき |
| 361 ( ) | 昔 | 386 ( ) | 駅 |
| 362 ( ) | 人気 | 387 ( ) | 自分，自身 |
| 363 ( ) | バラ | 388 ( ) | 手袋 |
| 364 ( ) | 若い | 389 ( ) | 狭い |
| 365 ( ) | 静かに | 390 ( ) | 袋，ポケット |
| 366 ( ) | 荷物 | 391 ( ) | 作る，建てる |
| 367 ( ) | 特に | 392 ( ) | 出口 |
| 368 ( ) | 韓服 | 393 ( ) | 通帳 |
| 369 ( ) | 持ってくる | 394 ( ) | ゴミ |
| 370 ( ) | 空腹だ | 395 ( ) | 軽い |
| 371 ( ) | すぐ | 396 ( ) | 子犬 |
| 372 ( ) | 運転手 | 397 ( ) | 街，距離 |
| 373 ( ) | 咳 | 398 ( ) | 観光する |
| 374 ( ) | 消す | 399 ( ) | 広告 |
| 375 ( ) | 残す | 400 ( ) | うれしい |

## 天気予報

| 天気がいい | 날씨가 좋다 | 風が吹く | 바람이 불다 |
|---|---|---|---|
| 天気が悪い | 날씨가 나쁘다 | 雪が降る | 눈이 오다 / 내리다 |
| 霧がかかる | 안개가 끼다 | 雨が降る | 비가 오다 / 내리다 |
| 雲がかかる | 구름이 끼다 | 梅雨になる | 장마가 지다 |

| 晴れ | 맑음 | 雨 | 비 | 霧 | 안개 | 台風 | 태풍 |
|---|---|---|---|---|---|---|---|
| 曇り | 흐림 | 雪 | 눈 | 風 | 바람 | 稲妻 | 번개 |

## 職業

| 看護師 | 간호사 | 記者 | 기자 | 音楽家 | 음악가 | 医者 | 의사 |
|---|---|---|---|---|---|---|---|
| 警察官 | 경찰관 | 俳優 | 배우 | 会社員 | 회사원 | 外交官 | 외교관 |
| 講師 | 강사 | 教授 | 교수 | 料理人 | 요리사 | 弁護士 | 변호사 |
| 銀行員 | 은행원 | 美容師 | 미용사 | 作家 | 작가 | 画家 | 화가 |
| 漫画家 | 만화가 | 映画監督 | 영화 감독 | 検事 | 검사 | 判事 | 판사 |

출퇴근하다 の意味

**출퇴근하다**（出退勤する）は日本語で「通勤する」という意味です。韓国人は**통근하다**という言葉をあまり使いません。主に**통근**〈通勤〉という名詞の形で**통근 버스**（通勤バス），**통근 시간**（通勤時間）などのように用います。ちなみに学生の場合は**통학하다**（通学する）です。

부르다 と 고프다

**부르다**（呼ぶ，歌う）は他動詞です。たとえば**노래를 부르다**（歌を歌う），**이름을 부르다**（名前を呼ぶ）の形で使います。しかし**배가 부르다**（お腹がいっぱい）という表現はまったく違う意味で形容詞になります。したがって反対語である**배가 고프다**（お腹が空く）は形容詞として扱います。ですから**배가 부르는 사람**，**배가 고프는 사람**という表現はなく，**배가 부른 사람**（お腹がいっぱいな人），**배가 고픈 사람**（お腹が空いた人）と使います。

---

**401** □□□□□

### 기억하다
[기어카다]

動 **記憶する，覚える**〔기억하는/기억해서〕　名 기억: 記憶

❖ 기억하기 쉽다: 覚えやすい
関 기억나다: 思い出す／기억력: 記憶力　反 잊다: 忘れる

---

**402** □□□□□

### 꿈

名 **夢**

❖ 꿈을 꾸다[가지다]: 夢を見る[持つ]
❖ 꿈을 이루다[-이 이루어지다]: 夢を叶える[-がかなう]

---

**403** □□□□□

### 끝내다
[끈내다]

動 **終える**〔끝내는/끝내서〕

❖ 일을[회의를] 끝내다: 仕事[会議]を終える
類 마치다: 終える

---

**404** □□□□□

### 냉장고

名 **冷蔵庫**

❖ 냉장고에 넣다: 冷蔵庫に入れる
関 냉장실: 冷蔵室／냉동실: 冷凍室／냉장 보관: 冷蔵保管

---

**405** □□□□□

### 다리

名 **橋**

❖ 다리를 건너다[세우다/놓다]: 橋を渡る[建てる／掛ける]

---

**406** □□□□□

### 닮다
[담:따]

動 **似る，似ている**〔닮는/닮아서 ＊通常過去形で用いる 닮은/닮았어〕

❖ ~을/를 닮았다: ～に似ている　❖ ~와/과 닮았다: ～と似ている
類 비슷하다: 似ている

---

**407** □□□□□

### 매우

副 **ずいぶん，とても，非常に**

類 아주, 무척: とても／참: 実に

---

**408** □□□□□

### 모으다

動 **集める**〔모으는/모아서〕으変

❖ 사람을 모으다: 人を集める　❖ 돈을 모으다: お金を貯める
類 수집하다: 収集する／모집하다: 募集する

---

**409** □□□□□

### 무역

名 **貿易**　動 무역하다: 貿易する

❖ 무역 회사: 貿易会社
関 수입: 輸入／수출: 輸出

---

**410** □□□□□

### 고맙다
[고:맙따]

動 **感謝する，ありがたい**〔고마운/고마워서〕ㅂ変

❖ 고마운 분: ありがたい方
反 미안하다: すまない　類 감사하다: 感謝する

---

暗記度チェック　□ 짓다　□ 출구　□ 통장　□ 휴지　□ 가볍다

---

메모를 하면 기억하기 쉽습니다.
メモをすると**覚えやすい**です。

기억력이 좋아서 한번에 다 기억합니다.
**記憶力**がいいので**一度に**全部**記憶します**。

---

한국어를 가르치는 것이 꿈입니다.
韓国語を**教える**のが**夢**です。

밤에 잘 때 꿈을 자주 꿉니다.
夜寝る時，**夢をよく見ます**。

---

오늘 안으로 숙제를 끝내야 합니다.
今日中に**宿題を終えない**といけません。

일을 빨리 끝내고 퇴근할 거예요.
**仕事を早く終えて退勤する**つもりです。

---

아이스크림을 빨리 냉장고에 넣으세요.
アイスクリームを早く**冷蔵庫に入れてください**。

냉장고를 버릴 때는 스티커를 사야 해요.
**冷蔵庫を捨てる時**はシールを**買わない**といけません。

---

다리 건너편에서 친구가 기다립니다.
**橋の向こう側**で友達が待っています。

이 배는 한강 다리 아래를 지나갑니다.
この船は漢江の**橋の下**を通ります。

---

저는 어머니를 많이 닮았어요.
私は**母に**ずいぶん**似ています**。

저와 많이 닮은 사람을 만났어요.
**私と**ずいぶん**似ている**人に会いました。

---

오늘은 손님이 매우 많네요.
今日はお客さんが**非常に多い**ですね。

이 책은 공부할 때 매우 좋습니다.
この本は勉強する時**とてもいい**です。

---

내가 본 공연 표를 모두 모아요.
私が見た**公演のチケットを全部集めています**。

1년 동안 모은 돈으로 컴퓨터를 샀어요.
**1年間貯めたお金**でパソコンを買いました。

---

저는 무역 회사에 다닙니다.
私は**貿易会社**に勤めています。

외국과 물건을 사고 파는 게 무역입니다.
外国と物を**売り買いするのが貿易**です。

---

정말 많이 도와줘서 고마워요.
本当にたくさん助けてくれて**ありがとうございます**。

고마운 분들께 감사의 편지를 보냅니다.
**ありがたい**方々に感謝の手紙を送ります。

---

☐ 강아지　　☐ 거리　　☐ 관광하다　　☐ 광고　　☐ 기쁘다

---

### 411 병
[名] 病気

❖ 병이 나다: 病気になる　❖ 병이 낫다: 病気が治る
❖ 병을 고치다: 病気を治す　❖ 병에 걸리다: 病気にかかる

### 412 보통
[名] [副] ふつう，普段，たいてい

[類] 대개: 大体／항상: いつも／일반적으로: 一般的に／
평소: 平素, 普段

### 413 서로
[副] 互いに　[名] お互い

❖ 서로의 생각[행복]: 互いの思い[幸せ]
[類] 서로서로: お互いに

### 414 반대
[名] 反対　[動] 반대하다: 反対する

❖ 반대 의견[방향]: 反対意見[方向]
❖ 반대편: 反対側　❖ 반대로: 反対に　[反] 찬성: 賛成

### 415 신다
[신ː따]
[動] 履く〔신는/신어서〕

❖ 신발[양말]을 신다: 履物[靴下]を履く
[反] 벗다: 脱ぐ

### 416 실수
[실쑤]
[名] 失敗，ミス　[動] 실수하다: 失敗する

❖ 작은 실수: 小さな失敗　❖ 말실수: 言い間違い，失言
[類] 잘못: 間違い

### 417 쓰레기
[名] ゴミ

❖ 쓰레기를 버리다[줍다]: ゴミを捨てる[拾う]
❖ 쓰레기통: ゴミ箱　[類] 휴지: ゴミ

### 418 입원하다
[이붠하다]
[動] 入院する〔입원하는/입원해서〕　[名] 입원: 入院

[関] 입원 환자: 入院患者／입원 수속: 入院手続き
[反] 퇴원하다: 退院する

### 419 잊다
[읻따]
[動] 忘れる〔잊는/잊어서〕

❖ 깜빡 잊다: うっかりする
[類] 잊어버리다: 忘れてしまう　[反] 기억하다: 記憶する

### 420 잔치
[名] 祝宴，パーティ

❖ 생일[환갑] 잔치: 誕生日[還暦]祝い
❖ 돌잔치: 1歳の誕生日祝い　[類] 파티: パーティ

---

**暗記度チェック** □ 기억하다　□ 꿈　　□ 끝내다　□ 냉장고　□ 다리

114

| | |
|---|---|
| 이제 병이 다 나았어요. | 운동을 심하게 해서 병이 났어요. |
| もう病気は完全に治りました。 | 運動をやりすぎたので体調を崩しました。 |
| 보통 주말에는 뭐 하세요? | 저는 보통 책을 사서 봅니다. |
| 普段, 週末には何をなさいますか。 | 私はたいてい, 本を買って読みます。 |
| 우리는 서로 취미가 같아서 친해졌습니다. | 두 사람은 서로의 생각을 잘 압니다. |
| 私たちはお互趣味が同じなので親しくなりました。 | 2人は互いの考えをよくわかっています。 |
| 은행은 반대 방향으로 가야 합니다. | 반대 의견이 있으면 말씀하십시오. |
| 銀行は反対方向に行かなければなりません。 | 反対意見があるならおっしゃってください。 |
| 내일은 운동회니까 운동화를 신고 오세요. | 이 신발이 마음에 드는데 신어 봐도 돼요? |
| 明日は運動会なので運動靴を履いてきてください。 | この履物が気に入ったので履いてみてもいいですか。 |
| 실수로 다른 파일을 보냈습니다. | 실수를 많이 해서 자주 사과합니다. |
| 間違って違うファイルを送りました。 | ミスをたくさんするのでよく謝罪しています。 |
| 쓰레기는 쓰레기통에 버려야 합니다. | 오늘은 타는 쓰레기를 버리는 날입니다. |
| ゴミはゴミ箱に捨てなければなりません。 | 今日は燃えるゴミを捨てる日です。 |
| 할머니께서 병원에 입원하셨습니다. | 인플루엔자로 입원하는 사람이 늘었어요. |
| 祖母が病院に入院しました。 | インフルエンザで入院する人が増えました。 |
| 깜빡 잊고 숙제를 안 가지고 왔습니다. | 약속을 잊지 않게 수첩에 적었습니다. |
| うっかりして宿題を持って来ませんでした。 | 約束を忘れないように手帳に書きました。 |
| 오늘은 할아버지의 환갑 잔치입니다. | 첫 번째 생일에 돌잔치를 합니다. |
| 今日は祖父の還暦祝いです。 | 最初の誕生日に1歳の誕生日祝いをします。 |

□ 닭다　　□ 매우　　□ 모으다　　□ 무역　　□ 고맙다

---

**421** ☐☐☐☐☐
## 전혀

副 **全然，まったく**

❖ 전혀 모르다: まったくわからない
類 하나도: ひとつも／아주: とても

---

**422** ☐☐☐☐☐
## 주소

名 **住所，アドレス**

❖ 주소록: 住所録　❖ 이메일 주소: Eメールアドレス
関 이름: 名前／전화번호: 電話番号

---

**423** ☐☐☐☐☐
## 지키다

動 **守る**〔지키는/지켜서〕

❖ 약속[규칙]을 지키다: 約束[規則]を守る
反 깨다: 破る(약속을 깨다: 約束を破る)

---

**424** ☐☐☐☐☐
## 차다

動 **蹴る**〔차는/차서〕

❖ 돌[공]을 차다: 石[ボール]を蹴る

---

**425** ☐☐☐☐☐
## 취소하다

動 **キャンセルする**〔취소하는/취소해서〕 名 취소: キャンセル

❖ 여행[약속]을 취소하다: 旅行[約束]をキャンセルする
反 예약하다: 予約する／예매하다: 前もって買う

---

**426** ☐☐☐☐☐
## 친절하다

形 **親切だ，優しい**〔친절한/친절해서〕

❖ 친절한 태도: 親切な態度
反 불친절하다: 不親切だ

---

**427** ☐☐☐☐☐
## 켜다

動 **つける，弾く**〔켜는/켜서〕

❖ 에어컨을 켜다: エアコンをつける
❖ 바이올린을 켜다: バイオリンを弾く　反 끄다: 消す

---

**428** ☐☐☐☐☐
## 특별히
[특뼐히]

副 **特別に**

類 특히: 特に／특별하게: 特別に
反 보통: 普段／별로: 別に

---

**429** ☐☐☐☐☐
## 하늘

名 **空**

❖ 하늘의 별따기: 不可能なこと(直訳: 空の星取り)
❖ 하늘색: 空色，水色　❖ 하늘을 보다: 空を見る

---

**430** ☐☐☐☐☐
## 합격하다
[합꺼카다]

動 **合格する**〔합격하는/합격해서〕 名 합격: 合格

関 합격자: 合格者／합격 발표[여부]: 合格発表[可否]
反 불합격하다: 不合格する

---

暗記度
チェック ☐ 병　　☐ 보통　　☐ 서로　　☐ 반대　　☐ 신다

116

이 단어의 의미를 전혀 모르겠어요.
この単語の意味が**まったくわかりません。**

삼계탕은 전혀 안 매워요.
参鶏湯 (サムゲタン) は**全然辛くないです。**

여기에 이름과 주소를 쓰세요.
ここに**名前**と**住所**を書いてください。

이메일 주소 좀 알려 주세요.
E メールアドレスを教えてください。

약속을 하면 꼭 지킵시다.
約束をしたら**必ず守りましょう。**

규칙을 잘 지켜야 합니다.
規則をしっかりと**守らなければなりません。**

화가 나서 돌을 찼어요.
腹が立って**石を蹴りました。**

농구공을 차면 안 됩니다.
バスケットボールを**蹴ってはいけません。**

갑자기 일이 생겨서 여행을 취소했어요.
急用が出来たので**旅行をキャンセルしました。**

약속을 취소하려고 전화를 했습니다.
**約束をキャンセルしようと**電話をしました。

이 식당의 종업원들은 친절합니다.
この食堂の従業員たちは**親切です。**

동료들이 친절해서 외롭지 않습니다.
**同僚たちが親切なので**寂しくありません。

방이 너무 더우니까 에어컨을 켜겠습니다.
部屋が暑すぎるので**エアコンをつけます。**

제 취미는 바이올린 켜기입니다.
私の趣味は**バイオリンを弾くことです。**

휴가에 특별히 하고 싶은 것은 없어요.
休暇に**特別に**やりたいことは**ありません。**

어머니를 위해 특별히 준비한 요리입니다.
母のために**特別に準備した**料理です。

하늘에 무지개가 생겼습니다.
**空に虹が**かかりました。

아주 힘든 일을 '하늘의 별따기'라고 해요.
とても大変なことを「**空の星取り**」といいます。

이번 시험은 어려웠지만 합격했습니다.
今回の試験は難しかったけど**合格しました。**

합격 여부는 언제 알 수 있어요?
**合格可否**はいつわかりますか。

☐ 실수　　☐ 쓰레기　　☐ 입원하다　　☐ 잊다　　☐ 잔치

---

431 ☐☐☐☐☐
## 해외
图 海外

❖ 해외 출장[여행]: 海外出張[旅行]
類 외국: 外国／국외: 国外　反 국내: 国内

---

432 ☐☐☐☐☐
## 힘
图 力

❖ 힘이 없다[나다]: 元気がない[出る]
❖ 힘이 세다[약하다]: 力が強い[弱い]

---

433 ☐☐☐☐☐
## 강
图 川

❖ 강변: 川辺　❖ 강산: 山河
❖ 강을 건너다[-에서 놀다]: 川を渡る[-で遊ぶ]

---

434 ☐☐☐☐☐
## 갖다
[갇따]
動 持つ〔가지는/가져서〕(가지다 の活用をする)

❖ 갖고 가다: 持っていく　❖ 갖고 다니다: 持ち歩く
類 가지다《갖다の原型》: 持つ

---

435 ☐☐☐☐☐
## 거실
图 居間，リビング

関 부엌: 台所／화장실: トイレ／욕실: 浴室／
소파: ソファー／텔레비전: テレビ

---

436 ☐☐☐☐☐
## 거울
图 鏡

❖ 손거울: 手鏡
❖ 거울을 보다: 鏡を見る

---

437 ☐☐☐☐☐
## 건너가다
動 渡っていく，渡る〔건너가는/건너가서〕

❖ 횡단보도를 건너가다: 横断歩道を渡る
類 건너다: 渡る　反 건너오다: 渡ってくる

---

438 ☐☐☐☐☐
## 건너편
图 向かい側

関 건너다: 渡る
類 맞은편: 向かい側

---

439 ☐☐☐☐☐
## 계산하다
動 計算[会計]する〔계산하는/계산해서〕　图 계산: 計算

関 계산대: レジカウンター／계산서: レシート，領収書

---

440 ☐☐☐☐☐
## 급하다
[그파다]
形 急だ，緊急だ〔급한/급해서〕　副 급히: 急に

❖ 급한 일: 急用

---

연휴에는 해외로 나가는 사람들이 많아요.
連休には**海外に出かける**人が多いです。

저는 아직 해외 출장을 안 가 봤습니다.
私はまだ**海外出張**をしてみたことがありません。

열심히 운동해서 움직일 힘도 없어요.
一生懸命に運動したので**動く力**もありません。

삼계탕을 먹으면 힘이 날 거예요.
参鶏湯を食べると**元気が出る**でしょう。

저는 강이 보이는 아파트에서 살아요.
私は**川が見える**マンションに住んでいます。

강이 참 넓고 깨끗하네요.
**川がとても広くて**きれいですね。

사진 찍을 사람은 카메라를 갖고 오세요.
写真を撮る人はカメラを**持ってきてください**。

수험표와 신분증을 꼭 갖고 가야 해요.
受験票と身分証を必ず**持っていかないといけません**。

거실에 소파와 텔레비전이 있습니다.
**リビングにソファーとテレビ**があります。

저는 주로 거실에서 책을 읽어요.
私は主に**リビングで本**を読みます。

화장을 할 때 거울이 필요합니다.
化粧をする時, **鏡が必要です**。

발음을 연습할 때 거울을 보면서 하세요.
発音を練習する時, **鏡を見ながら**してください。

횡단보도를 건너가서 왼쪽으로 가세요.
**横断歩道を渡って左**へ行ってください。

그 꽃집은 건너가면 맞은편에 있어요.
その花屋は**渡っていくと向かい側**にあります。

이 건물 건너편에 은행이 있어요.
この**建物の向かい側**に銀行があります。

친구는 건너편에서 기다리고 있었어요.
友達は**向かい側で待って**いました。

이거 모두 얼마예요? 계산해 주세요.
これ全部でいくらですか。**会計してください**。

저는 산수를 좋아해서 계산이 빨라요.
私は算数が好きなので**計算が速い**です。

급한 일이 생겨서 일찍 돌아가야 해요.
**急用が出来たので**早く帰らなければなりません。

급하면 먼저 가세요.
**急いでいるなら**先に帰ってください。

□ 친절하다    □ 켜다    □ 특별히    □ 하늘    □ 합격하다

---

441 □□□□□
### 기간

名 **期間**

❖ 기간 동안: 期間中
❖ 준비 기간: 準備期間

---

442 □□□□□
### 놀라다

動 **驚く**〔놀라는/놀라서〕

❖ 깜짝 놀라다: びっくりする
関 놀래다: 驚かす　類 당황하다: 慌てる

---

443 □□□□□
### 느끼다

動 **感じる**〔느끼는/느껴서〕　名 느낌: 感じ

❖ 슬픔[아픔]을 느끼다: 悲しみ[痛み]を感じる

---

444 □□□□□
### 더럽다
[더:럽따]

形 **汚い**〔더러운/더러워서〕 ㅂ変

❖ 손이 더럽다: 手が汚い　❖ 더러운 방법: 汚い方法
反 깨끗하다: 清潔だ, きれいだ

---

445 □□□□□
### 데리다

動 **連れる**〔데리는/데려서〕

❖ 데리고 오다[가다]: 連れてくる[いく]
敬 모시다: お供する

---

446 □□□□□
### 따로

副 **別々に**

❖ 따로 살다: 離れて暮らす, 別居する
❖ 따로 가다: 別々に行く　類 따로따로: 別々に

---

447 □□□□□
### 때

名 **時**

❖ 때와 장소: 時と場所, TPO　❖ -(으)ㄹ 때: 〜する時
❖ -았/었을 때: 〜した時　類 순간: 瞬間

---

448 □□□□□
### 마지막

名 **最後, 終わり**

❖ 마지막으로: 最後に　❖ 마지막까지: 最後まで
類 끝: 終わり　反 처음: 最初, 初め

---

449 □□□□□
### 명절

名 **祭日, 名節**

❖ 명절을 쇠다: 名節を過ごす　❖ 명절 연휴: 祭日連休
関 설날: 元旦(旧暦1月1日)／추석: 秋夕(旧暦8月15日)

---

450 □□□□□
### 무료

名 **無料**

類 공짜: 無料, タダ／서비스: サービス
反 유료: 有料

---

暗記度チェック　□ 해외　　□ 힘　　　□ 강　　　□ 갖다　　　□ 거실

| | |
|---|---|
| 행사 기간은 며칠부터 며칠까지입니까?<br>**イベント期間**は何日から何日までですか。 | 공사 기간 동안에는 이용할 수 없어요.<br>**工事期間中**には利用できません。 |
| 제 이야기를 듣고 놀라지 마세요.<br>私の話を聞いて**驚かないでください**。 | 지진 뉴스로 놀란 사람들이 많습니다.<br>地震のニュースで**驚いた人々**が多いです。 |
| 여러분도 한국의 아름다움을 느껴 보세요.<br>皆さんも韓国の美しさを**感じてみてください**。 | 다큐멘터리를 보고 느낀 걸 말해 보세요.<br>ドキュメンタリーを見て**感じたことを話してみてください**。 |
| 방이 더럽습니다.<br>**部屋が汚いです**。 | 더러운 손으로 만지지 마세요.<br>**汚れている手で**触らないでください。 |
| 아이들을 데리고 와도 됩니다.<br>子どもたちを**連れてきてもいいです**。 | 강아지를 데리고 가도 돼요?<br>子犬を**連れて行ってもいいですか**。 |
| 밤에는 아이들과 따로 잡니다.<br>夜は子どもたちと**別々に寝ます**。 | 계산은 따로따로 해 주세요.<br>会計は**別々にしてください**。 |
| 시험 볼 때 긴장하지 마세요.<br>**試験を受ける時**, 緊張しないでください。 | 어릴 때 꿈이 뭐였어요?<br>**幼い時**の夢は何でしたか。 |
| 매월 마지막 날에는 세일을 합니다.<br>毎月, **最終日**にはセールをします。 | 오늘이 초급반 마지막 수업입니다.<br>今日が初級クラスの**最後の授業**です。 |
| 명절에는 가족이 모두 모입니다.<br>**祭日**には家族が皆集まります。 | 한국에서는 설날이 가장 큰 명절입니다.<br>韓国ではお正月が最も**大きな名節**です。 |
| 날마다 무료 공연이 있습니다.<br>毎日, **無料の公演**があります。 | 어린이는 입장료가 무료입니다.<br>子どもは**入場料**が無料です。 |

| □ 거울 | □ 건너가다 | □ 건너편 | □ 계산하다 | □ 급하다 |
|---|---|---|---|---|

| | | | |
|---|---|---|---|
| 401 ( ) | 記憶する | 426 ( ) | 親切だ |
| 402 ( ) | 夢 | 427 ( ) | つける，弾く |
| 403 ( ) | 終える | 428 ( ) | 特別に |
| 404 ( ) | 冷蔵庫 | 429 ( ) | 空 |
| 405 ( ) | 橋 | 430 ( ) | 合格する |
| 406 ( ) | 似ている | 431 ( ) | 海外 |
| 407 ( ) | ずいぶん | 432 ( ) | 力 |
| 408 ( ) | 集める | 433 ( ) | 川 |
| 409 ( ) | 貿易 | 434 ( ) | 持つ |
| 410 ( ) | ありがたい | 435 ( ) | 居間 |
| 411 ( ) | 病気 | 436 ( ) | 鏡 |
| 412 ( ) | ふつう | 437 ( ) | 渡っていく |
| 413 ( ) | 互いに | 438 ( ) | 向かい側 |
| 414 ( ) | 反対 | 439 ( ) | 計算する |
| 415 ( ) | 履く | 440 ( ) | 急だ，緊急だ |
| 416 ( ) | 失敗，ミス | 441 ( ) | 期間 |
| 417 ( ) | ゴミ | 442 ( ) | 驚く |
| 418 ( ) | 入院する | 443 ( ) | 感じる |
| 419 ( ) | 忘れる | 444 ( ) | 汚い |
| 420 ( ) | 祝宴 | 445 ( ) | 連れる |
| 421 ( ) | 全然 | 446 ( ) | 別々に |
| 422 ( ) | 住所 | 447 ( ) | 時 |
| 423 ( ) | 守る | 448 ( ) | 最後 |
| 424 ( ) | 蹴る | 449 ( ) | 祭日 |
| 425 ( ) | キャンセルする | 450 ( ) | 無料 |

## あいさつの表現

| | |
|---|---|
| 안녕하세요. | おはようございます。／こんにちは。／こんばんは。 |
| 안녕히 계세요. | さようなら。《その場を離れる側が言う》 |
| 안녕히 가세요. | さようなら。《その場に残る／お互いに離れる側が言う》 |
| 감사합니다. / 고맙습니다. | ありがとうございます。 |
| 미안해요. / 죄송합니다. | すみません。 |
| 괜찮아요. | 大丈夫です。／けっこうです。 |
| 실례합니다. | 失礼します。 |
| 만나서 반갑습니다. | お会いできてうれしいです。 |
| 잘 부탁드리겠습니다. | どうぞよろしくお願いします。 |
| 축하합니다. | おめでとうございます。 |
| 안녕히 주무세요. | お休みなさい。 |
| 처음 뵙겠습니다. | はじめまして。 |
| 오래간만입니다. | おひさしぶりです。 |
| 천만에요. | どういたしまして。 |
| 잘 먹겠습니다. | いただきます。 |
| 잘 먹었습니다. | ごちそうさまでした。 |
| 새해 복 많이 받으세요. | 新年明けましておめでとうございます。 |

## 電話応対の表現

| | |
|---|---|
| 여보세요? | もしもし？ |
| 다나카 씨 좀 바꿔 주세요. | 田中さんに替わってください。 |
| 전화 잘못 거셨습니다. | 電話を間違ってかけました。 |
| 메모 좀 남겨 주세요. | メモを残してください。 |
| 말씀 좀 전해 주세요. | 伝言を伝えてください。 |
| 몇 번에 거셨어요? | 何番におかけになりましたか。 |
| 지금 자리에 안 계십니다. | ただ今，席をはずしております。 |
| 잠시만 기다려 주십시오. | 少々お待ちください。 |

---

**451** ☐☐☐☐☐
## 부지런하다

形 **まめだ，勤勉だ，真面目だ** 〔부지런한/부지런해서〕

❖ 부지런하게 움직이다: まめに動く
類 성실하다: 誠実だ　反 게으르다: 怠惰だ

---

**452** ☐☐☐☐☐
## 산

名 **山**

❖ 산에 가다: 山に行く　❖ 산길: 山道
関 등산하다: 登山する

---

**453** ☐☐☐☐☐
## 생선

名 **魚**

❖ 생선구이: 焼き魚
❖ 생선 요리: 魚料理

---

**454** ☐☐☐☐☐
## 설날
[설랄]

名 **お正月**

関 명절: 名節／추석: 秋夕／세뱃돈: お年玉／
❖ 세배를 하다: 新年の挨拶をする

---

**455** ☐☐☐☐☐
## 시키다

動 **注文する，やらせる** 〔시키는/시켜서〕

類 주문하다: 注文する／명령하다: 命令する

---

**456** ☐☐☐☐☐
## 싸다

動 **包む** 〔싸는/싸서〕

❖ 이삿짐을 싸다: 荷造りをする　❖ 도시락을 싸다: お弁当を作る
類 포장하다: 包装する

---

**457** ☐☐☐☐☐
## 어둡다
[어둡따]

形 **暗い** 〔어두운/어두워서〕 **ㅂ変**

❖ 표정이 어둡다: 表情が暗い　❖ 어두운 성격: 暗い性格
類 캄캄하다: 真っ暗だ　反 밝다: 明るい

---

**458** ☐☐☐☐☐
## 어리다

形 **幼い** 〔어린/어려서〕

❖ 어려 보이다: 幼く見える
類 젊다: 若い　反 늙다: 老いる

---

**459** ☐☐☐☐☐
## 울다

動 **泣く，鳴く** 〔우는/울어서〕 **ㄹ語幹** 名 울음: 泣き

❖ 우는 아이: 泣いてる子ども　❖ 새가 울다: 鳥が鳴く
反 웃다: 笑う

---

**460** ☐☐☐☐☐
## 음료수
[음:뇨수]

名 **飲料水**

❖ 음료수를 마시다: 飲料水を飲む
類 마실 것: 飲み物

---

**暗記度チェック** ☐ 기간　　☐ 놀라다　　☐ 느끼다　　☐ 더럽다　　☐ 데리다

| | |
|---|---|
| 어머니는 아주 부지런하세요.<br>母はとても**勤勉です**。 | 부지런한 사람이 성공합니다.<br>**真面目な人**が成功します。 |
| 한국 사람들은 산을 좋아해요.<br>韓国人は**山が好きです**。 | 일요일에는 산에 가는 사람이 많아요.<br>日曜日には**山へ行く人**が多いです。 |
| 시장에서 생선을 싸게 팝니다.<br>**市場**で**魚**を安く売っています。 | 이 식당은 생선구이가 유명합니다.<br>この食堂は**焼き魚**が有名です。 |
| 1월 1일은 설날입니다.<br>1月1日は**お正月です**。 | 설날 아침에는 떡국을 먹습니다.<br>**お正月の朝**には**トックク**（お雑煮）を食べます。 |
| 비빔밥을 시켰습니다.<br>ビビンパを**注文しました**。 | 어머니가 시킨 일을 다 했어요?<br>お母さんに**言われた仕事**を全部やりましたか。 |
| 예쁘게 싸 주세요.<br>きれいに**包んで**ください。 | 짐을 쌀 때 편지도 같이 부치세요.<br>**荷物を包む時**手紙も一緒に送ってください。 |
| 방이 어두워요?<br>部屋が**暗いですか**。 | 어두운 곳에서 책을 보지 마세요.<br>**暗い所**で本を見ないでください。 |
| 아직 어려서 학교에 들어갈 수 없어요.<br>まだ**幼いので**学校に入ることはできません。 | 선생님은 어릴 때 고생한 것 같습니다.<br>先生は**幼い時**, 苦労したようです。 |
| 아이가 넘어져서 울고 있어요.<br>子どもが**転んで泣いて**います。 | 새 울음소리를 들으면 기분이 좋아요.<br>**鳥の鳴き声**を聞くと気持ちがいいです。 |
| 음료수를 마셨습니다.<br>**飲料水**を飲みました。 | 음료수도 좀 사 오세요.<br>**飲料水**も買ってきてください。 |

☐ 따로　　☐ 때　　☐ 마지막　　☐ 명절　　☐ 무료

| 頻出度 | 日 付 | 年 月 日 | 年 月 日 | 年 月 日 | 年 月 日 | 年 月 日 |
|---|---|---|---|---|---|---|
| **B** | 習得数 | /10 | /10 | /10 | /10 | /10 |

---

**461 이해하다**
□□□□□

動 理解する〔이해하는/이해해서〕  名 이해: 理解

関 이해력: 理解力
類 알아듣다: 理解する／이해되다: 理解される

---

**462 잊어버리다**
□□□□□
[이저버리다]

動 忘れてしまう〔잊어버리는/잊어버려서〕

関 잊다: 忘れる
反 기억하다: 記憶する

---

**463 잘못**
□□□□□
[잘몯]

名 間違い, 過ち  副 うっかり  動 잘못하다: 間違う

❖ 잘못 알다[생각하다]: 勘違いする
類 틀리다: 違う

---

**464 잘하다**
□□□□□

動 上手だ, 得意だ〔잘하는/잘해서〕

❖ ~을/를 잘하다: ～が上手だ
❖ 일을 잘하다: 仕事ができる  反 못하다: 下手だ

---

**465 잠시**
□□□□□

副 しばらく, 少々

❖ 잠시만: 少しだけ  類 잠깐: しばらく
反 오래: 長く／오랫동안: 長い間

---

**466 동물**
□□□□□

名 動物

❖ 동물을 키우다[기르다]: 動物を飼う  ❖ 동물원: 動物園
反 식물: 植物

---

**467 축제**
□□□□□
[축쩨]

名 祭

❖ 학교 축제: 学園祭
関 문화제: 文化祭  類 페스티벌: フェスティバル

---

**468 친하다**
□□□□□

形 親しい〔친한/친해서〕

❖ 친한 친구: 親しい友達
❖ 친하게 지내다: 親しく過ごす  類 사이좋다: 仲がよい

---

**469 크기**
□□□□□

名 大きさ  形 크다: 大きい

❖ 크기가 다양하다: 大きさが多様だ
関 높이: 高さ／무게: 重さ／넓이: 広さ

---

**470 키**
□□□□□

名 身長, 背

関 체중: 体重
❖ 키가 크다[작다]: 背が高い[低い]

---

暗記度チェック □ 부지런하다 □ 산  □ 생선  □ 설날  □ 시키다

126

이 문법을 이해했어요?
この文法を**理解しましたか**。

과장님의 행동은 정말 이해 못 하겠어요.
課長の行動は本当に**理解できません**。

약속 시간을 잊어버렸습니다.
約束の時間を**忘れてしまいました**。

가족의 생일을 잊어버리면 안 됩니다.
家族の誕生日を**忘れてはいけません**。

회의 시간을 잘못 알고 있었습니다.
会議の時間を**勘違いしていました**。

후배의 잘못을 바로 고쳐 주었어요.
後輩の**過ち**をすぐ**直して**あげました。

아내가 잘하는 요리입니다.
妻が**得意な料理**です。

부장님은 중국어도 잘하십니다.
部長は中国語も**お上手です**。

잠시 후에 다시 연락드리겠습니다.
**少し後に**また**ご連絡差し上げます**。

잠시만 자리를 비우겠습니다.
**しばらく**席を外します。

우리 아이는 동물에 관심이 많아요.
うちの子は**動物**にとても興味があります。

동물을 좋아해서 수의사가 되고 싶어요.
**動物が好きなので**獣医になりたいです。

토요일부터 벚꽃 축제가 시작됩니다.
土曜日から**桜祭**が始まります。

학교 축제 기간에는 수업이 없습니다.
**学園祭**の期間には授業がありません。

지금은 반 친구들과 아주 친합니다.
今はクラスメートと**とても親しいです**。

반에서 제일 친한 친구가 누구예요?
クラスで**一番親しい友達**は誰ですか。

방의 크기가 생각보다 작네요.
**部屋の大きさ**が思ったより小さいですね。

크기는 대·중·소가 있습니다.
**大きさ**は**大**·**中**·**小**があります。

저는 여동생보다 키가 작아요.
私は妹より**背が低いです**。

우리 반에서 누가 가장 키가 커요?
クラスで誰が一番**背が高いですか**。

□ 싸다　　□ 어둡다　　□ 어리다　　□ 울다　　□ 음료수

127

---

**471** □□□□□
### 태어나다

動 **生まれる**〔태어나는/태어나서〕

❖ 태어난 날: 生まれた日　　関 생일: 誕生日
反 죽다: 死ぬ　　類 낳다: 産む

---

**472** □□□□□
### 가격

名 **価格**

❖ 가격을 확인하다: 価格を確認する
関 정가: 定価　　類 값: 値段

---

**473** □□□□□
### 간단하다

形 **簡単だ**〔간단한/간단해서〕　　副 간단히: 簡単に

❖ 간단한 설명[구조/문제]: 簡単な説明[構造／問題]
反 복잡하다: 複雑だ

---

**474** □□□□□
### 갈아타다
[가라타다]

動 **乗り換える**〔갈아타는/갈아타서〕

❖ 갈아타는 곳: 乗り換え口
関 갈아입다: 着替える／갈아 신다: 履き替える

---

**475** □□□□□
### 감다
[감:따]

動 《髪を》**洗う**〔감는/감아서〕

❖ 머리를 감다: 髪(の毛)を洗う
関 몸을 씻다: 体を洗う

---

**476** □□□□□
### 걸어가다
[거러가다]

動 **歩いていく**〔걸어가는/걸어가서〕

関 걷다: 歩く／걸어다니다: 歩いて通う，歩き回る
反 걸어오다: 歩いてくる

---

**477** □□□□□
### 경치

名 **景色**

❖ 경치를 구경하다[감상하다]: 景色を見物する[鑑賞する]
❖ 경치가 아름답다: 景色が美しい　　類 풍경: 風景

---

**478** □□□□□
### 계단

名 **階段**

❖ 계단을 올라가다[내려가다]: 階段を上がる[下がる]
❖ 비상 계단: 非常階段

---

**479** □□□□□
### 고양이

名 **猫**

❖ 새끼 고양이: 子猫　　❖ 길고양이: 野良猫
関 개: 犬／강아지: 小犬

---

**480** □□□□□
### 고치다

動 **治す，直す**〔고치는/고쳐서〕

❖ 병을 고치다: 病気を治す　　❖ 자동차를 고치다: 自動車を直す
類 수리하다: 修理する　　反 고장나다: 壊れる

---

**暗記度チェック** □ 이해하다　□ 잊어버리다　□ 잘못　　□ 잘하다　　□ 잠시

2월에 태어났습니다.
2月に生まれました。

한국에서는 태어난 날 미역국을 먹어요.
韓国では生まれた日にワカメスープを食べます。

가격을 확인해 보고 사십시오.
価格を確認してみて買ってください。

이 옷 가격이 얼마예요?
この服の価格はいくらですか。

이 문제는 간단합니다.
この問題は簡単です。

여기에는 간단한 설명이 필요합니다.
ここには簡単な説明が必要です。

여기에서 지하철 2호선으로 갈아타십시오.
ここで地下鉄2号線に乗り換えてください。

갈아타는 곳이 어디예요?
乗り換え口はどこですか。

저는 항상 아침에 머리를 감아요.
私はいつも朝に髪を洗います。

머리를 감은 후에 식사를 합니다.
髪を洗った後に食事をします。

걸어가면 몇 분쯤 걸려요?
歩いていくと何分くらいかかりますか。

여기부터는 걸어가야 합니다.
ここからは歩いていかなければなりません。

거기에서도 아름다운 경치가 보여요.
そこでも美しい景色が見られます。

이 섬에는 경치가 좋은 곳이 많습니다.
この島には景色がいい所が多いです。

비상시에는 계단을 이용하십시오.
非常時には階段を利用してください。

계단에서는 뛰지 마십시오.
階段では走らないでください。

고양이를 좋아하는 사람도 많습니다.
猫が好きな人も多いです。

친구 집에는 고양이가 두 마리 있습니다.
友達の家には猫が2匹います。

제 한국어 발음을 고치고 싶습니다.
私の韓国語の発音を直したいです。

고장난 시계를 고쳤습니다.
故障した時計を直しました。

□ 동물　　　□ 축제　　　□ 친하다　　　□ 크기　　　□ 키

---

481 ☐☐☐☐☐
## 국내
[궁내]

名 国内

❖ 국내 여행[시장]: 国内旅行[市場]
反 국제: 国際／국외: 国外／해외: 海外

---

482 ☐☐☐☐☐
## 그치다

動 止む〔그치는/그쳐서〕

❖ 비가 그치다: 雨が止む　❖ 울음을 그치다: 泣き止む
類 멈추다: 止む, 止まる　反 계속하다: 続く

---

483 ☐☐☐☐☐
## 기뻐하다

動 喜ぶ〔기뻐하는/기뻐해서〕

形 기쁘다: うれしい　名 기쁨: 喜び
反 슬퍼하다: 悲しむ

---

484 ☐☐☐☐☐
## 끼다

動 かかる〔끼는/껴서〕

❖ 구름이 끼다: 雲がかかる　❖ 안개가 끼다: 霧がかかる
❖ 때가 끼다: 汚れが付く, 垢がたまる

---

485 ☐☐☐☐☐
## 나누다

動 交わす, 分ける〔나누는/나눠서〕

❖ 이야기를 나누다: 話を交わす
❖ 나눠 먹다: 分けて食べる

---

486 ☐☐☐☐☐
## 나빠지다

動 悪くなる〔나빠지는/나빠져서〕

形 나쁘다: 悪い
反 좋아지다: よくなる

---

487 ☐☐☐☐☐
## 내려가다

動 下りていく, 降りる, 下がる〔내려가는/내려가서〕

❖ 지방으로 내려가다: 地方に行く
反 내려오다: 下りてくる／올라가다: 上がっていく

---

488 ☐☐☐☐☐
## 노력하다
[노려카다]

動 努力する〔노력하는/노력해서〕　名 노력: 努力

関 노력의 결과: 努力の結果

---

489 ☐☐☐☐☐
## 대회

名 大会

❖ 대회에 나가다[참가하다]: 大会に出る[参加する]
❖ 대회에서 우승하다: 大会で優勝する

---

490 ☐☐☐☐☐
## 도움

名 助け　動 돕다: 助ける, 手伝う

❖ 도움이 되다: 役に立つ
❖ 도움을 주다[받다]: 助けてあげる[もらう]

---

暗記度チェック　☐ 태어나다　☐ 가격　　☐ 간단하다　☐ 갈아타다　☐ 감다

130

---

memo

58

達成率 **61** %

| | |
|---|---|
| 요즘은 국내 여행이 인기가 있습니다.<br>最近は**国内旅行**が人気があります。 | 국내 시장에서는 안 팔릴 거예요.<br>**国内市場**では売れないでしょう。 |
| 비가 그쳤습니다.<br>雨が**止みました**。 | 아이가 울음을 그쳤습니다.<br>子どもが**泣き止みました**。 |
| 장난감을 받고 기뻐하고 있습니다.<br>おもちゃをもらって**喜んで**います。 | 친구는 연예인을 만나서 기뻐했습니다.<br>友達は芸能人に**出会って喜んで**いました。 |
| 하늘에 구름이 많이 끼었습니다.<br>空に**雲**がたくさん**かかって**います。 | 안개가 껴서 앞이 잘 안 보입니다.<br>**霧がかかっている**ので前がよく見えません。 |
| 교실에서 이야기를 나누고 있습니다.<br>教室で**話を交わして**います。 | 도시락을 나눠 먹었습니다.<br>お弁当を**分けて食べ**ました。 |
| 눈이 많이 나빠졌습니다.<br>**目**がずいぶん**悪くなり**ました。 | 할아버지 건강이 나빠지셔서 걱정입니다.<br>祖父の**具合が悪くなった**ので心配です。 |
| 어제 시골로 내려갔습니다.<br>昨日、**田舎に行き**ました。 | 엘리베이터로 내려가면 빠릅니다.<br>**エレベーターで降りると**早いです。 |
| 합격할 때까지 노력하겠습니다.<br>合格する時まで**努力します**。 | 열심히 노력하고 있습니다.<br>**一生懸命に頑張って**います。 |
| 형은 다음 달에 요리 대회에 나갑니다.<br>兄は来月、**料理大会**に出ます。 | 스피치 대회에서 우승했습니다.<br>スピーチ**大会で優勝し**ました。 |
| 비타민은 피부 건강에 도움이 됩니다.<br>ビタミンは皮膚の健康に**役立ちます**。 | 김 선생님한테서 많은 도움을 받았습니다.<br>キム先生にずいぶん**助けられ**ました。 |

□ 걸어가다　　□ 경치　　　　□ 계단　　　　□ 고양이　　　□ 고치다

131

---

491 ☐☐☐☐☐
**두다**

動 置く〔두는/둬서〕

❖ 놓아 두다: 置いておく　❖ -아/어 두다: ～しておく
類 놓다: 置く

492 ☐☐☐☐☐
**디자인**

名 デザイン　動 디자인하다: デザインする

❖ 디자인이 마음에 들다: デザインが気に入る
関 디자이너: デザイナー

493 ☐☐☐☐☐
**똑바로**
[똑빠로]

副 まっすぐ，きちんと

❖ 똑바로 가다: まっすぐ行く
❖ 똑바로 하다: きちんとする　関 바로: すぐ

494 ☐☐☐☐☐
**뛰다**

動 走る，跳ねる，ジャンプする〔뛰는/뛰어서〕

❖ 운동장을 뛰다: 運動場を走る
❖ 높이 뛰다: 高くジャンプする　類 달리다: 走る

495 ☐☐☐☐☐
**뜻**
[뜯]

名 意味

❖ 뜻을 알다[모르다]: 意味がわかる[わからない]
類 의미: 意味

496 ☐☐☐☐☐
**마치다**

動 終える〔마치는/마쳐서〕

❖ 수업을 마치다: 授業を終える
類 끝내다: 終える

497 ☐☐☐☐☐
**무척**

副 とても，非常に

❖ 무척 많다: 非常に多い
類 아주: とても／매우: ものすごく

498 ☐☐☐☐☐
**문제**

名 問題

❖ 문제가 어렵다: 問題が難しい
❖ 문제를 내다: 問題を出す　関 문제없다: 問題ない

499 ☐☐☐☐☐
**미용실**

名 美容室

関 미용사: 美容師
類 이발소: 床屋

500 ☐☐☐☐☐
**바로**

副 すぐ

関 곧장, 똑바로: まっすぐ
類 곧: すぐ

暗記度
チェック ☐ 국내　　☐ 그치다　　☐ 기뻐하다　　☐ 끼다　　☐ 나누다

132

| | |
|---|---|
| 이 꽃병을 어디에 둘까요?<br>この花瓶を**どこに**置きましょうか。 | 책상 위에 둔 서류를 못 봤어요?<br>机の上に置いた書類を見ていませんか。 |
| 이 모자는 디자인이 아주 마음에 들어요.<br>この帽子は**デザイン**がとても**気に入っています**。 | 제품의 디자인을 바꾸고 싶어요.<br>製品の**デザイン**を変えたいです。 |
| 이 길을 똑바로 가면 화장실이 보입니다.<br>この**道をまっすぐ行く**とトイレが見えます。 | 똑바로 앉으세요.<br>**きちんと**座ってください。 |
| 수영장에서는 뛰지 마십시오.<br>プールでは**走らないで**ください。 | 저기에서 뛰어 오는 사람이 팀장님이세요.<br>**あちらから走ってくる**人がリーダーです。 |
| 이 단어의 뜻은 무엇입니까?<br>この単語の**意味**は何ですか。 | 지금 한 말은 무슨 뜻이에요?<br>今言った言葉は**どんな意味**ですか。 |
| 오늘 수업을 마치겠습니다.<br>今日の**授業**を終えます。 | 올해 공부를 마치고 귀국할 겁니다.<br>今年勉強を終えて帰国する予定です。 |
| 어제는 일이 많아서 무척 바빴습니다.<br>昨日は仕事が多くて**とても忙**しかったです。 | 작년에 건강이 나빠서 무척 힘들었어요.<br>昨年具合が悪くて**非常に**大変でした。 |
| 무슨 문제가 있습니까?<br>何か**問題**がありますか。 | 이번 시험은 문제가 너무 어려웠습니다.<br>今回の試験は**問題**が難しすぎました。 |
| 머리를 자르러 미용실에 갔습니다.<br>髪を切りに**美容室に**行きました。 | 오늘은 미용실에 손님이 정말 많네요.<br>今日は**美容室**にお客さんがとても多いですね。 |
| 집으로 바로 가세요.<br>家に**すぐ**帰ってください。 | 식사하고 바로 이 약을 드십시오.<br>**食事してすぐ**この薬をお飲みになってください。 |

□ 나빠지다　　□ 내려가다　　□ 노력하다　　□ 대회　　□ 도움

451 ( 　　　　　 ) 勤勉だ
452 ( 　　　　　 ) 山
453 ( 　　　　　 ) 魚
454 ( 　　　　　 ) お正月
455 ( 　　　　　 ) 注文する，させる
456 ( 　　　　　 ) 包む
457 ( 　　　　　 ) 暗い
458 ( 　　　　　 ) 幼い
459 ( 　　　　　 ) 泣く，鳴く
460 ( 　　　　　 ) 飲料水
461 ( 　　　　　 ) 理解する
462 ( 　　　　　 ) 忘れてしまう
463 ( 　　　　　 ) 間違い
464 ( 　　　　　 ) 上手だ，得意だ
465 ( 　　　　　 ) しばらく，少々
466 ( 　　　　　 ) 動物
467 ( 　　　　　 ) 祭
468 ( 　　　　　 ) 親しい
469 ( 　　　　　 ) 大きさ
470 ( 　　　　　 ) 身長，背
471 ( 　　　　　 ) 生まれる
472 ( 　　　　　 ) 価格
473 ( 　　　　　 ) 簡単だ
474 ( 　　　　　 ) 乗り換える
475 ( 　　　　　 )《髪を》洗う

476 ( 　　　　　 ) 歩いていく
477 ( 　　　　　 ) 景色
478 ( 　　　　　 ) 階段
479 ( 　　　　　 ) 猫
480 ( 　　　　　 ) 治す，直す
481 ( 　　　　　 ) 国内
482 ( 　　　　　 ) 止む
483 ( 　　　　　 ) 喜ぶ
484 ( 　　　　　 ) かかる
485 ( 　　　　　 ) 交わす，分ける
486 ( 　　　　　 ) 悪くなる
487 ( 　　　　　 ) 下りていく
488 ( 　　　　　 ) 努力する
489 ( 　　　　　 ) 大会
490 ( 　　　　　 ) 助け
491 ( 　　　　　 ) 置く
492 ( 　　　　　 ) デザイン
493 ( 　　　　　 ) まっすぐ
494 ( 　　　　　 ) 走る
495 ( 　　　　　 ) 意味
496 ( 　　　　　 ) 終える
497 ( 　　　　　 ) とても，非常に
498 ( 　　　　　 ) 問題
499 ( 　　　　　 ) 美容室
500 ( 　　　　　 ) すぐ

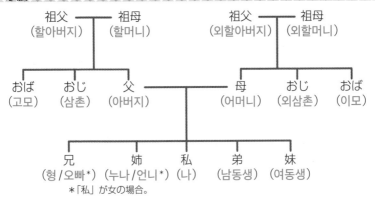

| 家族 | 가족 | 両親 | 부모 | 兄妹 | 형제 | 姉妹 | 자매 |
|---|---|---|---|---|---|---|---|
| 夫婦 | 부부 | 夫 | 남편 | 妻 | 아내 | いとこ | 사촌 |
| 子ども | 아이 | 息子 | 아들 | 娘 | 딸 | 孫 | 손자 / 손녀 |

---

잘못과 잘 못

**잘못**と**잘 못**の意味は異なります。**잘못**はミスをしたり「間違った」という意味で, **잘 못**は「うまくできない」という意味で使います。

| 分かち書きしない | 分かち書きする |
|---|---|
| 暗記するところを**間違っていました**。 | 暗記が**苦手です**。 |
| **암기를** 잘못 했어요. | **암기를** 잘 못해요. |

물고기と생선

**물고기**（魚）は鳥や動物といった, 生物学上での区別に使う表現です。**생선**（生鮮）は**물고기**（魚）の中で, 食材料として使えるものを言います。水族館にいるのは**물고기**で, 魚屋にいるのは**생선**です。

| 観賞用 | 食材 |
|---|---|
| 子どもたちと家で**飼う魚**を買いました。 | 子どもたちと家で**食べる魚**を買いました。 |
| **아이들과 집에서** 키울 물고기**를 샀다.** | **아이들과 집에서** 먹을 생선**을 샀다.** |

---

**501**
□□□□□

**번역**
[버녁]

名 翻訳　動 번역하다: 翻訳する

❖ 번역서: 翻訳書　❖ 번역가: 翻訳家
関 통역: 通訳

---

**502**
□□□□□

**들다**

動 **持ち上げる, 持つ, 挙げる**〔드는/들어서〕**ㄹ語幹**

❖ 손을 들다: 手を挙げる　❖ 들고 가다: 持っていく
❖ 가방을 들다: カバンを持ち上げる

---

**503**
□□□□□

**붙이다**
[부치다]

動 **貼る, 付ける**〔붙이는/붙여서〕

❖ 테이프를 붙이다: テープを貼る
❖ 불을 붙이다: 火をつける

---

**504**
□□□□□

**수건**

名 **タオル**

❖ 수건으로 닦다: タオルで拭く
関 손수건: ハンカチ　類 타월: タオル

---

**505**
□□□□□

**숟가락**
[숟까락]

名 **スプーン, さじ**

❖ 숟가락으로 먹다: スプーンで食べる
関 젓가락: 箸／수저: さじと箸

---

**506**
□□□□□

**습관**
[습꽌]

名 **習慣**

❖ 습관을 기르다[고치다]: 習慣をつける[直す]
類 버릇: 癖

---

**507**
□□□□□

**시끄럽다**
[시끄럽따]

形 **うるさい, 騒がしい**〔시끄러운/시끄러워서〕**ㅂ変**

❖ 시끄럽게 떠들다: 騒ぎ立てる
反 조용하다: 静かだ

---

**508**
□□□□□

**심하다**

形 **ひどい, 激しい**〔심한/심해서〕

類 지나치다: 度が過ぎる

---

**509**
□□□□□

**어린이**
[어리니]

名 **子ども**

❖ 어린이날: 子どもの日
類 소인: 小人　反 어른: 大人

---

**510**
□□□□□

**어울리다**

動 **似合う**〔어울리는/어울려서〕

❖ 옷이 어울리다: 服が似合う
❖ 사람들과 어울리다: 人々と交わる

---

暗記度チェック　□ 두다　　□ 디자인　　□ 똑바로　　□ 뛰다　　□ 뜻

| | |
|---|---|
| 번역은 누가 했어요?<br>**翻訳**は誰が**しました**か。 | 나중에 번역 일을 하고 싶습니다.<br>将来，**翻訳**の仕事をしたいです。 |
| 질문이 있어서 손을 들었어요.<br>質問があるので**手を挙げました**。 | 가방을 들고 학교에 갑니다.<br>カバンを**持って**学校に**行きます**。 |
| 시험 결과는 게시판에 붙일 거예요.<br>試験の結果は**掲示板に貼る**予定です。 | 봉투에 꼭 우표를 붙이십시오.<br>封筒に必ず**切手を貼って**ください。 |
| 친구들과 수건을 함께 쓰지 마십시오.<br>友達と**タオル**を一緒に**使わないで**ください。 | 수건으로 닦으십시오.<br>**タオルで拭いて**ください。 |
| 한국 사람은 숟가락으로 밥을 먹습니다.<br>韓国人は**スプーンで**ご飯を**食べます**。 | 숟가락과 젓가락을 수저라고 합니다.<br>**スプーン**と箸で**スジョ**といいます。 |
| 아침을 먹는 습관은 중요합니다.<br>**朝食をとる習慣**は重要です。 | 잊기 전에 메모하는 습관을 기릅시다.<br>忘れる前にメモする**習慣をつけましょう**。 |
| 밖이 시끄럽네요.<br>外が**うるさい**ですね。 | 시끄러워서 공부를 할 수가 없어요.<br>**うるさくて**勉強ができません。 |
| 상처가 심해요.<br>傷が**ひどい**です。 | 심한 기침 때문에 힘들었습니다.<br>**ひどい咳**のせいで大変でした。 |
| 어린이에게 그림을 가르칩니다.<br>**子どもに**絵を**教えて**います。 | 어린이 옷인데 좀 비쌉니다.<br>**子どもの服**なのに少し高いです。 |
| 넥타이가 양복에 잘 어울려요.<br>ネクタイが背広に**よく似合います**。 | 이 옷에 어울리는 구두를 사고 싶어요.<br>この**服に似合う**靴を買いたいです。 |

| ☐ 마치다 | ☐ 무척 | ☐ 문제 | ☐ 미용실 | ☐ 바로 |
|---|---|---|---|---|

| 頻出度 | 日 付 | 年 月 日 | 年 月 日 | 年 月 日 | 年 月 日 | 年 月 日 |
|---|---|---|---|---|---|---|
| **B** | 習得数 | /10 | /10 | /10 | /10 | /10 |

---

511 □□□□□
**여기저기**

名 あちこち

❖ 여기저기 다니다[물어보다]: あちこち通う[尋ねる]
類 여러 곳: いろいろな所

---

512 □□□□□
**오랫동안**
[오래똥안/오랟똥안]

名 長い間

類 오래: 長く
反 잠시: しばらく／잠깐: ちょっと

---

513 □□□□□
**오르다**

動 上がる，登る〔오르는/올라서〕 **르変**

類 상승하다: 上昇する
反 내리다: 下がる，下りる

---

514 □□□□□
**올라오다**

動 上がってくる〔올라오는/올라와서〕

類 오르다: 上がる，登る
反 올라가다: 上がっていく／내려가다: 下りていく

---

515 □□□□□
**울리다**

動 鳴る〔울리는/울려서〕

❖ 종이 울리다: ベルが鳴る
❖ 마음을 울리다: 心に響く，感動させる

---

516 □□□□□
**움직이다**
[움지기다]

動 動く〔움직이는/움직여서〕　名 움직임: 動き

類 활동하다: 活動する
反 멈추다: 止まる

---

517 □□□□□
**유리**

名 ガラス

❖ 유리컵: ガラスのコップ　❖ 유리창: 窓ガラス
❖ 유리가 깨지다: ガラスが割れる

---

518 □□□□□
**유행**

名 流行　動 유행하다: 流行する，流行る

❖ 유행을 따라하다: 流行をまねる
❖ 유행에 늦다: 流行に遅れる

---

519 □□□□□
**잃다**
[일타]

動 失う，亡くす〔잃는/잃어서〕

❖ 기회를 잃다: 機会を失う　❖ 정신을 잃다: 気を失う
関 잃어버리다: 失くしてしまう

---

520 □□□□□
**자르다**

動 切る〔자르는/잘라서〕 **르変**

❖ 머리를 자르다: 髪を切る
❖ 케이크를 자르다: ケーキを切る　類 썰다: 切る，刻む

---

暗記度
チェック □ 번역　　□ 들다　　□ 붙이다　　□ 수건　　□ 숟가락

138

| | |
|---|---|
| 한국의 여기저기를 구경하고 싶어요.<br>韓国のあちこちを見物したいです。 | 여기저기에 예쁜 꽃들이 피어 있습니다.<br>あちこちにきれいな花が咲いています。 |
| 친구와 오랫동안 이야기했습니다.<br>友達と長い間話しました。 | 시간이 없어서 오랫동안 못 있습니다.<br>時間がなくて長くは居られません。 |
| 물가가 많이 올랐습니다.<br>物価がずいぶん上がりました。 | 아버지는 매주 산에 오르십니다.<br>父は毎週、山に登ります。 |
| 2층으로 올라오십시오.<br>2階へ上がってきてください。 | 윗층으로 올라오면 사무실이 있습니다.<br>上の階に上がってくると事務室があります。 |
| 종이 울리면 시험을 시작하십시오.<br>ベルが鳴ったら試験を始めてください。 | 수업 시작 종이 울렸습니다.<br>授業の始まりのベルが鳴りました。 |
| 사진을 찍을 때 움직이지 마십시오.<br>写真を撮る時、動かないでください。 | 지브리의 '하울의 움직이는 성'을 봤어요?<br>ジブリの「ハウルの動く城」を見ましたか。 |
| 유리컵은 깨지기 쉬워요.<br>ガラスのコップは割れやすいです。 | 유리가 있습니다. 조심하십시오.<br>ガラスがあります。気を付けてください。 |
| 수영복도 매년 유행이 바뀝니다.<br>水着も毎年流行が変わります。 | 올해는 어떤 색이 유행하고 있습니까?<br>今年はどんな色が流行っていますか。 |
| 교통사고로 부모를 잃었습니다.<br>交通事故で両親を亡くしました。 | 한 번 잃은 기회는 다시 오지 않습니다.<br>一度失った機会は再び来ません。 |
| 종이를 예쁘게 잘라 주세요.<br>紙をきれいに切ってください。 | 김밥을 자르지 않고 먹었어요.<br>キムパブ(海苔巻き)を切らずに食べました。 |

□ 습관　　　□ 시끄럽다　　□ 심하다　　□ 어린이　　□ 어울리다

139

---

**521** ☐☐☐☐☐
## 재미없다
[재미업따]

形 おもしろくない，つまらない〔재미없는/재미없어서〕

❖ 재미없는 영화[이야기]: つまらない映画[話]
反 재미있다: おもしろい

**522** ☐☐☐☐☐
## 정보

名 情報

❖ 정보를 얻다[교환하다]: 情報を得る[交換する]

**523** ☐☐☐☐☐
## 제목

名 タイトル，題名

❖ 영화 제목: 映画のタイトル ❖ 책 제목: 本の題名
類 타이틀: タイトル

**524** ☐☐☐☐☐
## 주로

副 主に

類 대체로, 대개: 大体／대부분: 大部分／거의: ほとんど

**525** ☐☐☐☐☐
## 지도

名 地図

❖ 지도를 보다[그리다]: 地図を見る[描く]
類 약도: 略図

**526** ☐☐☐☐☐
## 질문하다

動 質問する〔질문하는/질문해서〕 名 질문: 質問

類 묻다: 尋ねる／문의하다: 問い合わせる
反 대답하다: 答える

**527** ☐☐☐☐☐
## 철

名 旬，時期

❖ 장마철: 梅雨の時期 ❖ 휴가철: 休暇の時期
❖ 딸기철: イチゴの時期 ❖ 제철: 適期, 食べごろ, 旬

**528** ☐☐☐☐☐
## 촬영하다
[촤령하다]

動 撮影する〔촬영하는/촬영해서〕 名 촬영: 撮影

❖ 동영상을 촬영하다: 動画を撮影する
関 촬영장: 撮影場／촬영 도구: 撮影道具 類 찍다: 撮る

**529** ☐☐☐☐☐
## 타다

動 乗る〔타는/타서〕

❖ 스케이트[스키]를 타다: スケート[スキー]をする
❖ 차를 타다: 車に乗る 関 갈아타다: 乗り換える

**530** ☐☐☐☐☐
## 퇴근하다

動 退勤する〔퇴근하는/퇴근해서〕 名 퇴근: 退勤

関 출퇴근하다: 出退勤する／퇴근 시간: 退勤時間
反 출근하다: 出勤する

---

暗記度
チェック ☐ 여기저기 ☐ 오랫동안 ☐ 오르다 ☐ 올라오다 ☐ 울리다

이 영화는 정말 재미없습니다.
この映画は本当に**おもしろくありません**。

재미없는 이야기는 듣고 싶지 않아요.
**つまらない話**は聞きたくありません。

교통 정보 시간입니다.
**交通情報**の時間です。

그분에 대한 정보가 너무 없습니다.
その方**についての情報**がなさすぎます。

그 영화의 제목이 뭐예요?
その**映画のタイトル**は何ですか。

영화나 소설은 제목도 중요합니다.
映画や小説は**タイトルも重要**です。

외출할 때는 주로 지하철을 이용해요.
外出する時は**主に**地下鉄を**利用します**。

저는 주로 이메일로 연락을 해요.
私は**主に**Eメールで連絡をします。

지도가 있으면 편리합니다.
**地図があれば**便利です。

여행갈 때는 지도가 꼭 필요합니다.
旅行に行く時は**地図が必ず必要**です。

모르는 것이 있으면 질문하세요.
わからないことがあれば**質問してください**。

질문에 대답하세요.
**質問に答えて**ください。

장마철이라서 우산을 가지고 다녀요.
**梅雨時**なので傘を持ち歩いています。

지금은 딸기가 맛있는 철입니다.
今は**イチゴがおいしい時期**です。

결혼식 축하 동영상을 촬영했어요.
結婚式のお祝いの動画を**撮影しました**。

여행할 때 촬영한 비디오를 봤어요.
**旅行の時に撮影した**ビデオを見ました。

자전거를 타고 왔습니다.
**自転車に乗って**きました。

이번 여행은 무엇을 타고 갑니까?
今回の旅行は**何に乗って行きますか**。

토요일은 보통 오후 1시에 퇴근합니다.
土曜日はたいてい午後1**時に退勤します**。

퇴근 시간이 몇 시입니까?
**退勤時間**は何時ですか。

□ 움직이다   □ 유리   □ 유행   □ 잃다   □ 자르다

---

**531** ☐☐☐☐☐
**포장하다**

動 **包装する**〔포장하는/포장해서〕 名 포장: 包装

❖ 선물을 포장하다: プレゼントを包装する
関 포장마차: 屋台 類 싸다: 包む

---

**532** ☐☐☐☐☐
**풀다**

形 **解く**〔푸는/풀어서〕 **ㄹ語幹**

❖ 문제를 풀다: 問題を解く ❖ 긴장을 풀다: 緊張をほぐす
❖ 스트레스를 풀다: ストレスを発散する

---

**533** ☐☐☐☐☐
**피곤하다**

形 **疲れている**〔피곤한/피곤해서〕

❖ 피곤한 하루: 疲れた一日
類 지치다: 疲れる

---

**534** ☐☐☐☐☐
**피다**

動 **咲く**〔피는/피어서〕

❖ 꽃이 피다: 花が咲く
反 지다: 散る

---

**535** ☐☐☐☐☐
**할인**
[하린]

名 **割引**

❖ 할인을 받다[-이 되다]: 割引してもらう[-になる]
❖ 할인 판매: 割引販売 類 세일: セール

---

**536** ☐☐☐☐☐
**해**

名 **日, 太陽**

❖ 해가 뜨다[지다]: 日が昇る[沈む]
類 태양: 太陽／해님: お日様

---

**537** ☐☐☐☐☐
**휴대 전화**

名 **携帯電話**

❖ 휴대 전화를 켜다[끄다]: 携帯電話をつける[消す]
類 핸드폰, 휴대폰: 携帯電話

---

**538** ☐☐☐☐☐
**가끔**

副 **たまに**

反 자주: よく

---

**539** ☐☐☐☐☐
**거의**
[거의/거이]

副 **ほとんど**

類 대부분: 大部分／대개: 大体

---

**540** ☐☐☐☐☐
**결정하다**
[결쩡하다]

動 **決定する, 決める**〔결정하는/결정해서〕 名 결정: 決定

関 결정되다: 決定される
類 정하다: 決める

---

| | |
|---|---|
| 유리 제품은 깨지지 않게 포장해 주세요.<br>ガラス製品は**割れないように包装して**ください。 | 예쁘게 포장한 선물이 책상 위에 있어요.<br>きれいに**包装した**プレゼントが机の上にあります。 |
| 문제를 잘 읽고 풀어야 합니다.<br>問題をよく読んで**解かなければなりません。** | 긴장을 풀고 심호흡을 하십시오.<br>緊張を**ほぐして**深呼吸をしてください。 |
| 오랫동안 서 있어서 무척 피곤합니다.<br>長い間立っていたのでとても**疲れています。** | 피곤하면 일찍 쉬세요.<br>**疲れていれば**早く休んでください。 |
| 저기에 핀 노란 꽃의 이름이 뭐예요?<br>あちらに**咲いてる黄色い花**の名前はなんですか。 | 공원에는 여러 가지 꽃이 피어 있습니다.<br>公園には色々な**花が咲いています。** |
| 학생들은 할인을 받을 수 있습니다.<br>学生たちは**割引を受けられます。** | 이 원피스는 몇 %(퍼센트) 할인이에요?<br>このワンピースは**何%割引**ですか。 |
| 해가 높이 떴습니다.<br>日が高く**昇りました。** | 해는 서쪽으로 집니다.<br>**太陽は**西に**沈みます。** |
| 공연 중에는 휴대 전화를 꺼 주십시오.<br>公演中には**携帯電話を消して**ください。 | 휴대 전화가 고장나서 수리를 했습니다.<br>**携帯電話が壊れて**修理をしました。 |
| 가끔 친구에게 편지를 보냅니다.<br>**たまに**友達に**手紙を送ります。** | 시간이 있을 때는 가끔 산책을 합니다.<br>時間がある時は**たまに散歩をします。** |
| 반 친구들이 거의 참가할 것 같아요.<br>クラスメートが**ほとんど参加する**ようです。 | 그 책은 거의 다 읽었어요.<br>その本は**ほとんど全部**読みました。 |
| 누가 발표하기로 결정했어요?<br>誰が発表**することに決定しました**か。 | 이 문제는 제가 결정할 수 없어요.<br>この問題は私が**決められる**ことではありません。 |

□ 질문하다　　□ 철　　　　□ 촬영하다　　□ 타다　　　　□ 퇴근하다

143

---

**541** ☐☐☐☐☐
**경기장**

名 競技場

❖ 축구[야구] 경기장: サッカー[野球]場
関 (운동)경기: (運動)競技

---

**542** ☐☐☐☐☐
**공**

名 ボール

❖ 공을 차다[던지다/치다]: ボールを蹴る[投げる/打つ]
❖ 축구공: サッカーボール ❖ 야구공: 野球ボール

---

**543** ☐☐☐☐☐
**국제**
[국쩨]

名 国際

関 국내외: 国内外 類 해외: 海外
反 국내: 国内

---

**544** ☐☐☐☐☐
**그냥**

副 ただ, 理由もなく

類 그저: ただ/그대로: そのまま

---

**545** ☐☐☐☐☐
**그릇**

名 器

❖ 그릇에 담다: 器に盛る ❖ 그릇을 씻다: 器を洗う
関 접시: 皿/컵: コップ 類 식기: 食器

---

**546** ☐☐☐☐☐
**그만**

副 もう, それくらいで 動 그만하다: やめる

強 이제 그만 関 그만 두다: やめる
類 중지: 中止 反 계속: 続けて

---

**547** ☐☐☐☐☐
**깎다**
[깍따]

動 削る, 剥く, 値引きする〔깎는/깎아서〕

❖ 연필을 깎다: 鉛筆を削る ❖ 과일을 깎다: 果物を剥く
❖ 깎아 먹다: 剥いて食べる

---

**548** ☐☐☐☐☐
**깜짝**

副 びっくり

❖ 깜짝 놀라다: びっくりする
❖ 깜짝 파티: サプライズパーティ

---

**549** ☐☐☐☐☐
**꺼내다**

動 取り出す〔꺼내는/꺼내서〕

❖ 말을 꺼내다: 話を切り出す
類 내놓다: 出しておく 反 넣다: 入れる

---

**550** ☐☐☐☐☐
**끝**

名 終わり, 最後

関 끝내다: 終える/끝나다: 終わる
類 마지막: 終わり 反 시작: 最初

---

暗記度チェック ☐ 포장하다 ☐ 풀다 ☐ 피곤하다 ☐ 피다 ☐ 할인

144

| | |
|---|---|
| 경기장 앞에서 기다리고 있습니다.<br>競技場の前で待っています。 | 새로운 축구 경기장이 생겼습니다.<br>新しいサッカー場が出来ました。 |
| 아이들이 공을 차면서 놀고 있어요.<br>子どもたちがボールを蹴って遊んでいます。 | 공이 날아 왔어요.<br>ボールが飛んできました。 |
| 이 소포를 국제 우편으로 보내 주십시오.<br>この小包みを国際郵便で送ってください。 | 국제 전화 요금이 생각보다 많이 나왔어요.<br>国際電話料金が思ったより多くかかりました。 |
| 그냥 아는 사람이에요.<br>ただの知り合いです。 | 요즘은 그냥 눈물이 나요.<br>このごろは理由もなく涙が出ます。 |
| 흰색 그릇에 음식을 담아 주세요.<br>白い器に料理を盛ってください。 | 예쁜 그릇이 많네요.<br>かわいい食器が多いですね。 |
| 이제 그만 이야기하고 잡시다.<br>もうお話はやめて寝ましょう。 | 쉬는 시간도 끝났으니까 그만 정리하세요.<br>休憩時間も終わったからもう片付けてください。 |
| 좀 깎아 주세요.<br>ちょっと値引きしてください。 | 사과를 깎아서 드세요.<br>リンゴを剥いて召し上がってください。 |
| 갑자기 큰 소리가 나서 깜짝 놀랐습니다.<br>急に大声がしたのでびっくりしました。 | 깜짝 놀랄 이야기가 있어요.<br>びっくりする話があります。 |
| 가방에서 책을 꺼내세요.<br>カバンから本を取り出してください。 | 힘들게 말을 꺼내기 시작했어요.<br>やっと話を切り出し始めました。 |
| 그 소설은 끝이 이상해요.<br>その小説は最後がおかしいです。 | 제 이야기를 끝까지 들으세요.<br>私の話を最後まで聞いてください。 |

| □ 해 | □ 휴대 전화 | □ 가끔 | □ 거의 | □ 결정하다 |
|---|---|---|---|---|

| 501 ( | ) 翻訳 | 526 ( | ) 質問する |
|---|---|---|---|
| 502 ( | ) 持ち上げる | 527 ( | ) 旬，時期 |
| 503 ( | ) 貼る，付ける | 528 ( | ) 撮影する |
| 504 ( | ) タオル | 529 ( | ) 乗る |
| 505 ( | ) スプーン | 530 ( | ) 退勤する |
| 506 ( | ) 習慣 | 531 ( | ) 包装する |
| 507 ( | ) うるさい | 532 ( | ) 解く |
| 508 ( | ) ひどい | 533 ( | ) 疲れている |
| 509 ( | ) 子ども | 534 ( | ) 咲く |
| 510 ( | ) 似合う | 535 ( | ) 割引 |
| 511 ( | ) あちこち | 536 ( | ) 日，太陽 |
| 512 ( | ) 長い間 | 537 ( | ) 携帯電話 |
| 513 ( | ) 上がる，登る | 538 ( | ) たまに |
| 514 ( | ) 上がってくる | 539 ( | ) ほとんど |
| 515 ( | ) 鳴る | 540 ( | ) 決定する |
| 516 ( | ) 動く | 541 ( | ) 競技場 |
| 517 ( | ) ガラス | 542 ( | ) ボール |
| 518 ( | ) 流行 | 543 ( | ) 国際 |
| 519 ( | ) 失う | 544 ( | ) 理由もなく |
| 520 ( | ) 切る | 545 ( | ) 器 |
| 521 ( | ) おもしろくない | 546 ( | ) それくらいで |
| 522 ( | ) 情報 | 547 ( | ) 削る，剥く |
| 523 ( | ) 題名，タイトル | 548 ( | ) びっくり |
| 524 ( | ) 主に | 549 ( | ) 取り出す |
| 525 ( | ) 地図 | 550 ( | ) 終わり，最後 |

## 敬語

| いる | 있다 | ⇨ | いらっしゃる | 계시다 / 있으시다 |
|---|---|---|---|---|
| いない | 없다 | ⇨ | いらっしゃらない | 안 계시다 / 없으시다 |
| あげる | 주다 | ⇨ | 差し上げる／くださる | 드리다 / 주시다 |
| 言葉 | 말 | ⇨ | お言葉 | 말씀 |
| 家 | 집 | ⇨ | 宅 | 댁 |
| 会う | 만나다 / 보다 | ⇨ | お目にかかる | 뵙다 |
| 誕生日 | 생일 | ⇨ | お誕生日 | 생신 |
| 食べる | 먹다 | ⇨ | 召し上がる | 드시다 / 잡수시다 |
| 連れていく | 데리고 가다 | ⇨ | お供する | 모시고 가다 |
| 寝る | 자다 | ⇨ | お休みになる | 주무시다 |

## 指示代名詞・人称代名詞

| この | 이 | その | 그 | あの | 저 |
|---|---|---|---|---|---|
| これ | 이것 / 이거 | それ | 그것 / 그거 | あれ | 저것 / 저거 |
| ここ | 이곳 / 여기 | そこ | 그곳 / 거기 | あそこ | 저곳 / 거기 |
| この方 | 이분 | その方 | 그분 | あの方 | 저분 |
| この人 | 이 사람 | その人 | 그 사람 | あの人 | 저 사람 |
| こちら | 이쪽 | そちら | 그쪽 | あちら | 저쪽 |
| こんな | 이런 | そんな | 그런 | あんな | 저런 |
| これは | 이건 | それは | 그건 | あれは | 저건 |
| このように | 이렇게 | そのように | 그렇게 | あのように | 저렇게 |
| こうだ | 이렇다 | そうだ | 그렇다 | ああだ | 저렇다 |
| この日 | 이날 | その日／あの日 | 그날 | | |
| 今回 | 이번 | | | 前回 | 저번 / 지난번 |

---

**551** ☐☐☐☐☐
## 낚시
[낙씨]

名 釣り　動 낚시하다: 釣る

❖ 낚싯대: 釣竿　❖ 낚시터: 釣り場　❖ 낚시꾼: 釣り人

---

**552** ☐☐☐☐☐
## 내다

動 出す〔내는/내서〕

❖ 사고를 내다: 事故を起こす　❖ 한턱 내다: おごる
類 제출하다: 提出する　反 넣다: 入れる

---

**553** ☐☐☐☐☐
## 내려오다

動 下[降]りてくる〔내려오는/내려와서〕

反 내려가다: 下りていく／올라오다: 上がってくる

---

**554** ☐☐☐☐☐
## 넘어지다
[너머지다]

動 転ぶ〔넘어지는/넘어져서〕

❖ 계단에서 넘어지다: 階段で転ぶ
❖ 뒤로 넘어지다: 後ろに転ぶ　類 쓰러지다: 倒れる

---

**555** ☐☐☐☐☐
## 누르다

動 押す〔누르는/눌러서〕 르変

❖ 카메라 셔터를 누르다: カメラのシャッターを押す
❖ 버튼을 누르다: ボタンを押す

---

**556** ☐☐☐☐☐
## 늘

副 いつも

類 항상, 언제나: いつも
反 가끔: たまに

---

**557** ☐☐☐☐☐
## 능력
[능녁]

名 能力

❖ 능력이 있다[없다]: 能力がある[ない]
❖ 능력을 기르다: 能力を育てる

---

**558** ☐☐☐☐☐
## 다치다

動 怪我する〔다치는/다쳐서〕

❖ 넘어져서 다치다: 転んで怪我する
類 상처가 나다: 傷がつく

---

**559** ☐☐☐☐☐
## 달리다

動 走る〔달리는/달려서〕　名 달리기: かけっこ

関 이어달리기: リレー
類 뛰다: 走る, ジャンプする

---

**560** ☐☐☐☐☐
## 대답하다
[대:다파다]

動 答える〔대답하는/대답해서〕　名 대답: 答え

類 답하다: 答える
反 질문하다: 質問する／묻다: 尋ねる

---

暗記度チェック　☐ 경기장　☐ 공　☐ 국제　☐ 그냥　☐ 그릇

| | |
|---|---|
| 아버지는 매주 낚시를 해요.<br>父は**毎週釣り**をします。 | 남편의 취미는 낚시입니다.<br>夫の**趣味は釣り**です。 |
| 오늘 식사는 제가 한턱 내겠습니다.<br>今日の食事は**私がおごります**。 | 사고를 낸 사람이 누구예요?<br>**事故を起こした人**は誰ですか。 |
| 빨리 내려오세요.<br>早く**降りてきてください**。 | 산에서 내려올 때 만난 사람은 없었어요.<br>**山から下りてくる時**会った人はいませんでした。 |
| 계단에서 넘어졌어요.<br>**階段で転びました**。 | 길에서 넘어져서 팔을 다쳤어요.<br>**道端で転んで腕を怪我しました**。 |
| 내리실 분은 벨을 누르십시오.<br>お降りの方は**ベルを押してください**。 | 비밀번호를 누르시면 됩니다.<br>**暗号番号を押せば**いいです。 |
| 어머니는 늘 아이들을 걱정합니다.<br>お母さんは**いつも子どもたちを心配しています**。 | 그 비서는 늘 까만색 블라우스만 입어요.<br>その秘書は**いつも黒のブラウスばかり着ます**。 |
| 한국어 능력 시험이 바뀌었습니다.<br>**韓国語能力試験**が変わりました。 | 능력이 있는 부하입니다.<br>**能力のある**部下です。 |
| 친구가 축구 시합에서 다쳤어요.<br>友達がサッカーの**試合で怪我しました**。 | 사고로 머리를 다쳐서 걱정입니다.<br>事故で**頭を怪我したので**心配です。 |
| 수업에 늦어서 역에서부터 달려서 왔어요.<br>授業に遅れて駅から**走ってきました**。 | 운동회에서 달리기가 제일 재미있어요.<br>運動会で**かけっこ**が一番おもしろいです。 |
| 묻는 말에 대답하세요.<br>問いに**答えてください**。 | 선생님 질문에 대답하지 못했어요.<br>先生の**質問に答えられませんでした**。 |

□ 그만　　□ 깎다　　□ 깜짝　　□ 꺼내다　　□ 끝

149

---

**561** ☐☐☐☐☐
**대부분**

名 副 **大部分，ほとんど**

類 대체로, 대개: 大体／거의: ほとんど

---

**562** ☐☐☐☐☐
**대신**

名 **代わり，** 副 **代わって**

❖ 대신에: 代わりに
反 직접: 直接

---

**563** ☐☐☐☐☐
**대화**

名 **対話，会話** 動 대화하다: 会話する

❖ 대화를 나누다: 会話を交わす
類 이야기: 話 反 혼잣말: 独り言

---

**564** ☐☐☐☐☐
**도로**

名 **道路**

❖ 도로가 복잡하다[막히다]: 道路が混んでいる[渋滞する]
❖ 고속도로: 高速道路 関 길: 道／거리: 通り

---

**565** ☐☐☐☐☐
**떠들다**

動 **騒ぐ，うるさくする** 〔떠드는/떠들어서〕 ㄹ語幹

類 시끄럽다: うるさい
反 조용히 하다: 静かにする

---

**566** ☐☐☐☐☐
**떨어지다**
[떠러지다]

動 **落ちる，下がる** 〔떨어지는/떨어져서〕

❖ 기온[성적]이 떨어지다: 気温[成績]が下がる
類 내리다: 降りる, 下がる 反 오르다: 上がる

---

**567** ☐☐☐☐☐
**똑같다**
[똑깓따]

形 **まったく同じだ** 〔똑같은/똑같아서〕 副 똑같이: ちょうど同じく

❖ 점수가 똑같다: 点数がまったく同じだ
類 같다: 同じだ／일치하다: 一致する 反 다르다: 違う

---

**568** ☐☐☐☐☐
**뜨겁다**
[뜨겁따]

形 **熱い** 〔뜨거운/뜨거워서〕 ㅂ変

❖ 뜨거운 물: お湯, 熱湯
反 차다, 차갑다: 冷たい

---

**569** ☐☐☐☐☐
**맛없다**
[마덥따]

形 **おいしくない，まずい** 〔맛없는/맛없어서〕

❖ 맛없는 음식: まずい食べ物
反 맛있다: おいしい

---

**570** ☐☐☐☐☐
**목소리**
[목쏘리]

名 **声**

❖ 목소리가 크다[작다]: 声が大きい[小さい]
類 소리: 音, 声

---

暗記度
チェック ☐ 낚시 ☐ 내다 ☐ 내려오다 ☐ 넘어지다 ☐ 누르다

너무 배불러서 음식을 대부분 남겼어요.
お腹いっぱいすぎて食べ物を**ほとんど残しました**。

설날에는 대부분의 사람들이 고향에 가요.
お正月には**大部分の人たち**が故郷に帰ります。

아버지 대신에 제가 왔습니다.
父の**代わりに**私が来ました。

제 대신 설명해 주세요.
**私に代わって**説明してください。

다음 대화를 잘 들으십시오.
次の**対話**をよく聞いてください。

두 분은 조용히 대화를 나누고 계십니다.
お二方は静かに**対話を交わして**いらっしゃいます。

자전거 전용 도로는 안전합니다.
**自転車専用道路**は安全です。

주말이라서 고속 도로에 차가 많아요.
週末なので**高速道路**に車が多いです。

도서관에서 떠드는 사람이 많네요.
図書館で**騒ぐ人**が多いですね。

시험 중에는 떠들면 안 됩니다.
試験中には**うるさくしてはいけません**。

오늘 아침 기온이 뚝 떨어졌습니다.
今朝, **気温がぐんと下がりました**。

성적이 떨어져서 걱정입니다.
**成績が落ちて**心配です。

두 선수의 점수가 똑같습니다.
両選手の**点数がまったく同じです**。

여동생이 똑같은 바지를 사 왔습니다.
妹が**まったく同じ**ズボンを買ってきました。

그릇이 뜨거우니까 조심하세요.
**器が熱いから**気を付けてください。

컵라면에 뜨거운 물을 넣으세요.
カップラーメンに**熱湯**を入れてください。

이 김치는 맛없어요.
このキムチは**おいしくないです**。

맛은 없겠지만 한번 드셔 보세요.
**お口に合うかわかりませんが**どうぞお召し上がりください。

아침부터 목소리가 안 나옵니다.
朝から**声が出ません**。

사장님은 목소리가 큽니다.
社長は**声が大きいです**。

| □ 늘 | □ 능력 | □ 다치다 | □ 달리다 | □ 대답하다 |

---

**571** □□□□□
## 목적
[목쩍]

名 **目的**

❖ 목적을 이루다: 目的を成し遂げる
❖ 목적지: 目的地　類 목표: 目標

---

**572** □□□□□
## 무섭다
[무섭따]

形 **怖い**〔무서운/무서워서〕 ㅂ変

❖ 무서운 영화: 怖い映画
類 겁나다: 恐ろしい

---

**573** □□□□□
## 문

名 **門, ドア**

❖ 문을 열다[닫다]: 店を開ける[閉める]
関 창문: 窓　類 도어: ドア

---

**574** □□□□□
## 문구점

名 **文具店**

関 문구류: 文具類
類 문방구: 文房具屋

---

**575** □□□□□
## 발표하다

動 **発表する**〔발표하는/발표해서〕　名 발표: 発表

関 발표자: 発表者／발표회: 発表会／공식 발표: 公式発表

---

**576** □□□□□
## 벌다

動 **稼ぐ**〔버는/벌어서〕 ㄹ語幹

❖ 돈[시간]을 벌다: お金[時間]を稼ぐ

---

**577** □□□□□
## 봉투

名 **封筒**

❖ 봉투에 넣다: 封筒に入れる
類 봉지: 袋

---

**578** □□□□□
## 부엌
[부억]

名 **台所**

関 거실: 居間, リビング
類 주방: 厨房

---

**579** □□□□□
## 분위기
[부뉘기]

名 **雰囲気**

❖ 분위기가 좋다[나쁘다]: 雰囲気がいい[悪い]

---

**580** □□□□□
## 비

名 **雨**

❖ 비가 오다[내리다]: 雨が降る　❖ 비가 그치다: 雨が止む
関 이슬비: 霧雨／장맛비: 五月雨, 梅雨(の雨)

---

暗記度
チェック　□ 대부분　　□ 대신　　　□ 대화　　　□ 도로　　　□ 떠들다

---

이번 여행의 목적이 뭐예요?
今度の**旅行の目的**は何ですか。

어떤 목적으로 이 글을 썼습니까?
どんな**目的**でこの文を書きましたか。

---

혼자 집에 있으면 무섭습니다.
ひとりで家にいると**怖いです**。

무서운 영화를 좋아합니다.
**怖い映画**が好きです。

---

창문을 열어서 환기를 시켰어요.
**窓を開けて**換気をしました。

그 가게는 일찍 문을 엽니다.
その店は早く**オープンします**。

---

문구점에는 여러 가지 물건이 있습니다.
**文具店には**いろいろなものがあります。

학교 앞에 큰 문구점이 있습니다.
学校の前に**大きな文具店**があります。

---

다음 주에는 제가 발표해야 합니다.
来週は私が**発表しなければなりません**。

발표를 위해서 준비하고 있습니다.
**発表のために**準備しています。

---

돈을 많이 벌면 뭐 할 거예요?
**お金を**たくさん**稼いだ**ら何をしますか。

부부가 같이 벌어요.
夫婦**共稼ぎ**です。

---

서류를 봉투에 넣어 주십시오.
書類を**封筒に入れて**ください。

큰 봉투가 필요합니다.
**大きい封筒**が必要です。

---

현관문을 열면 바로 부엌이 보입니다.
玄関を開けるとすぐ**台所が見えます**。

다 마음에 드는데 부엌이 너무 좁습니다.
全部気に入ってるけど**台所が狭すぎ**です。

---

그 카페의 분위기는 따뜻합니다.
そのカフェの**雰囲気は温かいです**。

분위기 좋은 곳에서 데이트하고 싶어요.
**雰囲気のいい**所でデートしたいです。

---

오늘은 아침부터 비가 많이 옵니다.
今日は朝から**雨が**たくさん**降ります**。

비 오는 날을 아주 좋아합니다.
**雨の降る日**が大好きです。

---

□ 떨어지다   □ 똑같다   □ 뜨겁다   □ 맛없다   □ 목소리

---

581 □□□□□
**비누**

图 石けん

❖ 물비누: 水石けん　❖ 빨랫비누: 洗濯石けん
関 비누 거품: 石けんの泡／비눗방울: シャボン玉

---

582 □□□□□
**서다**

動 立つ〔서는/서서〕

❖ 서 있다: 立っている
類 일어서다: 立ち上がる　反 앉다: 座る

---

583 □□□□□
**선배**

图 先輩

❖ 인생 선배: 人生の先輩
関 선후배: 先輩後輩　反 후배: 後輩

---

584 □□□□□
**선수**

图 選手, アスリート

❖ 축구[야구] 선수: サッカー[野球]選手
❖ 대표 선수: 代表選手　❖ 선수 생활: 選手生活

---

585 □□□□□
**설거지**

图 食器洗い, 後片付け　動 설거지하다: 後片付けする

関 청소: 掃除／세탁, 빨래: 洗濯／요리: 料理

---

586 □□□□□
**소리**

图 音, 声

❖ 소리를 내다: 音を出す　❖ 소리가 나다: 音がする
関 새 소리: 鳥の鳴き声　類 목소리: 声

---

587 □□□□□
**손님**

图 お客様

❖ 단골 손님: 常連客
❖ 손님을 초대하다: お客を招待する

---

588 □□□□□
**시계**

图 時計

❖ 손목 시계: 腕時計　❖ 벽시계: 掛時計
❖ 시계를 차다: 時計を着ける

---

589 □□□□□
**시민**

图 市民

関 도민: 都民, 道民／구민: 区民／국민: 国民／군민: 郡民／
　현민: 県民

---

590 □□□□□
**식탁**

图 食卓

関 밥상: 食膳
類 테이블: テーブル

---

暗記度
チェック　□ 목적　　□ 무섭다　　□ 문　　　□ 문구점　　□ 발표하다

| | |
|---|---|
| 아이들과 동물 모양의 비누를 만들었어요.<br>子どもたちと動物模様の**石けんを作りました**。 | 비누로 손을 깨끗이 씻으세요.<br>**石けんで**手をきれいに**洗ってください**。 |
| 선생님이 교실 앞에 서 있습니다.<br>先生が教室の**前に立っています**。 | 하루 종일 서서 일했습니다.<br>一日中**立って**働きました。 |
| 선배와 후배들은 사이가 좋습니다.<br>**先輩と後輩**たちは仲がいいです。 | 과장님은 학교 선배입니다.<br>課長は**学校の先輩**です。 |
| 어릴 때 축구 선수가 되고 싶었습니다.<br>幼い時**サッカー選手**になりたかったです。 | 아이들이 선수들에게 꽃다발을 줍니다.<br>子どもたちが**選手たち**に花束をあげます。 |
| 이번 주는 제가 설거지 담당입니다.<br>今週は私が**後片付け担当**です。 | 저는 설거지를 한 후에 차를 마십니다.<br>私は**後片付けをした後**にお茶を飲みます。 |
| 식사할 때 소리를 내지 마십시오.<br>食事する時**音を出さないでください**。 | 밖에서 무슨 소리가 났습니다.<br>外で何かの**音がしました**。 |
| 저분은 우리 집 단골 손님이십니다.<br>あの方はうちの**常連客**です。 | 집에 손님이 와서 청소를 해야 해요.<br>家に**お客様が来る**ので掃除をしなければなりません。 |
| 시계를 벽에 거세요.<br>**時計を**壁に**かけてください**。 | 대학 입학 선물로 시계를 받았습니다.<br>大学入学のプレゼントで**時計をもらいました**。 |
| 2시에 시민 회관에서 설명회가 있습니다.<br>２時に**市民会館で**説明会があります。 | 응원하기 위해 시민들이 모였습니다.<br>応援するために**市民が集まりました**。 |
| 식사를 하려고 식탁에 앉았습니다.<br>食事をしようと**食卓に座りました**。 | 고양이가 식탁 위로 올라갔습니다.<br>猫が**食卓の上**にあがりました。 |

☐ 벌다　　☐ 봉투　　☐ 부엌　　☐ 분위기　　☐ 비

155

---

591 ☐☐☐☐☐
**신청하다**

動 申し込む，申請する〔신청하는/신청해서〕　名 신청: 申請

関 신청자: 申請者／신청 기간: 申請期間／신청서: 申込書

---

592 ☐☐☐☐☐
**세다**

形 強い〔센/세서〕

❖ 힘[바람]이 세다: 力[風]が強い
類 강하다: 強い　反 약하다: 弱い

---

593 ☐☐☐☐☐
**쓰다**

動 使う，書く〔쓰는/써서〕 **으変**

❖ 돈을 쓰다: お金を使う　❖ 일기를 쓰다: 日記を書く
類 적다: 書く／사용하다: 使用する

---

594 ☐☐☐☐☐
**씹다**
[씹따]

動 噛む〔씹는/씹어서〕

❖ 껌을 씹다: ガムを噛む
❖ 잘 씹어서 먹다: よく噛んで食べる

---

595 ☐☐☐☐☐
**차다**

形 冷たい〔찬/차서〕

❖ 찬 물: お冷
類 차갑다: 冷たい　反 뜨겁다: 熱い

---

596 ☐☐☐☐☐
**약간**
[약깐]

副 若干，少し

類 조금: 少し／좀: ちょっと
反 아주: とても／매우: ものすごく

---

597 ☐☐☐☐☐
**양말**

名 靴下

❖ 양말을 신다[벗다]: 靴下を履く[脱ぐ]
❖ 양말 한 켤레: 靴下一足　関 스타킹: ストッキング

---

598 ☐☐☐☐☐
**연락**
[열락]

名 連絡　動 연락하다: 連絡する

❖ 연락처: 連絡先　❖ 연락이 있다[없다]: 連絡がある[ない]
関 주소: 住所／전화번호: 電話番号

---

599 ☐☐☐☐☐
**연휴**

名 連休

❖ 연휴를 보내다: 連休を過ごす
❖ 황금 연휴: ゴールデンウイーク　関 휴가: 休暇

---

600 ☐☐☐☐☐
**열리다**

動 開かれる，開く〔열리는/열려서〕

❖ 행사가 열리다: 行事が開かれる
反 닫히다: 閉まる，閉じる

---

暗記度チェック ☐ 비누　☐ 서다　☐ 선배　☐ 선수　☐ 설거지

156

신청할 때에는 이름을 꼭 쓰십시오.
**申し込む時**は名前を必ず書いてください。

수업 신청서를 내러 왔습니다.
**授業の申請書**を出しに来ました。

술이 세서 많이 마실 수 있습니다.
**お酒に強いので**たくさん飲めます。

마사지를 좀 더 세게 해 주세요.
マッサージを**もう少し強く**してください。

휴가 때 돈을 너무 많이 썼어요.
休暇の時に**お金を使いすぎました**。

일기를 써서 선생님께 보여 드렸습니다.
**日記を書いて**先生にお見せしました。

수업 중에 껌을 씹지 마십시오.
授業中に**ガムを噛まないでください**。

음식을 잘 씹어서 먹어야 합니다.
**食べ物をよく噛んで**食べなければなりません。

찬 물 말고 따뜻한 물을 주세요.
**お冷ではなくお湯を**ください。

밖은 공기가 차니까 마스크를 하세요.
外は空気が**冷たいから**マスクをしてください。

초급자에게는 약간 어려울 것 같아요.
初級者には**若干難し**そうです。

약간 시간이 걸립니다.
**少し**時間が**かかります**。

양말에 구멍이 났습니다.
**靴下に穴が**空きました。

저는 잘 때도 양말을 신고 잡니다.
私は寝る時も**靴下を履いて**寝ます。

아직 연락이 없습니다.
まだ**連絡がありません**。

그 사람 연락처를 아무도 몰랐어요.
その人の**連絡先**を誰も知りませんでした。

오늘부터 다음 주 화요일까지 연휴입니다.
今日から来週**火曜日**まで**連休**です。

연휴에는 집에서 푹 쉬기로 했습니다.
**連休**は家でゆっくり休むことにしました。

도쿄돔에서 콘서트가 열릴 예정입니다.
東京ドームでコンサートが**開かれる予定**です。

이 문은 자동으로 열립니다.
このドアは**自動で開きます**。

□ 소리　　□ 손님　　□ 시계　　□ 시민　　□ 식탁

| 551 ( | ) 釣り | 576 ( | ) 稼ぐ |
|---|---|---|---|
| 552 ( | ) 出す | 577 ( | ) 封筒 |
| 553 ( | ) 下りてくる | 578 ( | ) 台所 |
| 554 ( | ) 転ぶ | 579 ( | ) 雰囲気 |
| 555 ( | ) 押す | 580 ( | ) 雨 |
| 556 ( | ) いつも | 581 ( | ) 石けん |
| 557 ( | ) 能力 | 582 ( | ) 立つ |
| 558 ( | ) 怪我する | 583 ( | ) 先輩 |
| 559 ( | ) 走る | 584 ( | ) 選手 |
| 560 ( | ) 答える | 585 ( | ) 食器洗い |
| 561 ( | ) 大部分 | 586 ( | ) 音，声 |
| 562 ( | ) 代わり | 587 ( | ) お客様 |
| 563 ( | ) 対話，会話 | 588 ( | ) 時計 |
| 564 ( | ) 道路 | 589 ( | ) 市民 |
| 565 ( | ) 騒ぐ | 590 ( | ) 食卓 |
| 566 ( | ) 落ちる，下がる | 591 ( | ) 申し込む |
| 567 ( | ) まったく同じだ | 592 ( | ) 強い |
| 568 ( | ) 熱い | 593 ( | ) 使う，書く |
| 569 ( | ) おいしくない | 594 ( | ) 噛む |
| 570 ( | ) 声 | 595 ( | ) 冷たい |
| 571 ( | ) 目的 | 596 ( | ) 若干 |
| 572 ( | ) 怖い | 597 ( | ) 靴下 |
| 573 ( | ) 門，ドア | 598 ( | ) 連絡 |
| 574 ( | ) 文具店 | 599 ( | ) 連休 |
| 575 ( | ) 発表する | 600 ( | ) 開かれる，開く |

| 韓国 | 한국 | 韓国語 | 한국어 | 韓国人 | 한국 사람<br>한국인 |
|---|---|---|---|---|---|
| 日本 | 일본 | 日本語 | 일본어<br>일어 | 日本人 | 일본 사람<br>일본인 |
| 中国 | 중국 | 中国語 | 중국어<br>중어 | 中国人 | 중국 사람<br>중국인 |
| タイ | 태국 | タイ語 | 태국어 | タイ人 | 태국 사람<br>태국인 |
| イギリス | 영국 | 英語 | 영어 | イギリス人 | 영국 사람<br>영국인 |
| アメリカ | 미국 | | | アメリカ人 | 미국 사람<br>미국인 |
| オーストラリア | 호주 | | | オーストラリア人 | 호주 사람<br>호주인 |
| カナダ | 캐나다 | | | カナダ人 | 캐나다 사람<br>캐나다인 |
| フランス | 프랑스 | フランス語 | 프랑스어<br>불어 | フランス人 | 프랑스 사람<br>프랑스인 |
| ドイツ | 독일 | ドイツ語 | 독일어<br>독어 | ドイツ人 | 독일 사람<br>독일인 |
| スペイン | 스페인 | スペイン語 | 스페인어 | スペイン人 | 스페인 사람<br>스페인인 |
| イタリア | 이탈리아 | イタリア語 | 이탈리아어 | イタリア人 | 이탈리아 사람<br>이탈리아인 |
| オランダ | 네덜란드 | オランダ語 | 네덜란드어 | オランダ人 | 네덜란드 사람<br>네덜란드인 |
| ロシア | 러시아 | ロシア語 | 러시아어 | ロシア人 | 러시아 사람<br>러시아인 |
| ブラジル | 브라질 | ポルトガル語 | 포르투갈어 | ブラジル人 | 브라질 사람<br>브라질인 |

---

601 □□□□□
**엽서**
[엽써]

名 ハガキ

❖ 엽서를 쓰다: ハガキを書く　❖ 그림 엽서: 絵ハガキ
関 편지: 手紙

---

602 □□□□□
**올려놓다**
[올려노타]

動 載せる, 置く〔올려놓는/올려놓아서〕

類 얹다: 載せる
反 내려놓다: 降ろす

---

603 □□□□□
**위험하다**

形 危ない, 危険だ〔위험한/위험해서〕　名 위험: 危険

❖ 위험한 곳: 危険な所
反 안전하다: 安全だ

---

604 □□□□□
**입구**
[입꾸]

名 入口

❖ 입구가 좁다[넓다]: 入口が狭い[広い]　❖ 출입구: 出入口
反 출구: 出口

---

605 □□□□□
**입학**
[이팍]

名 入学　動 입학하다: 入学する

❖ 입학식: 入学式　❖ 입학생: 入学生
❖ 입학철: 入学シーズン　反 졸업: 卒業

---

606 □□□□□
**자료**

名 資料

❖ 자료를 구하다: 資料を手に入れる
❖ 자료 정리: 資料整理

---

607 □□□□□
**잘생기다**

形 かっこいい〔잘생긴/잘생겨서〕

❖ 잘생긴 사람[얼굴]: かっこいい人[顔]
類 멋있다: かっこいい　反 못생기다: 醜い, 不細工だ

---

608 □□□□□
**장마철**

名 梅雨(の時期)

❖ 장마철이 시작되다: 梅雨の時期が始まる
関 장마 전선: 梅雨前線　類 장마: 梅雨

---

609 □□□□□
**젓가락**
[저까락/젇까락]

名 箸

❖ 나무젓가락: 割り箸　❖ 쇠젓가락: 鉄の箸
関 숟가락: スプーン／수저: さじ(スプーン)と箸

---

610 □□□□□
**정리하다**
[정:니하다]

動 整理する, 片付ける〔정리하는/정리해서〕

❖ 책상 서랍을 정리하다: 机の引き出しを整理する
関 정리정돈: 整理整頓

---

暗記度チェック □ 신청하다　□ 세다　　□ 쓰다　　□ 씹다　　□ 차다

그림 엽서를 골랐습니다.
絵ハガキを選びました。

외국에 사는 친구에게 엽서를 보냈습니다.
外国に住む友人にハガキを送りました。

소포를 저울에 올려놓으십시오.
小包みを秤に載せてください。

의자 위에 올려놓은 가방이 없어졌어요.
椅子の上に置いておいたカバンがなくなりました。

술을 마시고 운전하면 위험합니다.
お酒を飲んで運転すると危ないです。

위험한 곳이니까 들어가지 마세요.
危険な場所だから入らないでください。

지하철역 입구에서 만나요.
地下鉄駅の入口で会いましょう。

공연장 입구를 모르겠습니다.
公演場の入口がわかりません。

한국은 3월에 입학을 해요.
韓国は3月に入学をします。

우리 아이가 봄에 초등학교에 입학했어요.
うちの子は春に小学校に入学しました。

이 자료는 어디에서 구했어요?
この資料はどこで手に入れましたか。

자료의 내용이 많지 않습니다.
資料の内容が多くありません。

남자 친구가 영화 배우처럼 잘생겼네요.
彼氏が映画俳優みたいにかっこいいですね。

잘생긴 사람보다 착한 사람이 좋아요.
かっこいい人より優しい人が好きです。

올해는 장마철이 늦게 시작됐습니다.
今年は梅雨が遅く始まりました。

장마철인데 비가 많이 안 옵니다.
梅雨時なのに雨があまり降りません。

일본에서는 젓가락으로 식사합니다.
日本ではお箸で食事します。

우리 아이는 젓가락을 잘 못 씁니다.
うちの子は箸がうまく使えません。

오전에 책상 서랍을 정리했어요.
午前に机の引き出しを片付けました。

내일까지 정리해 주십시오.
明日までに整理してください。

□ 약간　　　□ 양말　　　□ 연락　　　□ 연휴　　　□ 열리다

---

**611**  □□□□□
## 정하다

動 **決める** 〔정하는/정해서〕

❖ 약속을[순서를] 정하다: 約束を[順番を]決める
類 결정하다: 決定する

---

**612**  □□□□□
## 종이

名 **紙**

❖ 종이가 부족하다: 紙が足りない
❖ 종이 비행기: 紙飛行機　❖ 종이 접기: 折り紙

---

**613**  □□□□□
## 주부

名 **主婦**

❖ 가정[전업] 주부: 専業主婦

---

**614**  □□□□□
## 주차하다

動 **駐車する** 〔주차하는/주차해서〕　名 주차: 駐車

❖ 불법 주차하다: 不法駐車する
関 주차장: 駐車場

---

**615**  □□□□□
## 즐기다

動 **楽しむ** 〔즐기는/즐겨서〕　形 즐겁다: 楽しい

❖ 휴가[취미]를 즐기다: 休暇[趣味]を楽しむ

---

**616**  □□□□□
## 지하

名 **地下**

❖ 지하철: 地下鉄　❖ 지하도: 地下道
❖ 지하 1층: 地下1階　反 지상: 地上

---

**617**  □□□□□
## 착하다
[차카다]

形 **おとなしい，善良だ，やさしい** 〔착한/착해서〕

❖ 착한 마음: 優しい心
反 나쁘다: 悪い

---

**618**  □□□□□
## 찾아가다

動 **訪ねていく，探していく** 〔찾아가는/찾아가서〕

類 찾다: 訪ねる/방문하다: 訪問する
反 찾아오다: 訪ねてくる，探してくる

---

**619**  □□□□□
## 추다

動 **踊る** 〔추는/춰서〕　名 춤: 踊り

❖ 춤을 추다: 踊りを踊る

---

**620**  □□□□□
## 추억

名 **思い出，追憶**

❖ 추억을 만들다: 思い出を作る
❖ 추억으로 남다: 思い出に残る

---

暗記度チェック　□ 엽서　　□ 올려놓다　　□ 위험하다　　□ 입구　　□ 입학

164

다음 회식은 언제로 정했어요?
次の会食はいつに決めましたか。

약속 장소를 정해 주세요.
約束の場所を決めてください。

인쇄할 종이가 부족해요.
印刷する紙が足りません。

종이가 한 장도 없네요.
紙が一枚もありませんね。

주부는 자기 시간이 거의 없습니다.
主婦は自分の時間がほとんどありません。

우리 아파트에는 주부들의 모임이 있어요.
うちのマンションには主婦たちの集まりがあります。

여기에 주차하면 안 됩니다.
ここに駐車してはいけません。

제 대신 주차해 주시면 감사하겠습니다.
私の代わりに駐車してくださるとありがたいです。

오늘 파티를 즐기십시오.
今日のパーティを楽しんでください。

가족과 휴가를 즐기는 사람이 많아요.
家族と休暇を楽しむ人が多いです。

지하로 내려가면 화장실이 있습니다.
地下に下りていくとトイレがあります。

지하 주차장에서 만납시다.
地下駐車場で会いましょう。

산타는 착한 아이들에게 선물을 줍니다.
サンタはいい子にプレゼントをあげます。

그 사람은 착해서 거짓말을 못합니다.
その人は善良な人なのでウソをつけません。

지도만 있으면 찾아갈 수 있습니다.
地図さえあれば探していけます。

친구 집을 찾아갔어요.
友達の家を訪ねていきました。

춤은 잘 추지 못합니다.
ダンスはうまく踊れません。

춤을 잘 추는 사람이 부러워요.
踊りをうまく踊る人がうらやましいです。

이 사진에는 특별한 추억이 있습니다.
この写真には特別な思い出があります。

이번 기회에 멋진 추억을 만드세요.
この機会にすばらしい思い出を作ってください。

☐ 자료　　☐ 잘생기다　　☐ 장마철　　☐ 젓가락　　☐ 정리하다

頻出度 C

---

**621**
☐☐☐☐☐
**콧물**
[콘물]

名 **鼻水**

❖ 콧물이 나다[-을 흘리다]: 鼻水が出る[を垂らす]
関 코피: 鼻血／눈물: 涙

---

**622**
☐☐☐☐☐
**학기**
[학끼]

名 **学期**

❖ 가을 학기: 秋の学期　❖ 봄 학기: 春の学期
❖ 학기말 시험: 学期末試験

---

**623**
☐☐☐☐☐
**학생증**
[학생쯩]

名 **学生証**

関 신분증: 身分証／면허증: 免許証

---

**624**
☐☐☐☐☐
**환영하다**
[화녕하다]

動 **歓迎する**〔환영하는/환영해서〕 名 환영: 歓迎

関 환영 파티: 歓迎パーティ／환영식: 歓迎式

---

**625**
☐☐☐☐☐
**환자**

名 **患者**

❖ 입원 환자: 入院患者　❖ 암환자: がん患者
❖ 환자의 상태: 患者の状態

---

**626**
☐☐☐☐☐
**갈아입다**
[가라입따]

動 **着替える**〔갈아입는/갈아입어서〕

❖ 옷을 갈아입다: 服を着替える
❖ 잠옷으로 갈아입다: 寝巻に着替える

---

**627**
☐☐☐☐☐
**중요하다**

形 **重要だ, 大事だ**〔중요한/중요해서〕 名 중요: 重要

❖ 중요한 시험[면접]: 大事な試験[面接]

---

**628**
☐☐☐☐☐
**날다**

動 **飛ぶ**〔나는/날아서〕 ㄹ語幹

❖ 비행기가 날다: 飛行機が飛ぶ
関 날아오르다: 飛び上がる／날아가다: 飛んでいく

---

**629**
☐☐☐☐☐
**깨끗하다**
[깨끄타다]

形 **清潔だ, きれいだ**〔깨끗한/깨끗해서〕 副 깨끗이: きれいに

❖ 공기가 깨끗하다: 空気がきれいだ
反 더럽다: 汚い

---

**630**
☐☐☐☐☐
**닦다**
[닥따]

動 **拭く, 磨く**〔닦는/닦아서〕

❖ 바닥을 닦다: 床を拭く
❖ 이를 닦다: 歯を磨く

---

暗記度チェック ☐ 정하다　☐ 종이　☐ 주부　☐ 주차하다　☐ 즐기다

---

알레르기 때문에 콧물이 납니다.
アレルギーのせいで**鼻水が出ます**。

아이가 콧물을 흘리며 놀고 있어요.
子どもが**鼻水を垂らしながら**遊んでいます。

---

이번 주에 이번 학기가 다 끝납니다.
今週, **今学期**が全部終わります。

다음 학기도 신청했습니다.
**来学期**も申し込みました。

---

학생증을 잃어버렸습니다.
**学生証を失くしてしまいました**。

도서관에는 학생증이 없으면 못 들어가요.
図書館には**学生証がないと**入れません。

---

한국에 오신 것을 환영합니다.
韓国にいらしたことを**歓迎します**。

선수를 환영하는 사람들로 복잡했어요.
**選手を歓迎する**人々で混んでいました。

---

의사와 환자는 서로 믿어야 합니다.
**医者と患者**は互いに信じなければなりません。

환자의 상태가 안 좋습니다.
**患者の状態**がよくありません。

---

자기 전에 잠옷으로 갈아입어요.
寝る前に**寝巻に着替えます**。

갈아입을 옷 좀 주세요.
**着替える服**をください。

---

이 서류는 아주 중요합니다.
この**書類は**とても**重要です**。

오후에는 중요한 약속이 있습니다.
午後は**大事な約束**があります。

---

새처럼 하늘을 날고 싶습니다.
鳥のように**空を飛びたいです**。

비 때문에 새들도 날지 못하고 있습니다.
雨のせいで鳥たちも**飛べないでいます**。

---

방이 작지만 깨끗해서 마음에 들었어요.
部屋が**小さいけど清潔なので**気に入りました。

이 테이블을 깨끗하게 좀 치워 주세요.
このテーブルを**きれいに片づけて**ください。

---

자기 전에 이를 깨끗이 닦으세요.
寝る前に**歯を**きれいに**磨いて**ください。

가죽 제품은 잘 닦아서 보관해야 합니다.
革製品はよく**拭いて保管しなければなりません**。

---

□ 지하　　□ 착하다　　□ 찾아가다　　□ 추다　　□ 추억

167

---

631 ☐☐☐☐☐
### 따뜻하다
[따뜨타다]

形 **暖かい**〔따뜻한/따뜻해서〕

❖ 따뜻한 물: お湯　❖ 따뜻한 날씨: 暖かい天気
関 덥다: 暑い　反 선선하다: 涼しい

---

632 ☐☐☐☐☐
### 비슷하다
[비스타다]

形 **似ている**〔비슷한/비슷해서〕

❖ ~와/과[하고] 비슷하다: ～と似ている
類 닮다: 似ている

---

633 ☐☐☐☐☐
### 빠르다

形 **速い，早い**〔빠른/빨라서〕**르変**　副 빨리: 速く，早く

反 느리다: のろい，ゆっくりだ

---

634 ☐☐☐☐☐
### 세수

名 **洗顔**　動 세수하다: 顔を洗う

❖ 세숫비누: 洗顔石けん
関 세면(대): 洗面(台)　類 세안: 洗顔

---

635 ☐☐☐☐☐
### 안되다

形 **気の毒だ**〔안된/안돼서〕　動 **うまくいかない**〔안되는/안돼서〕

❖ 일이 안되다: 仕事がうまくいかない
❖ 공부가 안되다: 勉強ができない

---

636 ☐☐☐☐☐
### 안다
[안:따]

動 **抱く**〔안는/안아서〕

❖ 아이를 안다: 子どもを抱く

---

637 ☐☐☐☐☐
### 여권
[여꿘]

名 **旅券，パスポート**

❖ 여권 발급: パスポート発給
❖ 여권 신청: パスポート申請　類 패스포트: パスポート

---

638 ☐☐☐☐☐
### 열쇠
[열:쐬/열:쒜]

名 **鍵**

❖ 열쇠로 잠그다[열다]: 鍵をかける[開ける]
❖ 열쇠를 꽂다: 鍵を差し込む　類 키: キー

---

639 ☐☐☐☐☐
### 유명하다

形 **有名だ**〔유명한/유명해서〕

❖ 유명한 가게[사람]: 有名な店[人]
❖ ~(으)로 유명하다: ～で有名だ

---

640 ☐☐☐☐☐
### 적다
[적따]

動 **書く，書き記す**〔적는/적어서〕

❖ 이름[답]을 적다: 名前[答え]を書く
類 쓰다: 書く／メモする

---

**暗記度チェック**　☐ 콧물　☐ 학기　☐ 학생증　☐ 환영하다　☐ 환자

| | |
|---|---|
| 따뜻한 날씨가 계속 됩니다.<br>暖かい天気が続きます。 | 추우니까 따뜻하게 입고 나가세요.<br>寒いから暖かくして出かけてください。 |
| 성격이 비슷해서 사이가 좋은 것 같아요.<br>性格が似ているので仲がいいようです。 | 한국하고 일본은 문화가 비슷해요.<br>韓国と日本は文化が似ています。 |
| 버스보다는 지하철을 타는 게 빨라요.<br>バスよりは地下鉄に乗るのが早いです。 | 말이 너무 빨라서 잘 못 들었어요.<br>言葉が速すぎてうまく聞き取れませんでした。 |
| 아침에 일어나면 제일 먼저 세수를 해요.<br>朝起きると一番最初に洗顔をします。 | 너무 피곤해서 세수도 안 하고 잤어요.<br>疲れすぎて顔も洗わずに寝ました。 |
| 열심히 노력하는데 일이 잘 안되네요.<br>頑張って努力してるけど仕事がうまくいかないですね。 | 추운데 밖에서 일하는 게 참 안됐네요.<br>寒いのに外で仕事をするのが実に気の毒ですね。 |
| 울고 있는 아이를 안아 줬어요.<br>泣いている子どもを抱いてあげました。 | 인형을 안고 있는 아이를 찾습니다.<br>人形を抱いている子どもを探します。 |
| 여권을 만들고 싶은데 어디로 가면 돼요?<br>パスポートを作りたいのですがどこに行けばいいですか。 | 여권을 잃어버리면 대사관으로 연락하세요.<br>パスポートを失くしてしまったら大使館へご連絡ください。 |
| 외출할 때는 열쇠로 문을 잘 잠그세요.<br>外出する時は鍵をしっかりかけてください。 | 자동차 열쇠를 어디에 놓았어요?<br>車の鍵をどこに置きましたか。 |
| 후지산은 일본에서 제일 유명합니다.<br>富士山は日本で一番有名です。 | 여기는 전통 음식으로 유명한 가게예요.<br>ここは伝統料理で有名な店です。 |
| 중요한 일은 꼭 수첩에 적어 두세요.<br>重要な事は必ず手帳に書いておいてください。 | 전화번호를 적은 메모지를 잃어버렸어요.<br>電話番号を書いたメモを失くしてしまいました。 |

□ 갈아입다   □ 중요하다   □ 날다   □ 깨끗하다   □ 닦다

---

**641** ☐☐☐☐☐
## 지우다

動 消す〔지우는/지워서〕

❖ 화장을 지우다: 化粧を落とす
関 지우개: 消しゴム

---

**642** ☐☐☐☐☐
## -지 말다

補動 ～するのをやめる〔마는/말아서〕 **ㄹ語幹**

類 그만 두다: 止める／중지하다: 中止する

---

**643** ☐☐☐☐☐
## 음악

名 音楽

❖ 음악가: 音楽家／음악실: 音楽室
❖ 음악을 듣다[연주하다]: 音楽を聞く[演奏する]

---

**644** ☐☐☐☐☐
## 질

名 質

❖ 질이 좋다[나쁘다/떨어지다]: 質がいい[悪い／落ちる]
関 품질: 品質

---

**645** ☐☐☐☐☐
## 양

名 量

❖ 양이 많다[적다]: 量が多い[少ない]
❖ 분량: 分量　❖ 수량: 数量

---

**646** ☐☐☐☐☐
## 상담하다

動 相談する〔상담하는/상담해서〕 名 상담: 相談

関 고민 상담: 悩み相談／상담실: 相談室／상담원: 相談員

---

**647** ☐☐☐☐☐
## 감상

名 鑑賞 動 감상하다: 鑑賞する

❖ 음악[영화/그림] 감상: 音楽[映画／絵]鑑賞

---

**648** ☐☐☐☐☐
## 화면

名 画面

❖ 텔레비전 화면: テレビ画面　❖ 화면을 보다: 画面を見る
❖ 화면이 크다[예쁘다]: 画面が大きい[きれいだ]

---

**649** ☐☐☐☐☐
## 게시판

名 掲示板

❖ 게시판에 붙이다: 掲示板に貼る
類 안내판: 案内板／알림판: お知らせ

---

**650** ☐☐☐☐☐
## 튼튼하다

形 丈夫だ〔튼튼한/튼튼해서〕 副 튼튼히: 丈夫に

❖ 튼튼한 아이: 丈夫な子ども
反 약하다: 弱い

---

**暗記度チェック** ☐ 따뜻하다　☐ 비슷하다　☐ 빠르다　☐ 세수　☐ 안되다

| | |
|---|---|
| 칠판을 지워도 될까요?<br>**黒板を消しても**いいですか。 | 틀린 곳은 잘 지우고 다시 쓰십시오.<br>間違った所はちゃんと**消して**書き直してください。 |
| 오늘 할 일은 내일로 미루지 마세요.<br>今日やることは明日に**延ばさない**でください。 | 도착할 때까지 식사하지 말고 기다리세요.<br>到着するまで**食事せずに**待っていてください。 |
| 카페에서 옛날에 유행한 음악이 나왔어요.<br>カフェで昔**流行した音楽**が流れました。 | 좋아하는 음악가가 있어요?<br>**好きな音楽家**がいますか。 |
| 가격에 비해 질이 너무 안 좋네요.<br>価格に比べて**質が**あまり**よくありません**ね。 | 더 질 좋은 제품을 만들려고 노력해요.<br>より**質のよい製品**を作ろうと努力しています。 |
| 그 식당은 맛도 좋고 양도 많아요.<br>その食堂は味もよくて**量も多い**です。 | 식욕이 없어서 먹는 양이 줄었습니다.<br>食欲がなくて**食べる量**が減りました。 |
| 고민이 있으면 누구에게 상담하세요?<br>悩みがあれば**誰にご相談**なさいますか。 | 앞으로의 진로에 대해서 상담하고 싶어요.<br>これからの進路**について相談**したいです。 |
| 제 취미는 음악 감상이에요.<br>私の趣味は**音楽鑑賞**です。 | 영화를 본 감상에 대해서 이야기했어요.<br>**映画を見た感想**について話しました。 |
| 갑자기 화면이 안 나와요.<br>突然**画面が映らなく**なりました。 | 최신 휴대폰은 화면이 커서 보기 편해요.<br>最新の携帯は**画面が大きくて**見やすいです。 |
| 다음 주 시간표가 게시판에 붙어 있어요.<br>来週の時間割が**掲示板に貼って**あります。 | 자세한 내용은 게시판에 올리겠습니다.<br>詳しい内容は**掲示板に載せ**ます。 |
| 아이가 튼튼하게 컸으면 좋겠어요.<br>子どもが**丈夫に**成長してほしいです。 | 이 물건은 튼튼해서 잘 고장나지 않아요.<br>この品物は**丈夫なので**なかなか故障しません。 |

| □ 안다 | □ 여권 | □ 열쇠 | □ 유명하다 | □ 적다 |
|---|---|---|---|---|

QRコードの音声を聞き，韓国語を書いてみよう！

聞き取れなかったら，対応した見出し語番号の単語を再チェック。

78

| | |
|---|---|
| **601** ( ) ハガキ | **626** ( ) 着替える |
| **602** ( ) 載せる | **627** ( ) 重要だ |
| **603** ( ) 危ない | **628** ( ) 飛ぶ |
| **604** ( ) 入口 | **629** ( ) 清潔だ |
| **605** ( ) 入学 | **630** ( ) 拭く，磨く |
| **606** ( ) 資料 | **631** ( ) 暖かい |
| **607** ( ) かっこいい | **632** ( ) 似ている |
| **608** ( ) 梅雨の時期 | **633** ( ) 速い |
| **609** ( ) 箸 | **634** ( ) 洗顔 |
| **610** ( ) 整理する | **635** ( ) 気の毒だ |
| **611** ( ) 決める | **636** ( ) 抱く |
| **612** ( ) 紙 | **637** ( ) パスポート |
| **613** ( ) 主婦 | **638** ( ) 鍵 |
| **614** ( ) 駐車する | **639** ( ) 有名だ |
| **615** ( ) 楽しむ | **640** ( ) 書き記す |
| **616** ( ) 地下 | **641** ( ) 消す |
| **617** ( ) おとなしい | **642** ( ) ～するのをやめる |
| **618** ( ) 訪ねていく | **643** ( ) 音楽 |
| **619** ( ) 踊る | **644** ( ) 質 |
| **620** ( ) 思い出，追憶 | **645** ( ) 量 |
| **621** ( ) 鼻水 | **646** ( ) 相談する |
| **622** ( ) 学期 | **647** ( ) 鑑賞 |
| **623** ( ) 学生証 | **648** ( ) 画面 |
| **624** ( ) 歓迎する | **649** ( ) 掲示板 |
| **625** ( ) 患者 | **650** ( ) 丈夫だ |

## からだ

| 頭 |머리 | 首 | | 목 |
|---|---|---|---|---|
| 顔 | 얼굴 | 腕 | | 팔 |
| 目 | 눈 | 手 | | 손 |
| 鼻 | 코 | 胸 | | 가슴 |
| 口 | 입 | 腹 | | 배 |
| 歯 | 이 | 脚（股からつま先） | | 다리 |
| 耳 | 귀 | 足（足首から先） | | 발 |

## 病気に関する表現

| 風邪を引く | 감기에 걸리다 / 감기가 들다 |
|---|---|
| 鼻水が出る | 콧물이 나다 |
| 熱が出る | 열이 나다 |
| 咳が出る | 기침이 나다 |
| お腹を壊す | 배탈이 나다 |
| 腹が［喉が／頭が］痛い | 배가 [목이／머리가] 아프다 |

## 交通手段

| 車 | 차 | 汽車 | 기차 | 飛行機 | 비행기 |
|---|---|---|---|---|---|
| 自動車 | 자동차 | 電車 | 전철 | 自転車 | 자전거 |
| 地下鉄 | 지하철 | 船 | 배 | タクシー | 택시 |
| バス | 버스 | 高速バス | 고속버스 | 路面電車 | 전차 |
| バイク | 오토바이 | 新幹線 | 신칸선 | 遊覧船 | 유람선 |
| 空港バス／リムジンバス | | | 공항버스 / 리무진 버스 | | |
| ケーブルカー | | | 케이블카 | | |
| ロープウェー | | | 로프웨이 | | |
| モノレール | | | 모노레일 | | |

\* 韓国では電車一般を指すときは 지하철 を用います。漢字語で，日本語の「電車」にあたる 전차 は路面電車を指すので注意が必要です。

173

---

**651** ☐☐☐☐☐
## 담그다

動 漬ける，浸ける〔담그는/담가서〕**으変**

❖ 김치[배추]를 담그다: キムチ[白菜]を漬ける
❖ 강물에 발을 담그다: 川に足を浸す

---

**652** ☐☐☐☐☐
## 눕다
[눕:따]

動 横になる〔누운/누워서〕**ㅂ変**

関 서다: 立つ／앉다: 座る

---

**653** ☐☐☐☐☐
## 부드럽다
[부드럽따]

形 柔らかい〔부드러운/부드러워서〕**ㅂ変**

❖ 부드러운 음식: 柔らかい食べ物

---

**654** ☐☐☐☐☐
## 덜

副 少なく，少なめに

❖ 덜 +《動詞》: まだ(全部[すべて]は)〜ない
❖ 덜 +《形容詞/副詞》: いくぶん〜

---

**655** ☐☐☐☐☐
## 가짜

名 偽物

❖ 가짜 상품: 偽物  ❖ 가짜 신분증: 偽の身分証
反 진짜: 本物  類 거짓: ウソ

---

**656** ☐☐☐☐☐
## 맡기다
[맏끼다]

動 預ける，任せる〔맡기는/맡겨서〕

❖ 짐을 맡기다: 荷物を預ける
❖ 맡기는 곳: 預かり所

---

**657** ☐☐☐☐☐
## 체험

名 体験  動 체험하다: 体験する

❖ 체험 학습: 体験学習

---

**658** ☐☐☐☐☐
## 옮기다
[옴기다]

動 移す，移る〔옮기는/옮겨서〕

❖ 자리[감기]를 옮기다: 席[風邪]を移す
類 이사하다: 引越しする／이동하다: 移動する

---

**659** ☐☐☐☐☐
## 동아리

名 サークル

❖ 동아리에 가입하다: サークルに入る
類 서클: サークル／동호회: 同好会

---

**660** ☐☐☐☐☐
## 심다
[심:따]

動 植える〔심는/심어서〕

❖ 나무를[꽃을] 심다: 木を[花を]植える
反 뽑다: 抜く

---

**暗記度チェック** ☐ 지우다  ☐ -지 말다  ☐ 음악  ☐ 질  ☐ 양

먼저 배추를 소금물에 담그세요.
まず**白菜**を塩水に**漬けてください**。

저는 김치 담그는 법을 몰라요.
私は**キムチ**の**漬け方**を知りません。

누워서 책을 보면 자세가 나빠져요.
**横になって**本を読むと姿勢が悪くなります。

피곤해서 일찍 누웠지만 잠이 안 왔어요.
疲れて早めに**横になった**けれど眠れませんでした。

아기의 피부는 아주 부드러워요.
赤ちゃんの**肌**はとても**柔らかい**です。

이 빵은 아주 부드러워서 먹기 쉽네요.
この**パン**はとても**柔らかいので**食べやすいですね。

숙제를 아직 덜 했어요.
宿題はまだ**全部やってません**。

이번 주는 지난주보다는 덜 바빠요.
今週は先週よりは**それほど忙しくありません**。

가짜인데도 진짜 같네요.
**偽物なのに**本物のようですね。

시장에 가짜 상품이 있을 때도 있어요.
市場に**偽物の商品**がある時もあります。

짐은 프런트에 맡기고 들어오세요.
**荷物は**フロントに**預けて**入ってきてください。

이번 일은 저에게 맡겨 주세요.
今回の仕事は私に**任せてください**。

전시장에서 요리 체험도 할 수 있어요.
展示場で**調理体験**もできます。

이곳에서 공룡의 세계를 체험해 보세요.
ここで恐竜の世界を**体験してみてください**。

여기는 시끄러우니까 자리를 옮깁시다.
ここはうるさいから**席を移しましょう**。

집이 멀어서 회사 근처로 옮기려고 해요.
家が遠いので会社の**近くに移る**つもりです。

저희 동아리에는 여자밖에 없습니다.
私たちの**サークルには**女性しかいません。

이번 동아리 행사는 비회원도 가능해요.
今回の**サークルの行事**は非会員も可能です。

나무를 심은 후에 물을 많이 주세요.
**木を植えた**後に水をたっぷりあげてください。

여기에 어떤 꽃을 심으면 좋을까요?
ここにどんな**花を植えれば**いいでしょうか。

| □ 상담하다 | □ 감상 | □ 화면 | □ 게시판 | □ 튼튼하다 |

175

---

**661**
□□□□□
## 참가하다

動 **参加する**〔참가하는/참가해서〕 名 **참가**: 参加

❖ 모임에 참가하다: 集まりに参加する
類 참여하다: 参与する／참석하다: 参席する

---

**662**
□□□□□
## 효과

名 **効果**

❖ 효과가 있다[없다]: 効果がある[ない]

---

**663**
□□□□□
## 차갑다
[차갑따]

形 **冷たい** ㅂ変 〔차가운/차가워서〕

❖ 차가운 태도: 冷たい態度
類 차다: 冷たい 反 뜨겁다: 熱い

---

**664**
□□□□□
## 원하다

動 **欲しい，願う**〔원하는/원해서〕

類 바라다: 願う／소망하다, 희망하다: 希望する

---

**665**
□□□□□
## 동네

名 **町，辺り**

❖ 동네 친구: 近所の友人
類 마을: 村

---

**666**
□□□□□
## 강당

名 **講堂**

❖ 강당에서 발표하다: 講堂で発表する
❖ 대강당: 大講堂

---

**667**
□□□□□
## 전시하다

動 **展示する**〔전시하는/전시해서〕 名 **전시**: 展示

関 전시관: 展示館／전시회: 展示会／전시품: 展示品

---

**668**
□□□□□
## 사귀다

動 **付き合う**〔사귀는/사귀어서〕

❖ 친구를 사귀다: 友達と付き合う
類 교제하다: 交際する

---

**669**
□□□□□
## 돌려주다

動 **返す**〔돌려주는/돌려줘서〕

類 반납하다: 返却する
反 빌리다: 借りる／대출하다: 貸出する

---

**670**
□□□□□
## 세탁하다
[세:타카다]

動 **洗濯する**〔세탁하는/세탁해서〕 名 **세탁**: 洗濯

関 세탁소: クリーニング屋／세탁기: 洗濯機／세탁물: 洗濯物
類 빨래하다: 洗濯する

---

暗記度
チェック □ 담그다 　□ 눕다 　□ 부드럽다 　□ 덜 　□ 가짜

이번 모임에는 저도 참가할 수 있어요.
今回のミーティングには私も**参加**できます。

이벤트에 참가할 사람은 이름을 적으세요.
**イベントに参加する人**は名前を書いてください。

다이어트한 효과가 이제 나타났어요.
ダイエットした**効果が**やっと**現れ**ました。

열심히 먹는데 효과가 없는 것 같아요.
一生懸命食べてるのに**効果がない**ようです。

차가운 공기는 환자 몸에 안 좋아요.
**冷たい空気**は患者の体によくありません。

손이 너무 차가워서 깜짝 놀랐어요.
**手が冷たすぎて**びっくりしました。

어떤 색 구두를 원하세요?
どんな色の**靴が欲しい**ですか。

아이가 원하는 걸 다 사 줄 수는 없어요.
**子どもが欲しがるものを**全部は買ってあげられません。

우리 동네에 새로 스포츠센터가 생겼어요.
うちの**町に新たに**スポーツセンターが**出来**ました。

저분이 이 동네에서 제일 부자일 거예요.
あの方が**この辺りで**一番お金持ちでしょう。

세미나 참가자는 강당으로 모이세요.
セミナーの参加者は**講堂へ集まって**ください。

발표는 강당에서 할 예정입니다.
発表は**講堂で**する予定です。

지금까지 만든 작품을 전시하고 싶어요.
今まで作った**作品を展示**したいです。

이번 전시회는 언제까지 해요?
今回の**展示会**はいつまででやりますか。

한국어를 잘하고 싶으면 한국인을 사귀세요.
韓国語が上手になりたいなら**韓国人と付き合って**ください。

여러 나라의 친구들을 사귈 수 있었어요.
様々な国の友達と**付き合う**ことができました。

언제까지 돌려주면 돼요?
いつまでに**返した**らいいですか。

숙제 돌려주는 것을 잊어버렸어요.
宿題を**返すのを**忘れてしまいました。

처음 세탁할 때는 세탁법을 확인하세요.
初めて**洗濯する時は洗濯方法**を確認してください。

와이셔츠는 언제나 세탁소에 맡겨요.
ワイシャツはいつも**クリーニング屋に**預けます。

□ 맡기다　　□ 체험　　□ 옮기다　　□ 동아리　　□ 심다

671 □□□□□
**치료하다**

動 **治療する**〔치료하는/치료해서〕　名 **치료**: 治療

❖ 상처를[병을] 치료하다: 傷[病気]を治療する
関 치료법: 治療法／치료약: 治療薬　類 고치다: 治す

672 □□□□□
**신선하다**

形 **新鮮だ**〔신선한/신선해서〕

❖ 신선한 음식[공기]: 新鮮な食べ物[空気]
類 새롭다: 新鮮だ, 新しい

673 □□□□□
**귀엽다**
[귀ː엽따]

形 **かわいい** ㅂ変 〔귀여운/귀여워서〕

類 예쁘다: かわいい, きれいだ

674 □□□□□
**훨씬**

副 **ずっと, はるかに**

強 훨씬 더
類 굉장히: 非常に／무척: とても

675 □□□□□
**약하다**
[야카다]

形 **弱い**〔약한/약해서〕

❖ 몸이[힘이] 약하다: 体[力]が弱い
反 강하다／세다: 強い

676 □□□□□
**쓰다**

動 **かぶる, さす** 으変 〔쓰는/써서〕

❖ 모자를 쓰다: 帽子をかぶる　❖ 우산을 쓰다: 傘をさす
❖ 안경을 쓰다: メガネを掛ける　反 벗다: 脱ぐ

677 □□□□□
**진료**
[질ː료]

名 **診療**　動 진료하다: 診療する

❖ 병원 진료: 病院の診療　❖ 진료소: 診療所
❖ 진료 시간: 診療時間　類 진찰: 診察

678 □□□□□
**강하다**

形 **強い**〔강한/강해서〕

❖ 바람이 강하다: 風が強い　❖ 열에 강하다: 熱に強い
類 세다: 強い　反 약하다: 弱い

679 □□□□□
**굉장히**

副 **ものすごく, 非常に, 大変**

類 훨씬: はるかに／아주: とても／매우: 大変／무척: とても

680 □□□□□
**살찌다**

動 **太る**〔살찌는/살쪄서〕

関 뚱뚱하다: 太っている
反 살빠지다: やせる

暗記度チェック □ 참가하다　□ 효과　　□ 차갑다　　□ 원하다　　□ 동네

상처를 병원에서 잘 치료해야 합니다.
傷を病院できちんと**治療しなければなりません。**

치과 치료는 무서워서 가기 싫어요.
歯医者の治療は怖くて行きたくありません。

부산에 가서 신선한 회를 먹고 싶습니다.
釜山に行って**新鮮な刺身**を食べたいです。

오늘 잡은 생선이라서 정말 신선해요.
今日獲った**魚**なのでとても**新鮮です。**

아이들의 웃는 얼굴은 정말 귀엽습니다.
子どもたちの**笑顔**は本当に**かわいいです。**

놀이공원에는 귀여운 캐릭터가 많아요.
遊園地には**かわいいキャラクター**が多いです。

머리를 묶으니까 훨씬 편하네요.
髪を束ねると**ずっと楽**ですね。

바뀐 후의 시험 문제가 훨씬 어려워요.
変更後の試験問題が**はるかに難しい**です。

저는 몸이 약해서 운동을 할 수 없습니다.
私は**体が弱い**ので運動ができません。

강한 사람은 약한 사람을 도와야 합니다.
**強い人**は**弱い人**を助けるべきです。

모자를 쓰고 있어서 몰라봤어요.
**帽子をかぶって**いるので気付きませんでした。

비가 오니까 우산을 쓰고 가세요.
雨が降っているから**傘をさして**行ってください。

진료를 위해 1시간 동안 기다렸습니다.
**診療のため**1時間待ました。

월요일은 8시까지 진료합니다.
月曜日は8時まで**診療します。**

태풍 때문에 바람이 강하게 붑니다.
台風のせいで**風が強く吹きます。**

한국 사람은 겨울에 강합니다.
韓国人は**冬に強い**です。

올 여름은 굉장히 비가 많이 왔습니다.
今年の夏は**ものすごく**雨が**たくさん**降りました。

집이 굉장히 넓네요.
家が**ものすごく広い**ですね。

운동을 안 하니까 점점 살찌네요.
運動をしないから**どんどん太ります**ね。

갑자기 살쪄서 옷이 안 맞아요.
急に**太った**ので服が合いません。

□ 강당　　□ 전시하다　　□ 사귀다　　□ 돌려주다　　□ 세탁하다

---

**681 □□□□□**
**문의하다**
[무:니하다/무:늬하다]

動 問い合わせる〔문의하는/문의해서〕　名 문의: 問い合わせ

関 문의 사항: 問い合わせ事項／문의처: 問い合わせ先
類 질문하다: 質問する／물어보다: 尋ねてみる

---

**682 □□□□□**
**회비**

名 会費

❖ 회비를 모으다[내다]: 会費を集める[出す]

---

**683 □□□□□**
**깨끗이**
[깨끄시]

副 きれいに　形 깨끗하다: きれいだ

❖ 깨끗이 씻다[청소하다]: きれいに洗う[掃除する]

---

**684 □□□□□**
**들리다**

動 聞こえる〔들리는/들려서〕

❖ 잘 안 들리다: よく聞こえない
関 듣다: 聞く

---

**685 □□□□□**
**기르다**

動 飼う, 育つ〔기르는/길러서〕　르変

❖ 머리를 기르다: 髪を伸ばす
❖ 동물을 기르다: 動物を飼う　類 키우다: 飼う

---

**686 □□□□□**
**똑똑하다**
[똑또카다]

形 賢い〔똑똑한/똑똑해서〕

❖ 똑똑하게 생기다: 賢そうに見える
類 머리가 좋다: 頭がいい

---

**687 □□□□□**
**동전**

名 コイン, 小銭

❖ 기념 동전: 記念コイン　❖ ~원짜리 동전: ~ウォンコイン
関 돈: お金／지폐: 紙幣　類 잔돈: 小銭

---

**688 □□□□□**
**지폐**

名 紙幣

❖ ~원짜리 지폐: ~ウォン札
関 수표: 小切手

---

**689 □□□□□**
**메다**

動 背負う〔메는/메서〕

❖ 배낭[가방]을 메다: リュック[カバン]を背負う

---

**690 □□□□□**
**교환하다**

動 交換する, 変える〔교환하는/교환해서〕　名 교환: 交換

関 환불하다: 払い戻す
類 바꾸다: 変える／주고 받다: やり取りする

---

| 暗記度チェック | □ 치료하다 | □ 신선하다 | □ 귀엽다 | □ 훨씬 | □ 약하다 |
|---|---|---|---|---|---|

자세한 것은 <u>사무실에 문의하십시오.</u>
詳細は**事務室に問い合わせてください。**

<u>문의 사항</u>은 확인 후 연락 드리겠습니다.
**問い合わせ事項**は確認後ご連絡差し上げます。

오늘 모임의 <u>회비는</u> 얼마입니까?
今日の集まりの**会費はいくらですか。**

<u>회비는</u> 내일까지 주세요.
**会費は明日までにください。**

감기에 걸리지 않게 <u>깨끗이</u> 손을 씻으세요.
風邪を引かないよう**きれいに**手を洗ってください。

<u>집을 깨끗이 청소했어요.</u>
**家をきれいに**掃除しました。

옆방에서 이야기하는 <u>소리가 들립니다.</u>
隣の部屋から話し**声が聞こえます。**

<u>잘 안 들렸는데</u> 한 번 더 말씀해 주세요.
**よく聞こえなかったので**もう一度お話しください。

특이한 <u>동물을 기르는</u> 사람이 늘었어요.
変わった**動物を飼う**人が増えました。

아이의 재능을 잘 <u>길러 줘야 합니다.</u>
子どもの才能をきちんと**伸ばしてあげないとなりません。**

<u>강아지가 똑똑해서</u> 말을 잘 알아들어요.
**子犬が賢くて**話をよく理解します。

신입 사원들이 아주 <u>똑똑한 것 같아요.</u>
新入社員たちがとても**賢そうです。**

세계의 <u>동전을 모으고</u> 있어요.
世界の**コインを集めて**います。

지갑이 <u>동전 때문에</u> 너무 무거워요.
財布が**小銭のせいで**重すぎます。

지갑에 <u>지폐가</u> 몇 장 <u>들어 있어요?</u>
財布に**紙幣が**何枚**入っています**か。

동전이 많은데 <u>지폐로 바꿀 수 있어요?</u>
小銭が多いので**紙幣に換えられ**ますか。

가방은 드는 것보다 <u>메는 게 편합니다.</u>
カバンは持つより**背負うのが楽です。**

사람들이 큰 <u>배낭을 메고</u> 등산을 합니다.
人々が大きな**リュックを背負って**登山をします。

사신 물건은 일주일 안에 <u>교환해 드립니다.</u>
お買い上げの品は**一週間以内に交換いたします。**

<u>교환</u>이나 환불은 영수증이 필요합니다.
**交換**や払戻しは領収書が必要です。

□ 쓰다　　　□ 진료　　　□ 강하다　　　□ 굉장히　　　□ 살찌다

181

---

**691** □□□□□
### 환불

名 払い戻し　動 환불하다: 払い戻す

❖ 환불 수수료: 払い戻し手数料

---

**692** □□□□□
### 가렵다
[가렵따]

形 **かゆい** 〔가려운/가려워서〕 **ㅂ変**

❖ 가려운 곳을 긁다: かゆい所を掻く
❖ 상처가 가렵다: 傷口がかゆい

---

**693** □□□□□
### 말리다

動 **乾かす, 乾燥させる** 〔말리는/말려서〕

❖ 빨래를 말리다: 洗濯物を乾かす

---

**694** □□□□□
### 예매하다

動 **前もって買う** 〔예매하는/예매해서〕　名 예매: 前売り

類 예약하다: 予約する
＊一般的に, チケット類は 예매하다, 店や施設は 예약하다。

---

**695** □□□□□
### 두껍다
[두껍따]

形 **厚い** 〔두꺼운/두꺼워서〕 **ㅂ変**

❖ 고객층이 두껍다: 顧客層が厚い
❖ 옷을 두껍게 입다: 厚着する　反 얇다: 薄い

---

**696** □□□□□
### 얇다
[얄:따]

形 **薄い** 〔얇은/얇아서〕

❖ 선수층이 얇다: 選手層が薄い
❖ 얇은 옷을 입다: 薄着する　反 두껍다: 厚い

---

**697** □□□□□
### 심심하다

形 **退屈だ** 〔심심한/심심해서〕

❖ 입이 심심하다: 口が寂しい(＝小腹が空いて何か食べたい)
類 재미없다: おもしろくない

---

**698** □□□□□
### 연기하다

動 **延期する** 〔연기하는/연기해서〕　名 연기: 延期

❖ 일정[기한]을 연기하다: 日程[期限]を延期する
類 미루다: 延ばす

---

**699** □□□□□
### 미루다

動 **延ばす, 後回しにする** 〔미루는/미뤄서〕

❖ 다른 사람에게 미루다: ほかの人に回す

---

**700** □□□□□
### 궁금하다

形 **気になる, 気がかりだ** 〔궁금한/궁금해서〕

❖ 결과가 궁금하다: 結果が気になる

---

**暗記度チェック** □ 문의하다　□ 회비　　□ 깨끗이　　□ 들리다　　□ 기르다

---

물건에 이상이 없으면 환불은 안 됩니다.
品物に異常がなければ**払い戻し**はできません。

이거 어제 산 건데 환불할 수 있어요?
これは昨日買ったものですが**払い戻し**できますか。

---

상처가 가려워도 만지지 마세요.
傷口がかゆくても触らないでください。

알레르기 때문에 가려운 것 같아요.
アレルギーのせいでかゆいようです。

---

빨래는 밖에서 잘 말리는 것이 좋아요.
洗濯は外でよく**乾かす**のがいいです。

말린 과일은 몸에 좋아요.
**乾燥させた果物**は体にいいです。

---

주말에는 영화표를 예매해야 해요.
週末は**映画チケット**を前もって買わなければなりません。

공연을 예매하기 위해 기다리고 있어요.
公演を**予約する**ために待っています。

---

책이 두꺼워서 가지고 다니기 힘들어요.
**本が厚い**ので持ち歩きにくいです。

정상은 추우니까 두껍게 입고 가세요.
頂上は寒いから**厚着して**行ってください。

---

휴대 전화가 얇지만 잘 고장나지 않아요.
**携帯電話は薄い**ですがあまり壊れません。

더우니까 얇은 옷을 입고 오세요.
暑いから**薄着で**来てください。

---

할 일이 없어서 심심해요.
やることがなくて**退屈です**。

너무 심심해서 친구를 만나러 갔어요.
**退屈すぎるので**友人に会いに行きました。

---

갑자기 회의가 생겨서 약속을 연기했어요.
突然会議が入ったので**約束を延期しました**。

비가 와서 시합을 연기하기로 했어요.
雨が降ってきたので**試合を延期する**ことにしました。

---

피곤해서 일정을 다음으로 미뤘어요.
疲れたので日程を**次回に延ばしました**。

그동안 미룬 일들을 다 했어요.
今まで**後回し**にしていた仕事を全部やりました。

---

결과가 궁금해서 전화했습니다.
**結果が気になって**電話しました。

궁금한 것이 있으면 꼭 확인을 합니다.
**気になることがあれば**必ず確認をします。

---

□ 똑똑하다　　□ 동전　　□ 지폐　　□ 메다　　□ 교환하다

| 651 ( | ) 漬ける，浸ける | 676 ( | ) かぶる，さす |
| 652 ( | ) 横になる | 677 ( | ) 診療 |
| 653 ( | ) 柔らかい | 678 ( | ) 強い |
| 654 ( | ) 少なく | 679 ( | ) 非常に，大変 |
| 655 ( | ) 偽物 | 680 ( | ) 太る |
| 656 ( | ) 預ける，任せる | 681 ( | ) 問い合わせる |
| 657 ( | ) 体験 | 682 ( | ) 会費 |
| 658 ( | ) 移す，移る | 683 ( | ) きれいに |
| 659 ( | ) サークル | 684 ( | ) 聞こえる |
| 660 ( | ) 植える | 685 ( | ) 飼う，育つ |
| 661 ( | ) 参加する | 686 ( | ) 賢い |
| 662 ( | ) 効果 | 687 ( | ) コイン，小銭 |
| 663 ( | ) 冷たい | 688 ( | ) 紙幣 |
| 664 ( | ) 願う，欲しい | 689 ( | ) 背負う |
| 665 ( | ) 町，辺り | 690 ( | ) 交換する |
| 666 ( | ) 講堂 | 691 ( | ) 払い戻し |
| 667 ( | ) 展示する | 692 ( | ) かゆい |
| 668 ( | ) 付き合う | 693 ( | ) 乾かす |
| 669 ( | ) 返す | 694 ( | ) 前もって買う |
| 670 ( | ) 洗濯する | 695 ( | ) 厚い |
| 671 ( | ) 治療する | 696 ( | ) 薄い |
| 672 ( | ) 新鮮だ | 697 ( | ) 退屈だ |
| 673 ( | ) かわいい | 698 ( | ) 延期する |
| 674 ( | ) はるかに | 699 ( | ) 延ばす |
| 675 ( | ) 弱い | 700 ( | ) 気になる |

## 食べ物

| 米 | 쌀 | 野菜 | 야채 | 果物 | 과일 |
|---|---|---|---|---|---|
| ご飯 | 밥 | ダイコン | 무 | ナシ | 배 |
| もち | 떡 | ニンジン | 당근 | ブドウ | 포도 |
| パン | 빵 | ジャガイモ | 감자 | イチゴ | 딸기 |
| お菓子 | 과자 | タマネギ | 양파 | リンゴ | 사과 |
| お肉 | 고기 | キュウリ | 오이 | ミカン | 귤 |

## 料理・お菓子

| 参鶏湯 | 삼계탕 | ピザ | 피자 | ケーキ | 케이크 |
|---|---|---|---|---|---|
| ビビンパ | 비빔밥 | ハンバーガー | 햄버거 | チョコレート | 초콜릿 |
| プルコギ | 불고기 | ラーメン | 라면 | 飴 | 사탕 |

## 飲み物

| 牛乳 | 우유 | 紅茶 | 홍차 | お酒 | 술 |
|---|---|---|---|---|---|
| コーヒー | 커피 | ジュース | 주스 | ビール | 맥주 |
| 緑茶 | 녹차 | コーラ | 콜라 | ワイン | 와인 |

## 調味料

| 砂糖 | 설탕 | 酢 | 식초 | みそ | 된장 |
|---|---|---|---|---|---|
| 塩 | 소금 | しょうゆ | 간장 | コチュジャン | 고추장 |

## 味覚

| 辛い | 맵다 | 甘い | 달다 | すっぱい | 시다 |
|---|---|---|---|---|---|
| しょっぱい | 짜다 | 苦い | 쓰다 | やや辛い | 매콤달콤하다 |

---

701 □□□□□
**굽**

名 かかと

❖ 굽이 높다[낮다]: かかとが高い[低い]

---

702 □□□□□
**느리다**

形 遅い, のろい〔느린/느려서〕

❖ 말[걸음/행동]이 느리다: しゃべり[歩き／行動]が遅い
関 천천히: ゆっくり　反 빠르다: 速い

---

703 □□□□□
**다양하다**

形 多様だ, 多彩だ, いろいろだ〔다양한/다양해서〕

❖ 다양한 의견[종류]: 多様な意見[種類]
類 여러 가지다: いろいろだ　反 유일하다: 唯一だ

---

704 □□□□□
**도시**

名 都市

❖ 도시 생활: 都市生活
❖ 도시로 나가다: 都市へ出る　反 시골: 田舎

---

705 □□□□□
**도장**

名 ハンコ, 印鑑, 印

❖ 도장을 찍다: 判を押す
関 인감: 実印／서명: 署名／인주, 도장밥: 朱肉

---

706 □□□□□
**동상**

名 銅像

❖ 동상을 세우다[만들다]: 銅像を建てる[作る]

---

707 □□□□□
**따다**

動 取る〔따는/따서〕

❖ 자격증[면허증]을 따다: 資格[免許]を取る
❖ 과일을 따다: 果物を摘む

---

708 □□□□□
**땀**

名 汗

❖ 땀이 나다: 汗が出る　❖ 땀을 내다: 汗を出す
❖ 땀에 젖다: 汗に濡れる

---

709 □□□□□
**목욕하다**
[모교카다]

動 入浴する, お風呂に入る〔목욕하는/목욕해서〕

関 목욕탕: 風呂場
類 샤워하다: シャワーする／몸을 씻다: 体を洗う

---

710 □□□□□
**바닥**

名 床

❖ 방바닥: 部屋の床　❖ 바닥에 놓다: 床に置く
❖ 바닥에 먼지가 쌓이다: 床に埃が溜まる

---

暗記度チェック □ 환불　　□ 가렵다　　□ 말리다　　□ 예매하다　　□ 두껍다

| | |
|---|---|
| 이 치마에는 굽이 낮은 구두가 어울려요. | 구두의 굽을 고치는데 얼마 들어요? |
| このスカートには**かかとの低い靴**が似合います。 | 靴の**かかと**を直すのにいくらかかりますか。 |
| 저 친구는 행동이 느려서 항상 늦어요. | 할아버지께서는 말씀을 참 느리게 하세요. |
| あの子は**行動が遅い**のでいつも遅れます。 | おじいさんは**お話**を本当に**ゆっくり**なさいます。 |
| 취미가 다양하시네요. | 이 작품에는 다양한 색을 사용했습니다. |
| **趣味が多彩**でいらっしゃいますね。 | この作品には**いろいろな色**を使いました。 |
| 그 도시의 야경이 특히 아름답습니다. | 가장 아름다운 도시는 어디일까요? |
| その**都市の夜景**が特に美しいです。 | 一番**美しい都市**はどこでしょうか。 |
| 신청서에 도장을 꼭 찍어 주세요. | 통장의 도장과 이 도장이 다릅니다. |
| 申込書に**ハンコを必ず押して**ください。 | **通帳の印鑑**とこの**印鑑**が違います。 |
| 동상 앞에서 사진을 찍었습니다. | 기념으로 동상을 세웠습니다. |
| **銅像前**で写真を撮りました。 | 記念に**銅像を建て**ました。 |
| 관광 안내원 자격증을 따고 싶습니다. | 운전면허를 따면 드라이브를 할 거예요. |
| 観光案内士の**資格を取り**たいです。 | **運転免許を取ったら**ドライブをするつもりです。 |
| 반신욕으로 땀을 냈습니다. | 땀에 젖은 옷은 바로 갈아입으십시오. |
| 半身浴で**汗を出し**ました。 | **汗で濡れた服**はすぐ着替えてください。 |
| 집에 도착하면 바로 목욕하고 싶습니다. | 목욕하면서 노래를 부릅니다. |
| 家に到着したらすぐ**お風呂に入り**たいです。 | **お風呂に入り**ながら歌を歌います。 |
| 벗은 옷을 바닥에 놓지 마십시오. | 방바닥에 먼지가 많이 쌓였습니다. |
| 脱いだ服を**床に置かない**でください。 | **床に埃**がたくさん溜まりました。 |

| □ 얇다 | □ 심심하다 | □ 연기하다 | □ 미루다 | □ 궁금하다 |
|---|---|---|---|---|

---

**711** □□□□□
## 불편하다

形 **不便だ**〔불편한/불편해서〕

❖ -기 불편하다: ～するのが不便だ
反 편리하다: 便利だ／편하다: 楽だ

---

**712** □□□□□
## 선택하다
[선:태카다]

動 **選択する, 選ぶ**〔선택하는/선택해서〕

❖ ~중에서 선택하다: ～の中から選択する
類 고르다: 選ぶ

---

**713** □□□□□
## 수술

名 **手術** 動 수술하다: 手術する

❖ 수술비: 手術費 ❖ 수술실: 手術室
❖ 수술을 받다: 手術を受ける

---

**714** □□□□□
## 순서

名 **順番, 順序**

❖ 순서를 지키다[기다리다]: 順番を守る[待つ]
❖ 순서대로: 順番どおり 類 차례: 順番

---

**715** □□□□□
## 식물
[싱물]

名 **植物**

❖ 식물원: 植物園 ❖ 동식물: 動植物
反 동물: 動物

---

**716** □□□□□
## 안전하다

形 **安全だ**〔안전한/안전해서〕 名 안전: 安全

❖ 안전한 곳: 安全な所
反 위험하다: 危険だ

---

**717** □□□□□
## 연극

名 **演劇, 舞台**

❖ 연극 배우: 舞台俳優
❖ 연극 무대: 舞台

---

**718** □□□□□
## 예보

名 **予報**

❖ 예보가 맞다[틀리다]: 予報が当たる[外れる]
❖ 예보를 듣다: 予報を聞く ❖ 일기 예보: 天気予報

---

**719** □□□□□
## 외우다

動 **覚える**〔외우는/외워서〕

❖ 못 외우다: 覚えられない
類 암기하다: 暗記する 反 잊다: 忘れる

---

**720** □□□□□
## 유학

名 **留学**

❖ 유학을 가다[오다]: 留学に行く[来る]
❖ 유학 생활: 留学生活 ❖ 유학생: 留学生

---

暗記度チェック □ 굽 □ 느리다 □ 다양하다 □ 도시 □ 도장

| | |
|---|---|
| 교통이 불편한 곳이라서 집값이 싸요.<br>**交通が不便な**所なので家賃が安いです。 | 휴대 전화를 안 가지고 와서 **불편해요.**<br>携帯電話を持ってきていないので**不便です**。 |
| 세 가지 중에서 하나만 선택하십시오.<br>3つの中から**1つだけ選択してください**。 | 제가 선택한 길이니까 후회하지 않습니다.<br>私が**選んだ道**だから後悔しません。 |
| 수술 전에는 아무것도 드시지 마세요.<br>**手術前**には何も召し上がらないでください。 | 수술을 받지 않으면 위험합니다.<br>**手術を受けないと**危険です。 |
| 순서를 지켜 주시기 바랍니다.<br>**順番をお守り**くださるようお願いいたします。 | 번호 순서대로 진행하겠습니다.<br>番号の**順番どおり**に進行します。 |
| 토끼는 식물만 먹습니다.<br>ウサギは**植物だけ食**べます。 | 식물도 동물처럼 호흡을 합니다.<br>**植物も動物のように**呼吸をします。 |
| 아이의 손에 닿지 않게 안전하게 두세요.<br>子どもの手の届かないよう**安全に**置いてください。 | 지진이 나면 안전한 곳으로 가세요.<br>地震が起きたら**安全な所**に行ってください。 |
| 한 달에 한 번씩 연극을 봅니다.<br>月に1回ずつ**演劇を観**ます。 | 초등학교 동창생이 연극 배우입니다.<br>小学校の同級生が**舞台俳優**です。 |
| 일기 예보를 확인한 후에 집을 나옵니다.<br>**天気予報**を確認した後に家を出ます。 | 예보는 가끔 맞지 않을 때가 있습니다.<br>**予報は**ときどき**外れる**時があります。 |
| 이 단어를 외우면 도움이 될 것입니다.<br>この**単語を覚えると**役に立つでしょう。 | 일본 사람들의 이름을 잘 못 외웁니다.<br>日本人の名前を**うまく覚えられません**。 |
| 졸업 후에 유학을 갈 거예요.<br>卒業後，**留学をするつもり**です。 | 유학 생활을 마치고 귀국할 예정입니다.<br>**留学生活**を終えて帰国する予定です。 |

| □ 동상 | □ 따다 | □ 땀 | □ 목욕하다 | □ 바닥 |
|---|---|---|---|---|

---

**721** ☐☐☐☐☐
### 제품

名 **製品**

❖ 인기 있는 제품: 人気のある製品
❖ 제품 설명서: 製品説明書　類 상품: 商品

---

**722** ☐☐☐☐☐
### 짜리

接尾 **～の，～入り**

❖ 500원짜리: 500ウォン玉
\*数量や値段を表す語の後に付けて，それに相当することを表す。

---

**723** ☐☐☐☐☐
### 쭉

副 **ずっと，まっすぐ**

❖ 쭉 가다: まっすぐ行く
類 똑바로, 곧장: まっすぐ

---

**724** ☐☐☐☐☐
### 참다
[참:따]

動 **我慢する，耐える**〔참는/참아서〕

❖ 아픔[웃음]을 참다: 痛み[笑い]をこらえる

---

**725** ☐☐☐☐☐
### 채소

名 **野菜**

❖ 채소를 기르다[키우다]: 野菜を育てる
類 야채: 野菜

---

**726** ☐☐☐☐☐
### 친해지다

動 **親しくなる**〔친해지는/친해져서〕　形 친하다: 親しい

❖ 바로[쉽게] 친해지다: すぐ[簡単に]親しくなる

---

**727** ☐☐☐☐☐
### 뚱뚱하다

形 **太っている**〔뚱뚱한/뚱뚱해서〕

類 통통하다: ぽっちゃりだ
反 날씬하다: すらりとしている

---

**728** ☐☐☐☐☐
### 필통

名 **筆箱，ペンケース**

❖ 필통에 넣다: ペンケースに入れる
関 연필 꽂이: ペン立て

---

**729** ☐☐☐☐☐
### 헤어지다

動 **別れる**〔헤어지는/헤어져서〕

❖ ~와/과 헤어지다: ～と別れる
反 만나다: 会う／사귀다: 付き合う

---

**730** ☐☐☐☐☐
### 회관

名 **会館**

❖ 회관에 모이다: 会館に集まる
類 홀: ホール

---

暗記度チェック　☐ 불편하다　☐ 선택하다　☐ 수술　☐ 순서　☐ 식물

주부들 사이에서 인기 있는 제품입니다.
主婦の間では**人気のある製品**です。

이 제품은 위험하니까 사용하지 마십시오.
この**製品は**危険ですから**使わないでください**。

음료수는 1리터짜리로 준비해 주십시오.
飲料水は1**リットルのもので**準備してください。

지갑에는 만원짜리밖에 없습니다.
財布には1**万ウォン札**しかありません。

이 길을 쭉 가십시오.
この道を**まっすぐ行ってください**。

가게 앞에 손님들이 쭉 서 있습니다.
店の前にお客が**ずっと立ち並んでいます**。

웃음을 참기 힘들었습니다.
笑いを**我慢するのが**大変でした。

울고 싶으면 참지 말고 우세요.
泣きたければ**我慢せずに**泣いてください。

집에서 기른 신선한 채소를 매일 먹어요.
家で育てた**新鮮な野菜**を毎日食べます。

채소를 사용한 케이크가 인기가 있습니다.
**野菜を使った**ケーキが人気があります。

전학 온 반 친구와 금방 친해졌습니다.
転校して来たクラスメートと**すぐ親しくなりました**。

친해지고 싶어서 연락처를 물어봤어요.
**親しくなりたくて**連絡先を聞いてみました。

너무 뚱뚱해서 옷 사기가 힘들어요.
**太りすぎて**洋服を買うのが大変です。

아버지가 뚱뚱해서 건강이 걱정입니다.
父は**太っているので**健康が心配です。

인기 있는 캐릭터의 필통을 샀습니다.
人気のあるキャラクターの**筆箱を買いました**。

요즘은 세우는 필통이 유행입니다.
最近は立てる**ペンケースが流行り**です。

항상 같은 장소에서 친구와 헤어집니다.
いつも同じ場所で**友人と別れます**。

애인과 헤어진 후에 술집에 갔어요.
**恋人と別れた**後，居酒屋に行きました。

학생 회관에서 그 작가의 강연이 있어요.
**学生会館**でその作家の講演があります。

이 문화 회관은 100년의 역사가 있습니다.
この**文化会館**は100年の歴史があります。

□ 안전하다　　□ 연극　　　□ 예보　　　□ 외우다　　□ 유학

---

**731** ☐☐☐☐☐
**이유**

名 **理由**

❖ 이유를 말하다[묻다]: 理由を話す [尋ねる]
類 원인: 原因

---

**732** ☐☐☐☐☐
**상**

名 **賞**

❖ 상장: 賞状　❖ 상품: 賞品　❖ 부상: 副賞
❖ 상을 받다[주다]: 賞をもらう[あげる]

---

**733** ☐☐☐☐☐
**등**

名 **など**

類 등등: などなど

---

**734** ☐☐☐☐☐
**글**

名 **文, 文章**

❖ 글을 쓰다[짓다]: 文を書く[作る]
❖ 글솜씨: 文才　関 글짓기 대회: 作文コンクール

---

**735** ☐☐☐☐☐
**많아지다**
[마:나지다]

動 **多くなる**〔많아지는/많아져서〕 形 많다: 多い

類 늘어나다: 増えていく
反 적어지다: 少なくなる

---

**736** ☐☐☐☐☐
**상황**

名 **状況**

❖ 상황이 나쁘다[어렵다/힘들다]: 状況が悪い[難しい／大変だ]
❖ 상황을 보다: 状況を見る　類 상태: 状態

---

**737** ☐☐☐☐☐
**보다**

助 **～より**

類 ~에 비해서: ～に比べて／~와/과 비교하면: ～と比べると

---

**738** ☐☐☐☐☐
**여러분**

名 **皆さん**

類 모두: すべて, 皆

---

**739** ☐☐☐☐☐
**발음**

名 **発音**

❖ 발음이 좋다[나쁘다]: 発音がいい[悪い]
❖ 발음을 고치다: 発音を直す　❖ 발음 연습: 発音練習

---

**740** ☐☐☐☐☐
**싸우다**

動 **喧嘩する, 争う**〔싸우는/싸워서〕 名 싸움: 喧嘩

関 눈싸움: 雪合戦　類 다투다: 言い争う
反 화해하다: 和解する

---

| 暗記度チェック | ☐ 제품 | ☐ 짜리 | ☐ 쭉 | ☐ 참다 | ☐ 채소 |
|---|---|---|---|---|---|

거짓말을 한 이유를 말할 수 없습니다.
嘘をついた理由を話すことができません。

가지 않는 이유가 뭐예요?
行かない理由は何ですか。

발표를 잘 해서 상을 받았어요.
発表がよくできたので賞をもらいました。

전자사전을 부상으로 받았어요.
電子辞書を副賞としてもらいました。

음료수나 과일 등을 준비했습니다.
飲料水や果物などを準備しました。

질문 등이 있으면 언제든지 물어보세요.
質問などがあればいつでも聞いてください。

좋은 글을 많이 읽으시기 바랍니다.
よい文をたくさんお読みになってください。

다음 글을 읽고 자신의 생각을 쓰십시오.
次の文章を読み自分の考えを書いてください。

텔레비전에 나온 후 팬이 많아졌어요.
テレビに出た後ファンが多くなりました。

요즘 먹는 양이 많아져서 살이 쪘어요.
最近食べる量が増えて太りました。

항상 상황이 좋을 수는 없어요.
いつも状況がいいとは限りません。

힘든 상황에서도 포기하지 않았습니다.
大変な状況でも諦めなかったです。

도쿄보다 홋카이도가 춥습니다.
東京より北海道のほうが寒いです。

남동생이 형보다 키가 더 큽니다.
弟は兄より背がもっと高いです。

여러분, 다음 주에 또 만나요.
皆さん，来週また会いましょう。

여러분들을 위해 준비한 요리입니다.
皆さんのために準備した料理です。

미국에서 자라서 영어 발음이 좋습니다.
アメリカで育ったので英語の発音がいいです。

발음 연습을 열심히 해 주세요.
発音練習を一生懸命にしてください。

장난감 때문에 형제가 싸우고 있어요.
おもちゃのせいで兄弟が喧嘩しています。

싸우지 말고 친하게 지내세요.
喧嘩しないで仲よく過ごしてください。

☐ 친해지다　　☐ 뚱뚱하다　　☐ 필통　　　☐ 헤어지다　　☐ 회관

193

---

**741 곧장**
[곧짱]

副 まっすぐ，すぐ

類 바로, 곧바로: すぐ／당장: 直ちに

---

**742 살빼다**

動 やせる，ダイエットをする〔살빼는/살빼서〕

類 다이어트하다: ダイエットする／살을 빼다: やせる
反 살찌다: 太る

---

**743 반갑다**
[반갑따]

形 うれしい〔반가운/반가워서〕 ㅂ変 名 반가움: うれしさ

❖ 만나서 반갑다: 会えてうれしい

---

**744 실례**

名 失礼 動 실례하다: 失礼する

❖ 실례지만: 失礼ですが
❖ 실례하겠습니다: 失礼いたします

---

**745 축하하다**
[추카하다]

動 祝う〔축하하는/축하해서〕 名 축하: お祝い

関 축하 파티[선물]: お祝いパーティ[プレゼント]
敬 축하드리다: お祝い差し上げる

---

**746 선선하다**

形 涼しい〔선선한/선선해서〕

❖ 날씨가 선선하다: 天気が涼しい
類 시원하다: 涼しい

---

**747 만화**

名 漫画

❖ 만화가: 漫画家 ❖ 만화책: 漫画本
❖ 만화방: 漫画喫茶

---

**748 소설**

名 小説

❖ 소설가: 小説家 ❖ 소설책: 小説本
❖ 단편[장편] 소설: 短編[長編]小説

---

**749 위하다**

動 (〜の)ためだ〔위하는/위해서〕

❖ 〜(名詞)을/를 위해서[위한]: 〜のために[ための]
❖ -(動詞)기 위해서[위한]: 〜(す)るために[ための]

---

**750 분야**

名 分野

❖ 연구[전공] 분야: 研究[専攻]分野
類 부문: 部門

---

| 韓記度チェック | □ 이유 | □ 상 | □ 등 | □ 글 | □ 많아지다 |

| | |
|---|---|
| 일이 끝나면 곧장 돌아오세요.<br>仕事が終わったら**すぐ帰ってきてください。** | 이 길을 곧장 가면 역이 나옵니다.<br>この道を**まっすぐ行くと**駅が現れます。 |
| 운동으로 살빼는 게 건강에 좋습니다.<br>**運動でやせるの**が健康にいいです。 | 살빼기 위해서 마라톤을 시작했습니다.<br>**ダイエットする**ためにマラソンを始めました。 |
| 만나서 반갑습니다.<br>**お会いできてうれしいです。** | 오랜만에 만나니까 정말 반갑네요.<br>久しぶりに**会えて**本当に**うれしいですね。** |
| 실례지만 말씀 좀 묻겠습니다.<br>**失礼ですが**ちょっとお伺いたします。 | 잠깐 실례해도 괜찮겠습니까?<br>少し**失礼しても**かまいませんか。 |
| 두 분의 결혼을 진심으로 축하드립니다.<br>お二人の結婚を**心よりお祝いいたします。** | 합격을 축하하는 파티가 내일 있습니다.<br>合格を**祝う**パーティが明日**あります。** |
| 바람이 잘 부는 선선한 곳에 두세요.<br>風がよく吹く**涼しい所**に置いてください。 | 밤에는 좀 선선하네요.<br>夜は少し**涼しいですね。** |
| 만화는 일본을 대표하는 문화입니다.<br>**漫画は**日本を代表する文化です。 | 어릴 때 부모님 몰래 만화를 읽었습니다.<br>幼い時，両親に隠れて**漫画を読みました。** |
| 일을 그만둔 후 소설을 쓰고 있습니다.<br>仕事を辞めた後，**小説を書いて**います。 | 그는 유명한 추리 소설 작가입니다.<br>彼は有名な推理**小説作家**です。 |
| 나라를 위하여 일을 하는 사람도 있습니다.<br>**国のために**仕事をする人もいます。 | 건강을 위한 좋은 방법입니다.<br>**健康のための**よい方法です。 |
| 이 분야를 연구하는 사람은 저뿐입니다.<br>この**分野を研究する**人は私だけです。 | 여러 분야의 전문가들이 모였습니다.<br>いろいろな**分野の専門家**たちが集まりました。 |

| □ 상황 | □ 보다 | □ 여러분 | □ 발음 | □ 싸우다 |
|---|---|---|---|---|

| 701 ( | ) かかと | 726 ( | ) 親しくなる |
|---|---|---|---|
| 702 ( | ) 遅い，のろい | 727 ( | ) 太っている |
| 703 ( | ) 多様だ | 728 ( | ) 筆箱 |
| 704 ( | ) 都市 | 729 ( | ) 別れる |
| 705 ( | ) ハンコ | 730 ( | ) 会館 |
| 706 ( | ) 銅像 | 731 ( | ) 理由 |
| 707 ( | ) 取る | 732 ( | ) 賞 |
| 708 ( | ) 汗 | 733 ( | ) など |
| 709 ( | ) 入浴する | 734 ( | ) 文，文章 |
| 710 ( | ) 床 | 735 ( | ) 多くなる |
| 711 ( | ) 不便だ | 736 ( | ) 状況 |
| 712 ( | ) 選択する | 737 ( | ) 〜より |
| 713 ( | ) 手術 | 738 ( | ) 皆さん |
| 714 ( | ) 順番 | 739 ( | ) 発音 |
| 715 ( | ) 植物 | 740 ( | ) 喧嘩する |
| 716 ( | ) 安全だ | 741 ( | ) まっすぐ |
| 717 ( | ) 演劇 | 742 ( | ) やせる |
| 718 ( | ) 予報 | 743 ( | ) うれしい |
| 719 ( | ) 覚える | 744 ( | ) 失礼 |
| 720 ( | ) 留学 | 745 ( | ) 祝う |
| 721 ( | ) 製品 | 746 ( | ) 涼しい |
| 722 ( | ) 〜の，〜入り | 747 ( | ) 漫画 |
| 723 ( | ) ずっと | 748 ( | ) 小説 |
| 724 ( | ) 我慢する | 749 ( | ) (〜の) ためだ |
| 725 ( | ) 野菜 | 750 ( | ) 分野 |

| | | |
|---|---|---|
| **쓰다** | 이름을 쓰다 | 名前を書く |
| | 모자를 - | 帽子をかぶる |
| | 볼펜을 - | ボールペンを使用する |
| | 사람을 - | 人を使う |
| | 안경을 - | メガネをかける |
| | 우산을 - | 傘をさす |
| | 약이 - | 薬が苦い |
| **나다** | 고장이 나다 | 故障する |
| | 열이 - | 熱が出る |
| | 기침이 - | 咳が出る |
| | 땀이 - | 汗が出る |
| | 사고가 - | 事故が起きる／起こる |
| | 지진이 - | 地震が起きる／起こる |
| | 연기가 - | 煙が出る |
| | 소문이 - | 噂が立つ／出る |
| | 구멍이 - | 穴があく |
| | 상처가 - | 傷になる |
| **내다** | 책을 내다 | 本を出す |
| | 소문을 - | 噂を立てる |
| | 문제를 - | 問題を出す |
| | 화를 - | 怒る |
| | 신청서를 - | 申込書を出す |
| | 돈을 - | お金を出す |
| | 사고를 - | 事故を起こす |
| | 소리를 - | 音を立てる |
| | 시간을 - | 時間を作る／出す |
| | 결론을 - | 結論を出す |
| | 휴가를 - | 休暇をとる |
| | 힘을 - | 力を出す，頑張る |

### 751 교과서
□□□□□

名 教科書

❖ 교과서를 펴다: 教科書を開く
関 교재: 教材

### 752 매표소
□□□□□

名 切符売場

関 매표원: チケット販売員
類 표 파는[사는] 곳: 券売所

### 753 줄다
□□□□□

動 減る〔주는/줄어서〕 ㄹ語幹

関 줄어들다: 減っていく
類 감소하다: 減少する 反 늘다: 増える

### 754 자랑하다
□□□□□

動 自慢する〔자랑하는/자랑해서〕 名 자랑: 自慢

関 자식[장기/노래] 자랑: 子ども[特技／のど]自慢

### 755 금연
□□□□□

名 禁煙

❖ 금연 구역: 禁煙区域 ❖ 금연석: 禁煙席
関 담배를 끊다: タバコをやめる 反 흡연: 喫煙

### 756 야경
□□□□□

名 夜景

❖ 야경이 아름답다: 夜景が美しい
関 경치: 景色 類 밤경치: 夜景

### 757 실력
□□□□□

名 実力

❖ 실력이 있다[없다]: 実力がある[ない]
❖ 실력자: 実力者 ❖ 실력파: 実力派

### 758 잠그다
□□□□□

動 鍵をかける, 閉める〔잠그는/잠가서〕 으変

❖ 문을[가스를] 잠그다: ドア[ガス]を閉める
類 닫다: 閉じる 反 열다: 開ける

### 759 실패
□□□□□

名 失敗 動 실패하다: 失敗する

❖ 사업 실패: 事業の失敗
❖ 실패의 원인: 失敗の原因 反 성공: 成功

### 760 성공하다
□□□□□

動 成功する〔성공하는/성공해서〕 名 성공: 成功

❖ 사업에 성공하다: 事業に成功する
反 실패하다: 失敗する 類 이루다: 成し遂げる, 叶える

暗記度チェック □ 곧장　　□ 살빼다　　□ 반갑다　　□ 실례　　□ 축하하다

---

교과서에 있는 내용을 외우면 좋습니다.
**教科書にある内容**を覚えるといいです。

다른 교과서를 가지고 왔습니다.
**違う教科書**を持ってきました。

---

매표소 앞에서 만나기로 했습니다.
**切符売場の前で**会うことにしました。

표는 매표소에서 사 주세요.
チケットは**切符売り場で買って**ください。

---

최근 출산율이 줄고 있습니다.
最近出産率が**減って**います。

어머니와 싸워서 용돈이 줄었습니다.
母と喧嘩したので**お小遣いが減り**ました。

---

부장님은 아들을 자랑했습니다.
部長は**息子を自慢**しました。

선물을 자랑하기 위해서 외출했습니다.
プレゼントを**自慢する**ために外出しました。

---

금연 구역인데 담배를 피우는군요.
**禁煙区域**なのにタバコを吸っているのですね。

저희 카페는 모두 금연입니다.
うちのカフェは**全面禁煙**です。

---

야경이 잘 보이는 곳에서 식사했어요.
**夜景がよく見える**所で食事しました。

여기서 보는 야경이 최고예요.
ここから見る**夜景が最高**です。

---

결국 실력이 없어서 떨어진 것입니다.
結局**実力がなくて**落ちたのです。

그분이 저보다 실력이 있어요.
その方は私より**実力があり**ます。

---

외출하기 전에 꼭 가스를 잠가요.
外出する前に必ず**ガスを閉め**ます。

책상 서랍을 잠그고 나갔어요.
机の引き出しに**鍵をかけて**出かけました。

---

실패를 무서워하지 마세요.
**失敗を恐れ**ないでください。

과거의 실패 덕분에 성공할 수 있었어요.
**過去の失敗**のおかげで成功することができました。

---

오랫동안 노력한 실험이 성공했다.
長い間努力した**実験が成功**した。

그는 성공한 후에도 변하지 않았습니다.
彼は**成功した後にも**変わりませんでした。

---

□ 선선하다　　□ 만화　　　□ 소설　　　□ 위하다　　□ 분야

199

---

761 □□□□□
### 입장하다
[입짱하다]

動 **入場する** 〔입장하는/입장해서〕 名 입장: 入場

関 입장료: 入場料／입장권: 入場券
反 퇴장하다: 退場する

---

762 □□□□□
### 보관하다

動 **保管する** 〔보관하는/보관해서〕 名 보관: 保管

関 보관함: ロッカー／보관에 주의하다: 保管に注意する

---

763 □□□□□
### 늦잠
[늗짬]

名 **寝坊**

❖ 늦잠을 자다: 寝坊する

---

764 □□□□□
### 인형

名 **人形, ぬいぐるみ**

❖ 곰인형: クマのぬいぐるみ
❖ 인형 놀이: 人形遊び

---

765 □□□□□
### 마다

助 **~ごと(に)**

❖ 집집마다: 戸ごと ❖ 아침마다: 毎朝
❖ 날마다: 毎日 ❖ -(으)ㄹ 때마다: ~するたびに

---

766 □□□□□
### 국적
[국쩍]

名 **国籍**

❖ 이중 국적: 二重国籍 ❖ 무국적자: 無国籍者
❖ 국적을 취득하다[확인하다]: 国籍を取得する[確認する]

---

767 □□□□□
### 벽

名 **壁**

❖ 벽을 칠하다[쌓다]: 壁を塗る[作る]
❖ 벽에 걸다: 壁に掛ける

---

768 □□□□□
### 이기다

動 **勝つ** 〔이기는/이겨서〕

❖ 병[슬픔]을 이기다: 病気[悲しみ]に勝つ
類 승리하다: 勝利する 反 지다: 負ける

---

769 □□□□□
### 지다

動 **負ける** 〔지는/져서〕

❖ 전쟁[싸움]에 지다: 戦争[戦い]に負ける
類 패배하다: 敗北する 反 이기다: 勝つ

---

770 □□□□□
### 끼다

動 **はめる** 〔끼는/껴서〕

❖ 반지를[장갑을] 끼다: 指輪[手袋]をする(はめる)
❖ 안경을 끼다: メガネをかける 反 빼다: 外す

---

暗記度チェック □ 교과서 □ 매표소 □ 줄다 □ 자랑하다 □ 금연

각국의 선수들이 차례로 입장하고 있어요.
各国の選手たちが**順番に入場**しています。

입장하기 전에 미리 표를 준비하십시오.
**入場前**に前もってチケットを準備してください。

중요한 자료는 금고에 보관합니다.
重要な資料は**金庫に保管**します。

아파트 열쇠는 제가 보관 중입니다.
アパートの鍵は私が**保管中**です。

오늘도 늦잠을 자서 지각했습니다.
今日も**寝坊**して遅刻しました。

다음 날 늦게까지 늦잠을 잤습니다.
翌日**遅く**まで寝坊をしました。

여자 친구는 인형같이 예쁩니다.
彼女は**人形のように**かわいいです。

해외 출장 선물로 인형을 사 왔습니다.
海外出張の**お土産として人形**を買ってきました。

외국어 공부는 날마다 하는 것이 좋습니다.
外国語の勉強は**毎日**するのがいいです。

나라마다 언어도 문화도 다릅니다.
**国ごとに**言語も文化も違います。

이중 국적을 가질 수 있습니다.
**二重国籍**を持つことができます。

국적이 없는 사람도 있습니다.
**国籍のない**人もいます。

하얀색으로 벽을 칠했습니다.
白色で**壁を塗り**ました。

가족 사진을 벽에 걸었습니다.
家族写真を**壁に掛け**ました。

이번 시합은 아주 어렵게 이겼습니다.
今回の試合は**かろうじて勝ち**ました。

한 번도 이긴 적이 없습니다.
一度も**勝った**ことがありません。

고등학교 마지막 시합에서 졌어요.
高校の最後の**試合で負け**ました。

게임에서 진 사람이 밥을 사기로 했어요.
**ゲームで負けた人**がご飯をおごることにしました。

결혼 반지를 끼고 있지 않았습니다.
結婚**指輪をはめて**いませんでした。

평소에는 콘택트렌즈를 낍니다.
普段は**コンタクトレンズをして**います。

□ 야경　　　□ 실력　　　□ 잠그다　　　□ 실패　　　□ 성공하다

---

**771** ☐☐☐☐☐
**쌓다**
[싸타]

動 **積む**〔쌓는/쌓아서〕

❖ 짐[물건]을 쌓다: 荷物[品物]を積む
❖ 실력을 쌓다: 実力をつける

---

**772** ☐☐☐☐☐
**쌓이다**
[싸이다]

動 **積もる，溜まる**〔쌓이는/쌓여서〕

❖ 스트레스[먼지]가 쌓이다: ストレス[埃]が溜まる
❖ 눈이 쌓이다: 雪が積もる

---

**773** ☐☐☐☐☐
**타다**

動 **入れる**〔타는/타서〕

❖ 커피를 타다: コーヒーを入れる
❖ 차를 타다: お茶を入れる

---

**774** ☐☐☐☐☐
**의미**

名 **意味**

❖ 의미가 있다[없다]: 意味がある(有意義だ)[ない]
❖ 무의미: 無意味 類 뜻: 意味

---

**775** ☐☐☐☐☐
**규칙**

名 **規則**

❖ 규칙을 지키다: 規則を守る
❖ 규칙대로: 規則どおり 反 불규칙: 不規則

---

**776** ☐☐☐☐☐
**화나다**

動 **腹が立つ，むかつく**〔화나는/화나서〕

= 화가 나다

---

**777** ☐☐☐☐☐
**화내다**

動 **怒る**〔화내는/화내서〕

= 화를 내다

---

**778** ☐☐☐☐☐
**외롭다**
[외롭따/웨롭따]

形 **寂しい**〔외로운/외로워서〕 ㅂ変 名 외로움: 寂しさ

類 쓸쓸하다: 寂しい

---

**779** ☐☐☐☐☐
**고생하다**

動 **苦労する**〔고생하는/고생해서〕 名 고생: 苦労

❖ 병으로 고생하다: 病気で苦労する
類 수고하다: ご苦労だ

---

**780** ☐☐☐☐☐
**문법**
[문뻡]

名 **文法**

❖ 영문법: 英文法 ❖ 한국어 문법: 韓国語の文法
❖ 문법책: 文法書

---

**韓記度チェック** ☐ 입장하다 ☐ 보관하다 ☐ 늦잠 ☐ 인형 ☐ 마다

---

| | |
|---|---|
| 그런 곳에 짐을 쌓지 마세요.<br>そんな所に**荷物を積ま**ないでください。 | 안 쓰는 물건은 창고에 쌓아 두었습니다.<br>使わない物は倉庫に**積ん**で置きました。 |
| 스트레스가 쌓이면 노래방에 갑니다.<br>**ストレスが溜まると**カラオケに行きます。 | 책상 위에 먼지가 많이 쌓여 있습니다.<br>机の上に**埃が**たくさん**溜まっ**ています。 |
| 따뜻한 커피를 타 드릴게요.<br>温かい**コーヒーを入れて**差し上げますね。 | 우유에 타서 먹으면 더 맛있을 거예요.<br>**牛乳に入れて**食べるともっとおいしいでしょう。 |
| 이 단어의 의미가 무엇입니까?<br>この**単語の意味**は何ですか。 | 긴 여름 방학을 의미 있게 보내십시오.<br>長い夏休みを**有意義に**過ごしてください。 |
| 우리 아이는 학교 규칙을 잘 지킵니다.<br>うちの子は**学校の規則を**よく**守ります**。 | 기숙사는 지켜야 할 규칙이 많습니다.<br>寄宿舎は**守らなければならない規則**が多いです。 |
| 남편의 태도에 화납니다.<br>旦那の**態度に腹が立ちます**。 | 화가 나서 발로 벽을 찼습니다.<br>**むかついて**足で壁を蹴りました。 |
| 아이들이 창문을 깨서 화냈습니다.<br>子どもたちが窓を割ったので**怒りました**。 | 친구에게 화낸 후에 바로 사과했어요.<br>友達に**怒った後に**すぐ謝りました。 |
| 룸메이트가 귀국을 해서 외롭습니다.<br>ルームメイトが帰国をしたので**寂しいです**。 | 혼자서 외롭게 밥을 먹고 있습니다.<br>**ひとりで寂しく**ご飯を食べています。 |
| 고생한 보람이 있는 것 같습니다.<br>**苦労した甲斐**がありそうです。 | 외국에서 혼자 살면서 고생이 많았어요.<br>外国でひとり暮らししながら**苦労**が多かったです。 |
| 한국어와 일본어는 문법이 비슷합니다.<br>韓国語と日本語は**文法が似**ています。 | 문법이 어려워서 더 연습하고 싶어요.<br>**文法が難しいので**もっと練習したいです。 |

---

| □ 국적 | □ 벽 | □ 이기다 | □ 지다 | □ 끼다 |
|---|---|---|---|---|

---

**781** ☐☐☐☐☐
## 서류

名 書類

❖ 서류를 작성하다: 書類を作成する
❖ 서류 봉투: 書類封筒　❖ 서류함: レターケース

---

**782** ☐☐☐☐☐
## 장난감
[장난깜]

名 おもちゃ

❖ 장난감을 가지고 놀다: おもちゃを持って遊ぶ
関 장난: いたずら／장난치다: いたずらをする

---

**783** ☐☐☐☐☐
## 죽다
[죽따]

動 死ぬ〔죽는/죽어서〕　名 죽음: 死

反 살다: 生きる
敬 돌아가시다: 亡くなる

---

**784** ☐☐☐☐☐
## 귀국
[귀:국]

名 帰国　動 귀국하다: 帰国する

❖ 귀국 날짜: 帰国日
❖ 귀국 일정: 帰国日程

---

**785** ☐☐☐☐☐
## 물가
[물까]

名 物価

❖ 물가가 오르다[내리다]: 物価が上がる[下がる]
❖ 물가가 비싸다: 物価が高い

---

**786** ☐☐☐☐☐
## 담다
[담:따]

動 盛る，盛り付ける〔담는/담아서〕

❖ 그릇에 담다: 器に盛る　❖ 마음을 담다: 心を込める
❖ 담아 놓다: 盛り付けておく

---

**787** ☐☐☐☐☐
## 점수
[점쑤]

名 点数

❖ 점수가 좋다: 点数がよい
❖ 점수를 얻다[따다]: 点数を得る[取る]

---

**788** ☐☐☐☐☐
## 하루 종일

名 一日中

関 한나절: 半日
類 하루 내내: 一日中ずっと

---

**789** ☐☐☐☐☐
## 믿다
[믿따]

動 信じる〔믿는/믿어서〕　名 믿음: 信じる心，信用

❖ 믿어 주다: 信じてくれる／あげる
反 의심하다: 疑う

---

**790** ☐☐☐☐☐
## 책장
[책짱]

名 本棚

❖ 책장에 꽂다: 本棚に入れる
類 책꽂이: 本棚

---

暗記度チェック ☐ 쌓다　　☐ 쌓이다　　☐ 타다　　☐ 의미　　☐ 규칙

이 서류는 몇 부 복사하면 됩니까?
この**書類**は何部コピーすればいいですか。

서류는 아무 문제가 없습니다.
**書類**は何も**問題**がありません。

아이가 장난감을 보고 울음을 그쳤습니다.
子どもが**おもちゃ**を見て泣き止みました。

아이의 생일에 장난감을 선물했습니다.
子どもの誕生日に**おもちゃ**をプレゼントしました。

젊은 나이에 암으로 죽었습니다.
若くして**がん**で**死に**ました。

키우는 닭이 죽어 있어서 깜짝 놀랐어요.
飼っている鶏が**死んで**いたのでびっくりしました。

귀국 날짜가 정해져서 짐을 정리해요.
**帰国日**が決まったので荷物を整理しています。

귀국하기 전까지 반드시 끝내겠습니다.
**帰国する前**までに必ず終わらせます。

물가가 올라서 생활이 어렵습니다.
**物価が上がった**ので生活が大変です。

서울도 물가가 비쌉니다.
ソウルも**物価が高い**です。

사 온 과자를 접시에 담으세요.
買ってきたお菓子を**皿に盛って**ください。

음식을 예쁘게 담아 놓으셨네요.
食べ物を**きれいに盛り付けて**置かれましたね。

높은 점수지만 결승에는 나가지 못했어요.
**高い点数**だけど決勝には出られませんでした。

듣기 시험에서 좋은 점수를 받았습니다.
リスニングテストで**よい点数**をもらいました。

하루 종일 비가 오고 있습니다.
**一日中**雨が降っています。

하루 종일 기분이 좋지 않은 것 같아요.
**一日中**機嫌がよくないようです。

그 사람의 말은 믿을 수 없습니다.
その人の話は**信じることができません**。

선생님은 나를 믿어 주었습니다.
先生は私を**信じて**くれました。

아버지께서 만들어 주신 책장입니다.
父が**作ってくれた本棚**です。

다 읽은 책은 책장에 꽂아 주세요.
読み終わった本は**本棚に入れて**ください。

□ 화나다　　□ 화내다　　□ 외롭다　　□ 고생하다　　□ 문법

---

**791**　☐☐☐☐☐

## 진학

名 進学　動 진학하다: 進学する

❖ 진학 상담: 進路相談
❖ 진학 지도: 進路指導

---

**792**　☐☐☐☐☐

## 붙다
[분따]

動 受かる, 付く〔붙는/붙어서〕

❖ 시험에 붙다: 試験に受かる　❖ 붙어 있다: 貼られている
類 합격하다: 合格する　反 떨어지다: 落ちる

---

**793**　☐☐☐☐☐

## 키우다

動 育てる, 飼う, 養う〔키우는/키워서〕

❖ 재능을[아이를] 키우다: 才能を[子どもを]育てる
類 기르다: 育てる, 飼う

---

**794**　☐☐☐☐☐

## 자세하다

形 詳しい〔자세한/자세해서〕　副 자세히: 詳しく

❖ 자세한 내용: 詳しい内容
❖ 설명이 자세하다: 説明が詳しい　類 상세하다: 詳細だ

---

**795**　☐☐☐☐☐

## 훌륭하다

形 立派だ, すばらしい〔훌륭한/훌륭해서〕

❖ 훌륭한 사람: 立派な人
❖ 훌륭한 행동: 立派な行動　類 뛰어나다: 優れる

---

**796**　☐☐☐☐☐

## 굽다
[굽:따]

動 焼く〔굽는/구워서〕 ㅂ変

❖ 고기를[생선을] 굽다: 肉を[魚を]焼く
❖ 도자기를 굽다: 陶磁器を焼く

---

**797**　☐☐☐☐☐

## 줍다
[줍:따]

動 拾う〔줍는/주워서〕 ㅂ変

❖ 돈을[쓰레기를] 줍다: お金を[ゴミを]拾う
反 버리다: 捨てる

---

**798**　☐☐☐☐☐

## 쯤

接尾 〜くらい, 〜ほど

類 정도: 程度, くらい

---

**799**　☐☐☐☐☐

## 탈의실
[타리실/타릐실]

名 試着室, 脱衣室, ロッカールーム

---

**800**　☐☐☐☐☐

## 치우다

動 片付ける〔치우는/치워서〕

❖ 책상을[테이블을] 치우다: 机[テーブル]を片付ける
類 정리하다: 整理する／청소하다: 掃除する

---

暗記度チェック　☐ 서류　☐ 장난감　☐ 죽다　☐ 귀국　☐ 물가

| | |
|---|---|
| 아들이 진학 문제로 고민하고 있습니다.<br>息子が**進学問題**で悩んでいます。 | 대학에 진학하지 않는 학생들도 있습니다.<br>大学に**進学しない**学生たちもいます。 |
| 대학에 한 번에 붙어서 기뻤어요.<br>大学に**1回**で受かったのでうれしかったです。 | 게시판에 붙어 있는 광고를 보고 왔습니다.<br>**掲示板に貼られている**広告を見て来ました。 |
| 애완 동물을 안 키워 봤습니다.<br>ペットを**飼った**ことがありません。 | 베란다에서 식물을 키우고 있습니다.<br>ベランダで植物を**育て**ています。 |
| 설명서에 자세하게 써 있습니다.<br>説明書に**詳しく**書いてあります。 | 자세한 내용은 다음 시간에 알아봅시다.<br>**詳しい内容**は次の時間に調べてみましょう。 |
| 훌륭한 변호사가 되는 게 꿈입니다.<br>**立派な弁護士になる**のが夢です。 | 어린 아이의 작품이지만 참 훌륭합니다.<br>子どもの作品ですが実に**すばらしいです**。 |
| 너무 구워서 고기가 맛없어요.<br>**焼きすぎて**肉がおいしくありません。 | 제 스테이크는 잘 구워 주세요.<br>私のステーキは**よく焼いて**ください。 |
| 어제 슈퍼마켓에서 돈을 주웠습니다.<br>昨日スーパーで**お金を拾いました**。 | 주운 물건은 경찰서로 가지고 가세요.<br>**拾った物**は警察署に持っていってください。 |
| 강연 시간까지 20분쯤 있습니다.<br>講演時間まで**20分くらい**あります。 | 집에서 회사까지 걸어서 1시간쯤 걸립니다.<br>家から会社まで歩いて**1時間くらい**かかります。 |
| 옷은 탈의실에서 갈아입으시기 바랍니다.<br>服は**試着室**でお着替えになってください。 | 탈의실 보관함 열쇠가 고장 났습니다.<br>**脱衣室**のロッカーの鍵が壊れました。 |
| 다 먹은 그릇 좀 치워 주시겠어요?<br>食べ終わった食器を**片付けて**いただけますか。 | 집을 치운 후에 샤워를 했어요.<br>**家を片付けた**後シャワーを浴びました。 |

□ 담다　　□ 점수　　□ 하루 종일　　□ 믿다　　□ 책장

207

| | | | | |
|---|---|---|---|---|
| **751** ( | ) 教科書 | **776** ( | ) 腹が立つ |
| **752** ( | ) 切符売場 | **777** ( | ) 怒る |
| **753** ( | ) 減る | **778** ( | ) 寂しい |
| **754** ( | ) 自慢する | **779** ( | ) 苦労する |
| **755** ( | ) 禁煙 | **780** ( | ) 文法 |
| **756** ( | ) 夜景 | **781** ( | ) 書類 |
| **757** ( | ) 実力 | **782** ( | ) おもちゃ |
| **758** ( | ) 閉める | **783** ( | ) 死ぬ |
| **759** ( | ) 失敗 | **784** ( | ) 帰国 |
| **760** ( | ) 成功する | **785** ( | ) 物価 |
| **761** ( | ) 入場する | **786** ( | ) 盛る |
| **762** ( | ) 保管する | **787** ( | ) 点数 |
| **763** ( | ) 寝坊 | **788** ( | ) 一日中 |
| **764** ( | ) 人形 | **789** ( | ) 信じる |
| **765** ( | ) ～ごと（に） | **790** ( | ) 本棚 |
| **766** ( | ) 国籍 | **791** ( | ) 進学 |
| **767** ( | ) 壁 | **792** ( | ) 受かる，付く |
| **768** ( | ) 勝つ | **793** ( | ) 育てる，飼う |
| **769** ( | ) 負ける | **794** ( | ) 詳しい |
| **770** ( | ) はめる | **795** ( | ) 立派だ |
| **771** ( | ) 積む | **796** ( | ) 焼く |
| **772** ( | ) 積もる，溜まる | **797** ( | ) 拾う |
| **773** ( | ) 入れる | **798** ( | ) ～くらい |
| **774** ( | ) 意味 | **799** ( | ) 試着室 |
| **775** ( | ) 規則 | **800** ( | ) 片付ける |

韓記復
チェック □ 진학　　　□ 붙다　　　□ 키우다　　　□ 자세하다　　　□ 훌륭하다

## 服等の着脱に関する動詞

| 입다 | 着る | 바지 (ズボン), 치마 (スカート), 블라우스 (ブラウス), |
|---|---|---|
| | | 양복 (背広, スーツ),코트 (コート),원피스 (ワンピース), |
| 벗다 | 脱ぐ | 와이셔츠 (ワイシャツ) |
| 신다 | 履く | 양말 (靴下), 스타킹 (ストッキング), 구두 (靴), |
| | | 신발 (履物), 슬리퍼 (スリッパ) |
| 하다 | 締める | 목걸이(ネックレス),스카프(スカーフ),넥타이(ネクタイ), |
| | | 목도리 (マフラー), 액세서리 (アクセサリー) |
| 풀다 | ほどく | 벨트 (ベルト), 끈 (ひも) |
| 쓰다 | かぶる | 모자 (帽子) |
| | かける | 안경 (メガネ) |
| 끼다 | はめる | 장갑 (手袋), 반지 (指輪), 안경 (メガネ), |
| | | 콘택트렌즈 (コンタクトレンズ) |
| 빼다 | はずす | 반지 (指輪), 콘택트렌즈 (コンタクトレンズ) |

---

現在の服装を言う時は過去形

**여러분은 오늘 무슨 옷을 입었습니까?** (皆さんは今日どんな服を着ていますか)

韓国語は今現在の服装を説明する時，**입고 있습니다** (着ていました) もしくは
**입었습니다** (着ました) の表現を使います。つまり今の状態を説明するにもかかわ
らず 動詞は過去形を使います。

●**선생님이 오늘 안경을 썼어요.** (先生が今日メガネをかけました／かけています)

●**모자를 쓴 사람이 어머니예요.** (帽子をかぶった／かぶっている人が母です)

●**파란색 바지를 입고 있는 사람이 저예요.** (青いズボンを履いている人が私です)

---

☐ **굽다**　　　☐ **줍다**　　　☐ **쯤**　　　☐ **탈의실**　　　☐ **치우다**

# チャレンジ①〜③　解答 & 解説

p. 61

| 1 | 친구는 영어를 잘해요. | 友達は英語が得意です。 |
|---|---|---|
| 2 | 선생님은 운동을 못해요. | 先生は運動ができません。 |
| 3 | 저는 따뜻한 커피가 좋아요. | 私は温かいコーヒーが好きです。 |
| 4 | 어머니는 겨울을 싫어해요. | 母は冬が嫌いです。 |
| 5 | 나는 사과를 좋아해요. | 私はリンゴが好きです。 |
| 6 | 저는 쓰기를 싫어해요. | 私は書くのが好きではありません。 |
| 7 | 약속을 지키지 않는 사람이 싫어요. | 約束を守らない人が嫌いです。 |
| 8 | 매운 음식을 아주 좋아해요. | 辛い食べ物がとても好きです。 |
| 9 | 말이 많은 사람을 싫어해요. | 口数が多い人が嫌いです。 |
| 10 | 키가 큰 사람이 좋아요. | 背が高い人が好きです。 |

잘하다, 못하다, 좋아하다, 싫어하다は日本語とは違い韓国語では動詞です。しかも目的語が必ず必要です。ですから ~을/를 잘하다, ~을/를 못하다, ~을/를 좋아하다, ~을/를 싫어하다の形で覚えましょう。

p. 73

| 1 | 아직 숙제를 안 했어요. | まだ宿題をしていません。 |
|---|---|---|
| 2 | 아직 결혼을 안 했어요. | まだ結婚をしていません。 |
| 3 | 아직 답장을 안 보냈어요. | まだ返事を送っていません。 |
| 4 | 공연이 아직 시작 안 했어요. | 公演がまだ始まっていません。 |
| 5 | 한국 뉴스는 아직 어려워요. | 韓国のニュースはまだ難しいです。 |
| 6 | 저는 아직 너무 매운 음식은 못 먹어요. | 私はまだ辛すぎる食べ物が食べられません。 |

＊아직の表現を使う時は下記の形で表現します。
＊아직 +《否定形》の場合は動詞の過去形を使います。
　　例아직 밥을 먹지 않았습니다. (まだご飯を食べていませんでした)
　　例아직 밥을 안 먹었습니다. (まだご飯を食べませんでした)
＊아직 +《可能形》の場合は動詞の現在形を使います。
　　例아직 김치는 담글 수 없습니다. (まだキムチは漬けることができません)
　　例아직 김치는 못 담급니다. / 아직 김치는 담그지 못합니다. (まだキムチは漬けられません)
＊아직 +《形容詞》の場合は現在形のみ使います。
　　例봄이지만 아직 추워요. (春ですがまだ寒いです)

p. 85

| 1 | 수업이 끝나고 도서관에 갔어요. | 授業が終わってから図書館に行きました。 |
|---|---|---|
| 2 | 숙제를 끝내고 노십시오. | 宿題を終えてから遊びなさい。 |
| 3 | 오늘 회식에 20명이 모였어요. | 今日は会食に 20 名が集まりました。 |
| 4 | 저는 어렸을 때 우표를 모았어요. | 私は幼い時，切手を集めていました。 |
| 5 | 토요일에 시간을 낼 수 있어요? | 土曜日に時間を作れますか。 |
| 6 | 시간이 나면 연락하세요. | 時間が作れるなら連絡してください。 |
| 7 | 휴가가 지나면 만나요. | 休暇が過ぎたら会いました。 |
| 8 | 주말 잘 지내세요. | 週末ごゆっくりお過ごしください。 |
| 9 | 가방이 저 사람 것하고 바뀐 것 같아요. | カバンがあの人のと入れ替わったみたいです。 |
| 10 | 회의 시간을 바꿔야 해요. | 会議の時間を変更しなければなりません。 |

学習者たちが最も難しがる自動詞・他動詞をどのように区分すればいいのか。方法は簡単です。~이/가 끝나다，~을/를 끝내다のように助詞を付けて覚えましょう。

# 動詞の活用表

| | 現在（敬語）～ます ~(스)ㅂ니다 | 現在 ～ますよ ~아/어요 | 過去 ～だった ~았/었다 | 未来・推測 ～だろう ~(으)ㄹ 거다 | 命令（敬語）～てください ~(으)십시오 | 仮定 ～なら ~(으)면 | 過去 ~(으)ㄴ | 現在 連体形 ~는 | 未来 ~(으)ㄹ | 記述/パンマル 現在 ~ㄴ/는다 |
|---|---|---|---|---|---|---|---|---|---|---|
| 가다 行く | 갑니다 | 가요 | 갔다 | 갈 거다 | 가십시오 | 가면 | 간 | 가는 | 갈 | 간다 |
| 오다 来る | 옵니다 | 와요 | 왔다 | 올 거다 | 오십시오 | 오면 | 온 | 오는 | 올 | 온다 |
| 배우다 習う | 배웁니다 | 배워요 | 배웠다 | 배울 거다 | 배우십시오 | 배우면 | 배운 | 배우는 | 배울 | 배운다 |
| 마시다 飲む | 마십니다 | 마셔요 | 마셨다 | 마실 거다 | 마시십시오 | 마시면 | 마신 | 마시는 | 마실 | 마신다 |
| 쓰다 書く | 씁니다 | 써요 | 썼다 | 쓸 거다 | 쓰십시오 | 쓰면 | 쓴 | 쓰는 | 쓸 | 쓴다 |
| 자르다 切る | 자릅니다 | 잘라요 | 잘랐다 | 자를 거다 | 자르십시오 | 자르면 | 자른 | 자르는 | 자를 | 자른다 |
| 하다 する | 합니다 | 해요 | 했다 | 할 거다 | 하십시오 | 하면 | 한 | 하는 | 할 | 한다 |
| 좋아하다 好む | 좋아합니다 | 좋아해요 | 좋아했다 | 좋아할 거다 | 좋아하십시오 | 좋아하면 | 좋아한 | 좋아하는 | 좋아할 | 좋아한다 |
| 먹다 食べる | 먹습니다 | 먹어요 | 먹었다 | 먹을 거다 | 먹으십시오 | 먹으면 | 먹은 | 먹는 | 먹을 | 먹는다 |
| 살다 住む | 삽니다 | 살아요 | 살았다 | 살 거다 | 사십시오 | 살면 | 산 | 사는 | 살 | 산다 |
| 돕다 手伝う | 돕습니다 | 도와요 | 도왔다 | 도울 거다 | 도우십시오 | 도우면 | 도운 | 돕는 | 도울 | 돕는다 |
| 듣다 聞く | 듣습니다 | 들어요 | 들었다 | 들을 거다 | 들으십시오 | 들으면 | 들은 | 듣는 | 들을 | 듣는다 |
| 굽다 焼く | 굽습니다 | 구워요 | 구웠다 | 구울 거다 | 구우십시오 | 구우면 | 구운 | 굽는 | 구울 | 굽는다 |
| 입다 着る | 입습니다 | 입어요 | 입었다 | 입을 거다 | 입으십시오 | 입으면 | 입은 | 입는 | 입을 | 입는다 |
| 벗다 脱ぐ | 벗습니다 | 벗어요 | 벗었다 | 벗을 거다 | 벗으십시오 | 벗으면 | 벗은 | 벗는 | 벗을 | 벗는다 |
| 낫다 治る | 낫습니다 | 나아요 | 나았다 | 나을 거다 | 나으십시오 | 나으면 | 나은 | 낫는 | 나을 | 낫는다 |
| 놓다 置く | 놓습니다 | 놓아요 | 놓았다 | 놓을 거다 | 놓으십시오 | 놓으면 | 놓은 | 놓는 | 놓을 | 놓는다 |

# 形容詞の活用表

| | | 現在 | | 過去 | 未来・推測 | 仮定 | 現在 | 現在 |
|---|---|---|---|---|---|---|---|---|
| | | ~ます | ~ますよ | ~だった | ~だろう | ~なら | 連体形 | 記述・パンマル |
| | | (스)ㅂ니다 | 아/어요 | 았/었다 | (으)ㄹ 거다 | (으)면 | (으)ㄴ | -ㄴ/는다 |
| 싸다 | 安い | 쌉니다 | 싸요 | 쌌다 | 쌀 거다 | 싸면 | 싼 | 싸다 |
| 바쁘다 | 忙しい | 바쁩니다 | 바빠요 | 바빴다 | 바쁠 거다 | 바쁘면 | 바쁜 | 바쁘다 |
| 다르다 | 違う | 다릅니다 | 달라요 | 달랐다 | 다를 거다 | 다르면 | 다른 | 다르다 |
| 중요하다 | 重要だ | 중요합니다 | 중요해요 | 중요했다 | 중요할 거다 | 중요하면 | 중요한 | 중요하다 |
| 작다 | 小さい | 작습니다 | 작아요 | 작았다 | 작을 거다 | 작으면 | 작은 | 작다 |
| 곱다 | きれいだ | 곱습니다 | 고와요 | 고왔다 | 고울 거다 | 고우면 | 고운 | 곱다 |
| 덥다 | 暑い | 덥습니다 | 더워요 | 더웠다 | 더울 거다 | 더우면 | 더운 | 덥다 |
| 좁다 | 狭い | 좁습니다 | 좁아요 | 좁았다 | 좁을 거다 | 좁으면 | 좁은 | 좁다 |
| 길다 | 長い | 깁니다 | 길어요 | 길었다 | 길 거다 | 길면 | 긴 | 길다 |
| 좋다 | よい | 좋습니다 | 좋아요 | 좋았다 | 좋을 거다 | 좋으면 | 좋은 | 좋다 |
| 빨갛다 | 赤い | 빨갛습니다 | 빨개요 | 빨갰다 | 빨갈 거다 | 빨가면 | 빨간 | 빨갛다 |

## ㄱ

| | | | | | | | |
|---|---|---|---|---|---|---|---|
| 가게 | 22 | 강 | 118 | 결정하다 | 142 | 공원 | 22 |
| 가격 | 128 | 강당 | 176 | 결혼 | 68 | 공책 | 90 |
| 가깝다 | 38 | 강아지 | 108 | 경기장 | 144 | 공항 | 38 |
| 가끔 | 142 | 강하다 | 178 | 경치 | 128 | 과자 | 64 |
| 가다 | 14 | 갖다 | 118 | 경험 | 94 | 관광하다 | 108 |
| 가렵다 | 182 | 같다 | 18 | 계단 | 128 | 관심 | 70 |
| 가르치다 | 32 | 같이 | 18 | 계산하다 | 118 | 광고 | 108 |
| 가볍다 | 108 | 거리 | 108 | 계속 | 78 | 괜찮다 | 38 |
| 가장 | 76 | 거실 | 118 | 계획 | 46 | 굉장히 | 178 |
| 가져가다 | 96 | 거울 | 118 | 고르다 | 78 | 교과서 | 198 |
| 가져오다 | 102 | 거의 | 142 | 고맙다 | 112 | 교실 | 70 |
| 가지다 | 32 | 걱정하다 | 66 | 고생하다 | 202 | 교통 | 74 |
| 가짜 | 174 | 건강하다 | 38 | 고양이 | 128 | 교환하다 | 180 |
| 간단하다 | 128 | 건너가다 | 118 | 고치다 | 128 | 구경하다 | 44 |
| 갈아입다 | 166 | 건너다 | 26 | 고프다 | 102 | 구두 | 40 |
| 갈아타다 | 128 | 건너편 | 118 | 고향 | 38 | 구하다 | 80 |
| 감기 | 70 | 건물 | 66 | 곧 | 58 | 국내 | 130 |
| 감다 | 128 | 걷다 | 44 | 곧장 | 194 | 국적 | 200 |
| 감상 | 170 | 걸다 | 64 | 공 | 144 | 국제 | 144 |
| 갑자기 | 96 | 걸리다 | 32 | 공기 | 78 | 굽 | 186 |
| 값 | 68 | 걸어가다 | 128 | 공부하다 | 18 | 굽다 | 206 |
| | | 게시판 | 170 | 공연 | 62 | 궁금하다 | 182 |

| | | | | | | |
|---|---|---|---|---|---|---|
| □ 귀국 | 204 | □ 기숙사 | 64 | ㄴ | | □ 너무 | 34 |
| □ 귀엽다 | 178 | □ 기억하다 | 112 | □ 나가다 | 74 | □ 넓다 | 78 |
| □ 규칙 | 202 | □ 기침 | 104 | □ 나누다 | 130 | □ 넘어지다 | 148 |
| □ 그냥 | 144 | □ 길 | 34 | □ 나다 | 90 | □ 넣다 | 82 |
| □ 그릇 | 144 | □ 길다 | 74 | □ 나무 | 54 | □ 노래 | 38 |
| □ 그리다 | 80 | □ 깎다 | 144 | □ 나빠지다 | 130 | □ 노력하다 | 130 |
| □ 그림 | 54 | □ 깜짝 | 144 | □ 나쁘다 | 58 | □ 놀다 | 54 |
| □ 그만 | 144 | □ 깨끗이 | 180 | □ 나오다 | 50 | □ 놀라다 | 120 |
| □ 그치다 | 130 | □ 깨끗하다 | 166 | □ 나이 | 54 | □ 높다 | 78 |
| □ 극장 | 40 | □ 꺼내다 | 144 | □ 나중 | 94 | □ 놓다 | 82 |
| □ 근처 | 40 | □ 꼭 | 46 | □ 낚시 | 148 | □ 누르다 | 148 |
| □ 글 | 192 | □ 꽃 | 34 | □ 날다 | 166 | □ 눈 | 62 |
| □ 금방 | 104 | □ 꽃집 | 68 | □ 남기다 | 104 | □ 눕다 | 174 |
| □ 금연 | 198 | □ 꿈 | 112 | □ 남자 | 14 | □ 느끼다 | 120 |
| □ 급하다 | 118 | □ 끄다 | 104 | □ 낮다 | 94 | □ 느리다 | 186 |
| □ 기간 | 120 | □ 끝 | 144 | □ 내다 | 148 | □ 늘 | 148 |
| □ 기다리다 | 26 | □ 끝나다 | 40 | □ 내려가다 | 130 | □ 늘다 | 82 |
| □ 기르다 | 180 | □ 끝내다 | 112 | □ 내려오다 | 148 | □ 능력 | 148 |
| □ 기분 | 50 | □ 끼다① | 130 | □ 내리다 | 52 | □ 늦다 | 28 |
| □ 기뻐하다 | 130 | □ 끼다② | 200 | □ 내용 | 56 | □ 늦잠 | 200 |
| □ 기쁘다 | 108 | | | □ 냉면 | 78 | | |
| □ 기사 | 104 | | | □ 냉장고 | 112 | | |

## ㄷ

| | |
|---|---|
| 다 | 50 |
| 다녀오다 | 80 |
| 다니다 | 28 |
| 다르다 | 96 |
| 다른 | 34 |
| 다리 | 112 |
| 다시 | 42 |
| 다양하다 | 186 |
| 다음 | 20 |
| 다치다 | 148 |
| 닦다 | 166 |
| 닫다 | 76 |
| 달력 | 104 |
| 달리다 | 148 |
| 닮다 | 112 |
| 담그다 | 174 |
| 담다 | 204 |
| 담배 | 66 |
| 답장 | 104 |
| 대답하다 | 148 |
| 대부분 | 150 |

| | |
|---|---|
| 대사관 | 94 |
| 대신 | 150 |
| 대하다 | 46 |
| 대화 | 150 |
| 대회 | 130 |
| 더 | 26 |
| 더럽다 | 120 |
| 덜 | 174 |
| 덥다 | 54 |
| 데리다 | 120 |
| 도로 | 150 |
| 도서관 | 26 |
| 도시 | 186 |
| 도와주다 | 50 |
| 도움 | 130 |
| 도장 | 186 |
| 도착하다 | 56 |
| 돈 | 40 |
| 돌려주다 | 176 |
| 돌아가다 | 52 |
| 돌아오다 | 78 |
| 돕다 | 76 |

| | |
|---|---|
| 동네 | 176 |
| 동물 | 126 |
| 동상 | 186 |
| 동아리 | 174 |
| 동전 | 180 |
| 되다 | 16 |
| 두껍다 | 182 |
| 두다 | 132 |
| 듣다 | 30 |
| 들다 | 136 |
| 들리다 | 180 |
| 들어가다 | 40 |
| 들어오다 | 68 |
| 등 | 192 |
| 등산 | 46 |
| 디자인 | 132 |
| 따다 | 186 |
| 따뜻하다 | 168 |
| 따로 | 120 |
| 땀 | 186 |
| 때 | 120 |
| 떠나다 | 100 |

| | |
|---|---|
| 떠들다 | 150 |
| 떨어지다 | 150 |
| 또 | 90 |
| 똑같다 | 150 |
| 똑똑하다 | 180 |
| 똑바로 | 132 |
| 뚱뚱하다 | 190 |
| 뛰다 | 132 |
| 뜨겁다 | 150 |
| 뜻 | 132 |

## ㅁ

| | |
|---|---|
| 마다 | 200 |
| 마르다 | 76 |
| 마시다 | 20 |
| 마음 | 56 |
| 마지막 | 120 |
| 마치다 | 132 |
| 막히다 | 62 |
| 만나다 | 14 |
| 만들다 | 22 |
| 만지다 | 104 |

| | | | | | | |
|---|---|---|---|---|---|
| □ 만화 | 194 | □ 모양 | 100 | □ 물건 | 22 | □ 반대 | 114 |
| □ 많다 | 16 | □ 모으다 | 112 | □ 물어보다 | 80 | □ 받다 | 22 |
| □ 많아지다 | 192 | □ 모이다 | 64 | □ 미루다 | 182 | □ 발음 | 192 |
| □ 많이 | 16 | □ 모임 | 56 | □ 미리 | 78 | □ 발표하다 | 152 |
| □ 말 | 22 | □ 모자 | 42 | □ 미술관 | 100 | □ 밝다 | 82 |
| □ (- 지) 말다 | 170 | □ 목소리 | 150 | □ 미용실 | 132 | □ 방 | 22 |
| □ 말리다 | 182 | □ 목욕하다 | 186 | □ 민속촌 | 104 | □ 방법 | 68 |
| □ 맛없다 | 150 | □ 목적 | 152 | □ 믿다 | 204 | □ 방송 | 52 |
| □ 맛있다 | 30 | □ 못하다 | 64 | | | □ 방학 | 46 |
| □ 맞다 | 76 | □ 무겁다 | 90 | **ㅂ** | | □ 배달 | 94 |
| □ 맡기다 | 174 | □ 무료 | 120 | □ 바꾸다 | 42 | □ 배우다 | 18 |
| □ 매우 | 112 | □ 무섭다 | 152 | □ 바뀌다 | 74 | □ 백화점 | 26 |
| □ 매표소 | 198 | □ 무역 | 112 | □ 바다 | 46 | □ 버리다 | 90 |
| □ 머리 | 100 | □ 무척 | 132 | □ 바닥 | 186 | □ 번역 | 136 |
| □ 먹다 | 16 | □ 문 | 152 | □ 바라다 | 58 | □ 번호 | 100 |
| □ 먼저 | 44 | □ 문구점 | 152 | □ 바로 | 132 | □ 벌다 | 152 |
| □ 멀다 | 56 | □ 문법 | 202 | □ 바쁘다 | 30 | □ 벌써 | 58 |
| □ 멋있다 | 76 | □ 문의하다 | 180 | □ 바지 | 54 | □ 벗다 | 90 |
| □ 메다 | 180 | □ 문제 | 132 | □ 박물관 | 46 | □ 벽 | 200 |
| □ 명절 | 120 | □ 문화 | 58 | □ 반① | 64 | □ 별로 | 76 |
| □ 모두 | 50 | □ 묻다 | 76 | □ 반② | 100 | □ 병 | 114 |
| □ 모르다 | 46 | □ 물가 | 204 | □ 반갑다 | 194 | □ 병원 | 28 |

□ 보관하다 200
□ 보내다 26
□ 보다① 20
□ 보다② 192
□ 보이다 56
□ 보통 114
□ 복잡하다 64
□ 봉투 152
□ 부드럽다 174
□ 부르다 56
□ 부엌 152
□ 부지런하다 124
□ 부치다 74
□ 부탁하다 52
□ 분야 194
□ 분위기 152
□ 불 100
□ 불다 100
□ 불편하다 188
□ 붙다 206
□ 붙이다 136
□ 비 152

□ 비누 154
□ 비슷하다 168
□ 비싸다 32
□ 빌리다 34
□ 빠르다 168
□ 빨래 90
□ 빨리 32
□ 빵집 88

ㅅ

□ 사거리 104
□ 사고 106
□ 사과 38
□ 사귀다 176
□ 사다 16
□ 사랑하다 62
□ 사무실 38
□ 사용하다 56
□ 사전 52
□ 사진 30
□ 산 124
□ 산책 62

□ 살다 16
□ 살빼다 194
□ 살찌다 178
□ 상 192
□ 상담하다 170
□ 상품 106
□ 상황 192
□ 새로 100
□ 생각 42
□ 생기다 76
□ 생선 124
□ 생일 34
□ 생활 42
□ 샤워하다 106
□ 서다 154
□ 서로 114
□ 서류 204
□ 서점 34
□ 선물 28
□ 선배 154
□ 선선하다 194
□ 선수 154

□ 선택하다 188
□ 설거지 154
□ 설날 124
□ 설명하다 80
□ 성격 94
□ 성공하다 198
□ 세다 156
□ 세수 168
□ 세우다 80
□ 세탁하다 176
□ 소개 40
□ 소리 154
□ 소설 194
□ 소식 74
□ 소포 100
□ 소풍 94
□ 손님 154
□ 쇼핑 82
□ 수건 136
□ 수술 188
□ 수업 74
□ 수영 34

| | | | |
|---|---|---|---|
| □ 수첩 106 | □ 신다 114 | □ 쓰레기 114 | □ 약국 26 |
| □ 숙제 66 | □ 신문 42 | □ 씹다 156 | □ 약속 20 |
| □ 순서 188 | □ 신발 62 | □ 씻다 88 | □ 약하다 178 |
| □ 숟가락 136 | □ 신선하다 178 | | □ 얇다 182 |
| □ 쉬다 28 | □ 신청하다 156 | **ㅇ** | □ 양 170 |
| □ 쉽다 44 | □ 실력 198 | □ 아까 106 | □ 양말 156 |
| □ 슬프다 90 | □ 실례 194 | □ 아름답다 80 | □ 어둡다 124 |
| □ 습관 136 | □ 실수 114 | □ 아마 88 | □ 어떻다 20 |
| □ 시계 154 | □ 실패 198 | □ 아주 26 | □ 어렵다 44 |
| □ 시골 88 | □ 싫다 14 | □ 아직 40 | □ 어른 88 |
| □ 시끄럽다 136 | □ 싫어하다 74 | □ 아프다 22 | □ 어리다 124 |
| □ 시내 92 | □ 심다 174 | □ 안경 70 | □ 어린이 136 |
| □ 시민 154 | □ 심심하다 182 | □ 안내하다 30 | □ 어서 68 |
| □ 시원하다 94 | □ 심하다 136 | □ 안다 168 | □ 어울리다 136 |
| □ 시작하다 32 | □ (- 고) 싶다 16 | □ 안되다 168 | □ 언제나 52 |
| □ 시장 26 | □ 싸다① 32 | □ 안전하다 188 | □ 얼굴 88 |
| □ 시청 66 | □ 싸다② 124 | □ 앉다 54 | □ 없다 14 |
| □ 시키다 124 | □ 싸우다 192 | □ 알다 22 | □ 여권 168 |
| □ 시험 44 | □ 쌓다 202 | □ 알리다 46 | □ 여기저기 138 |
| □ 식당 20 | □ 쌓이다 202 | □ 알맞다 88 | □ 여러 58 |
| □ 식물 188 | □ 쓰다① 156 | □ 야경 198 | □ 여러분 192 |
| □ 식탁 154 | □ 쓰다② 178 | □ 약간 156 | □ 여자 14 |

| | | | |
|---|---|---|---|
| □ 여행 | 18 | □ 오래 | 66 |

□ 여행 18
□ 여행사 68
□ 역 106
□ 역사 56
□ 연극 188
□ 연기하다 182
□ 연락 156
□ 연습 92
□ 연필 62
□ 연휴 156
□ 열다 70
□ 열리다 156
□ 열쇠 168
□ 열심히 52
□ 엽서 162
□ 영화 18
□ 예매하다 182
□ 예보 188
□ 예쁘다 28
□ 예약하다 54
□ 옛날 102
□ 오다 14

□ 오래 66
□ 오랜만 68
□ 오랫동안 138
□ 오르다 138
□ 올라가다 92
□ 올라오다 138
□ 올려놓다 162
□ 옮기다 174
□ 옷 26
□ 외롭다 202
□ 외우다 188
□ 외출하다 92
□ 요금 70
□ 요리 80
□ 요즘 28
□ 우산 44
□ 우유 66
□ 우체국 38
□ 우표 92
□ 운동 18
□ 운전하다 50
□ 울다 124

□ 울리다 138
□ 움직이다 138
□ 웃다 82
□ 원하다 176
□ 월급 94
□ 위하다 194
□ 위험하다 162
□ 유리 138
□ 유명하다 168
□ 유학 188
□ 유행 138
□ 은행 30
□ 음료수 124
□ 음식 20
□ 음악 170
□ 의미 202
□ 의자 66
□ 이기다 200
□ 이따가 94
□ 이름 42
□ 이사 34
□ 이상하다 92

□ 이야기하다 20
□ 이용하다 54
□ 이유 192
□ 이제 66
□ 이해하다 126
□ 인기 102
□ 인사 38
□ 인형 200
□ 일기 96
□ 일어나다 44
□ 일찍 40
□ 일하다 42
□ 읽다 20
□ 잃다 138
□ 잃어버리다 68
□ 입구 162
□ 입다 28
□ 입원하다 114
□ 입장하다 200
□ 입학 162
□ 있다 14
□ 잊다 114

□ 잊어버리다 126

## ㅈ

□ 자다 40
□ 자랑하다 198
□ 자료 162
□ 자르다 138
□ 자리 76
□ 자세하다 206
□ 자신 106
□ 자주 28
□ 작다 22
□ 잔치 114
□ 잘 16
□ 잘못 126
□ 잘생기다 162
□ 잘하다 126
□ 잠 56
□ 잠그다 198
□ 잠깐 58
□ 잠시 126
□ 잡다 80

□ 잡지 82
□ 장갑 106
□ 장난감 204
□ 장마철 162
□ 장미 102
□ 장소 32
□ 재미없다 140
□ 재미있다 20
□ 적다① 168
□ 적다② 82
□ 전공 62
□ 전시하다 176
□ 전하다 88
□ 전혀 116
□ 전화 18
□ 젊다 102
□ 점수 204
□ 젓가락 162
□ 정도 96
□ 정류장 92
□ 정리하다 162
□ 정말 42

□ 정보 140
□ 정하다 164
□ 제목 140
□ 제일 70
□ 제품 190
□ 조금 28
□ 조심하다 82
□ 조용하다 74
□ 조용히 102
□ 졸업 62
□ 좀 18
□ 좁다 106
□ 종이 164
□ 좋다 14
□ 좋아하다 16
□ 주다 50
□ 주로 140
□ 주머니 106
□ 주부 164
□ 주소 116
□ 주인 96
□ 주차하다 164

□ 죽다 204
□ 준비 34
□ 줄다 198
□ 줍다 206
□ 중요하다 166
□ 즐겁다 66
□ 즐기다 164
□ 지갑 52
□ 지금 16
□ 지나다 50
□ 지내다 52
□ 지다 200
□ 지도 140
□ 지우다 170
□ 지키다 116
□ 지폐 180
□ 지하 164
□ 지하철 32
□ 직장 82
□ 직접 96
□ 진료 178
□ 진학 206

| | | |
|---|---|---|
| 질 | 170 | |
| 질문하다 | 140 | |
| 짐 | 102 | |
| 집 | 70 | |
| 짓다 | 108 | |
| 짜리 | 190 | |
| 짧다 | 92 | |
| 쭉 | 190 | |
| 쯤 | 206 | |
| 찍다 | 44 | |

**ㅊ**

| | |
|---|---|
| 차 | 50 |
| 차갑다 | 176 |
| 차다① | 116 |
| 차다② | 156 |
| 착하다 | 164 |
| 참 | 88 |
| 참가하다 | 176 |
| 참다 | 190 |
| 창문 | 70 |
| 찾다 | 18 |

| | |
|---|---|
| 찾아가다 | 164 |
| 채소 | 190 |
| 책 | 92 |
| 책상 | 46 |
| 책장 | 204 |
| 처음 | 78 |
| 천천히 | 54 |
| 철 | 140 |
| 청소하다 | 30 |
| 체험 | 174 |
| 초대 | 52 |
| 촬영하다 | 140 |
| 추다 | 164 |
| 추억 | 164 |
| 축제 | 126 |
| 축하하다 | 194 |
| 출구 | 108 |
| 출근 | 96 |
| 출발하다 | 50 |
| 춥다 | 62 |
| 취미 | 30 |
| 취소하다 | 116 |

| | |
|---|---|
| 취직하다 | 88 |
| 치다 | 32 |
| 치료하다 | 178 |
| 치마 | 70 |
| 치우다 | 206 |
| 친구 | 14 |
| 친절하다 | 116 |
| 친하다 | 126 |
| 친해지다 | 190 |
| 침대 | 90 |

**ㅋ**

| | |
|---|---|
| 켜다 | 116 |
| 콧물 | 166 |
| 크기 | 126 |
| 키 | 126 |
| 키우다 | 206 |

**ㅌ**

| | |
|---|---|
| 타다① | 140 |
| 타다② | 202 |
| 탈의실 | 206 |

| | |
|---|---|
| 태어나다 | 128 |
| 통장 | 108 |
| 퇴근하다 | 140 |
| 특별히 | 116 |
| 특히 | 102 |
| 튼튼하다 | 170 |

**ㅍ**

| | |
|---|---|
| 팔다 | 42 |
| 편지 | 30 |
| 편하다 | 90 |
| 포장하다 | 142 |
| 표 | 80 |
| 푹 | 92 |
| 풀다 | 142 |
| 피곤하다 | 142 |
| 피다 | 142 |
| 피우다 | 74 |
| 필요하다 | 64 |
| 필통 | 190 |

## ㅎ

□ 하늘    116
□ 하루 종일    204
□ 하숙집    58
□ 학기    166
□ 학생증    166
□ 한복    102
□ 할인    142
□ 함께    30
□ 합격하다    116
□ 항상    64
□ 해    142
□ 해외    118
□ 행복하다    96
□ 행사    68
□ 헤어지다    190
□ 혼자    64
□ 화나다    202
□ 화내다    202
□ 화면    170
□ 화장실    78
□ 화장품    96

□ 환불    182
□ 환영하다    166
□ 환자    166
□ 회관    190
□ 회비    180
□ 회의    58
□ 효과    176
□ 훌륭하다    206
□ 훨씬    178
□ 휴가    58
□ 휴대 전화    142
□ 휴지    108
□ 힘    118
□ 힘들다    44

**河仁南**（ハ・インナム）
韓国生まれ。韓国外国語大学校日本語学科卒業。お茶の水女子大学大学院史学科卒業。1987 年晶文社にて韓国の漫画『弓』（李賢世作）を翻訳出版。つくば市役所の「外国人のための生活相談員」として勤務。つくば国際アカデミーの講師として勤務。中国語検定 2 級取得。

主要著書：『韓国語能力試験 TOPIK 3・4 級 中級単語 1800』『韓国語能力試験 TOPIK 5・6 級 高級単語 800』『韓国語能力試験 TOPIK 1・2 級 初級聞取り対策』『使ってみよう韓国語の慣用句・ことわざ・四字熟語』（以上，語研）

**南嘉英**（ナム・カヨン）
韓国生まれ。崇實大学校工科学部電気工学科卒業。韓国放送通信大学校人文学部日本学科卒業。延世大学校韓国語教師研修所第 38 期修了。

主要著書：『韓国語能力試験 TOPIK 3・4 級 中級単語 1800』『韓国語能力試験 TOPIK 5・6 級 高級単語 800』『韓国語能力試験 TOPIK 1・2 級 初級読解対策』『使ってみよう韓国語の慣用句・ことわざ・四字熟語』（以上，語研），『韓国語フレーズブック』（新星出版社）

**【日本語校閲】山村 聡子**
神田外語大学外国語学部韓国語学科（現アジア言語学科韓国語専攻）卒業。外資系企業の情報システム部門に長年勤務した後，韓国語スクールの IT・ネットワーク業務を経て，韓国大手家電メーカーに勤務。

© Ha Innam; Nam Kayoung, 2023, Printed in Japan

**韓国語能力試験 TOPIK 1・2 級
初級単語 800【音声 DL 対応版】**

2023 年 11 月 30 日　　初版第 1 刷発行
2024 年 10 月 10 日　　　第 2 刷発行

著　者　河仁南／南嘉英
制　作　ツディブックス株式会社
発行者　田中 稔
発行所　株式会社 語研
　　　　〒 101-0064
　　　　東京都千代田区神田猿楽町 2-7-17
　　　　電　話　03-3291-3986
　　　　ファクス　03-3291-6749
　　　　振替口座　00140-9-66728
組　版　ツディブックス株式会社
印刷・製本　シナノ書籍印刷株式会社

ISBN978-4-87615-390-9 C0087
書名　カンコクゴノウリョクシケン トピック イチニキュウ
　　　ショキュウタンゴ ハッピャク
　　　オンセイダウンロードタイオウバン
著者　ハ インナム／ナム カヨン

著作者および発行者の許可なく転載・複製することを禁じます。

定価：本体 1,700 円＋税（10%）（税込定価：1,870 円）
乱丁本，落丁本はお取り替えいたします。

**株式会社 語研**
語研ホームページ https://www.goken-net.co.jp/

本書の感想は
スマホから↓